LOCUS

LOCUS

LOCUS

LOCUS

from

vision

from 115

爲什麼這樣工作會快、準、好

Smarter Faster Better

作者：Charles Duhigg
譯者：許恬寧
責任編輯：湯皓全
校對：呂佳眞
美術編輯：何萍萍
法律顧問：董安丹律師、顧慕堯律師
出版者：大塊文化出版股份有限公司
台北市 105022 南京東路四段 25 號 11 樓
www.locuspublishing.com
讀者服務專線：0800-006689
TEL：(02) 87123898　FAX：(02) 87123897
郵撥帳號：18955675　　戶名：大塊文化出版股份有限公司

總經銷：大和書報圖書股份有限公司
地址：新北市新莊區五工五路 2 號
TEL：(02) 89902588 (代表號)　　FAX：(02) 22901658
製版：瑞豐實業股份有限公司
初版一刷：2016 年 5 月
初版六刷：2022 年 12 月

定價：新台幣 380 元
Printed in Taiwan

Smarter Faster Better

爲什麼
這樣工作會快、準、好

Charles Duhigg　著
許恬寧　譯

目錄

謹以本書獻給亨利（Harry）、奧利佛（Oliver）、朵莉絲（Doris）、
約翰（John）、安迪（Andy），以及最親愛的莉茲（Liz）

前言

二〇一一年夏天，我因為請朋友的朋友幫我一個忙，第一次親眼見識到這世上眞的有生產力超高的神人。

那年我正在埋頭寫一本書，講習慣是怎麼養成的，其中牽涉到神經科學與心理學。我處於趕稿尾聲，人都快要瘋掉了，每天有通不完的電話，還有一堆心驚膽跳要重寫的段落，剛以為萬事搞定，又冒出需要修改的地方。我覺得自己離完工那一天愈來愈遠，看不到終點線，白天除了要當《紐約時報》（*The New York Times*）記者，努力追蹤報社正在調查的報導，晚上還要修改書稿。太太也好不到哪裡去，剛生完我家老二就回公司上全天班。我覺得自己被一堆不得不做的事追著跑，老是在匆匆忙忙開會，匆匆忙忙回信，永遠在道歉不好意思遲到了，不好意思這麼晚才回信，不好意思什麼什麼還沒做。

我在焦頭爛額之中，假借寫書的名義，寄了一封信給自己很仰慕的作家阿圖・葛文德（Atul Gawande）。葛文德醫生是我報社同事的朋友，四十六歲的他簡直是成功人士的完美典範，除了在全球最頂尖的醫院當人人搶的外科醫生，還替知名雜誌固定寫文章；一邊當哈佛副教授與世界衛生組織委員，一邊主持送愛心醫療器材到低度開發國家的非營利機構。在那一大堆事情之外，他還寫了三本書，本本暢銷，而且家裡有老婆要顧，有三個孩子要養，然後依舊在二〇〇六年榮獲俗稱「天才獎」的麥克阿瑟獎（MacArthur "genius" grant），接著轉頭就把五十萬美元獎金瀟灑的捐給慈善機構。

說老實話，有些人是「假裝」很有生產力，履歷表看上去洋洋灑灑，直到你發現他們最在行的事，其實是自我行銷。有些人則跟葛文德醫生一樣，似乎住在另一個星球，什麼都做得到。文章幽默風趣，開刀一把罩，還是好爸爸。每次葛文德醫生出現在電視上，看起來都一派輕鬆，滿臉睿智，在醫學、寫作與公共衛生等領域，都有眞材實學的重大貢獻。

我寫信給葛文德醫生，問他有沒有時間聊一聊。我想知道他怎麼有辦法這麼厲害，爲什麼可以同時做那麼多事，他的祕訣是什麼？如果我能學個幾招，搞不好就不用活得那麼水深火熱。

當然，對每個人來講，什麼叫「有生產力」可能不太一樣。有的人在早上送孩子上學之前，先運動一小時，他們覺得那樣的時間安排很完美。有的人則選擇用早上的一小時，把自己關在辦公室裡回電子郵件，打電話給客戶，然後也滿意自己完成了很多事。做研究的科學家與畫畫的藝術家，可能覺得失敗的實驗與搞砸的畫作，也算是一種生產力，因爲每多累積一次錯誤，就離宇宙的祕密更進一步。工程師心中對生產力的定義可能又不一樣，他們在乎的事，可能是讓生產線跑得更快。此外，有生產力的週末，可能是指帶孩子到公園散步，有生產力的平日，卻是以光速帶孩子到托兒所，然後趁早進辦公室。

簡單來講，所謂的有生產力，就是善用體力、腦力與時間，用最少的付出，得到最有意義的報酬，讓自己不用很痛苦、很掙扎、壓力很大，就能做完事情，而且不必犧牲自己所愛的人事物。

就前述定義來看，葛文德醫生似乎找到祕方了。

幾天後，葛文德醫生回我信，向我道歉：「眞希望幫得上忙，但我事情實在太多，希望你能諒解。」看來，就算是三頭六臂的葛文德醫生也有極限。

過了兩三天，我恰巧向認識葛文德醫生的同事提到這件事，我表明自己絕對沒有因爲被拒絕就不舒服，還很敬佩醫生做事專心，不亂幫自己找外務。我想他應該很忙，要治療病患，要幫醫學院學生上課，要寫文章，還要提供建言給全球最大的衛生組織，沒時間是應該的。

不，我朋友告訴我，根本不是這麼一回事。葛文德醫生那週沒空，是因爲他買了搖滾樂團的票，要帶孩子去看演唱會，而且他跟老婆還要去度迷你假期。

葛文德醫生甚至告訴我同事，請我那個月晚一點再寫信給他，到時候他就有時間聊一聊。

聽到這件事的瞬間，我明白兩件事：

首先，我顯然做錯了什麼，因爲我整整九個月連一天都沒休息過，我甚至還在擔心，如果要孩子選老爸或保母，他們應該會選保母。

更重要的是，的確有人比我懂得如何增加生產力，我只需要說服他們告訴我祕訣就萬事大吉了。

●●●

就這樣，我開始研究怎麼樣可以擁有生產力，這本書是我的研究成果。我想要了解，爲什麼有的人、有的公司，硬是比別人有生產力，到底是怎麼回事？

自從四年前我聯絡葛文德醫生後，便開始請教神經科學家、企業家、政府領導人、心理學家，以及其他各領域的專家，請他們告訴我生產力究竟是怎麼回事。我曾詢問迪士尼《冰雪奇緣》（*Frozen*）的製作團隊，他們如何在驚人的時間壓力下，做出史上最賣座的電影。原本電影已經要砸鍋，但他們靠著在同仁之間製造激發創意的壓力，有驚無險地順利推出電影。我和Google的數據科學家聊，也跟綜藝節目《週六夜現場》（*Saturday Night Live*）的編劇聊，據說Google和《週六夜現場》會這麼成功，是因為他們遵守了相似的團隊原則，同事之間會互相幫忙，而且勇於嘗試新點子。我還和美國聯邦調查局（ＦＢＩ）的探員聊，聽說他們靠著學加州費利蒙（Fremont）一間舊汽車廠的企業文化與敏捷管理，偵破綁票案。我還東奔西走，跑了多間辛辛那提公立學校，了解它們是如何靠著聽起來違反直覺的慢慢處理數據，讓學生脫胎換骨。

我到處請教各行各業的人士，不管是撲克牌高手、機師、將軍、企業主管、認知科學家，大家都提到幾件共通的事，所以我開始相信某些人士、某些公司真的靠著手指頭扳一扳就數得完的幾個概念，完成比別人多很多的事。

這本書要講增加生產力最重要的八個概念，例如其中一章會講光是覺得「事情操之在我」，就能讓人有動力做事，以及美國軍方如何靠著教新兵「自己來」，讓原本人生漫無目的的年輕人，變成英勇的海軍陸戰隊員。另一章則講我們可以如何靠著建立心智模型保持專注，以及一群機師如何靠著在心中說故事，阻止了一場差點奪走四百四十名乘客性命的危機。

本書要講如何運用正確的方式設定目標（除了要有具備雄心壯志的大目標，也要有明確的小目標），還要講以色列領袖爲什麼在贖罪日戰爭（Yom Kippur War）的醞釀期，一直抱著錯誤期待，以爲不會開戰。他們的問題在於做決策時，理應想像未來所有可能的情境，而不是抓著一種解釋不放。書中還會提到某位女士靠著假想的技巧，打敗全國撲克冠軍。此外，本書提到的例子還包括矽谷公司是如何靠著培養「承諾的文化」（commitment cultures），在風雨飄搖時團結一心，穩住軍心。

本書要講的八個概念，全都和一個重要的基本原則有關：絕不是愈血汗就愈有生產力，也絕不是愈努力工作，就會做完更多事。光是坐在桌前更多小時，或是做出更多犧牲，並不會帶來生產力。

生產力其實來自用某種方法，做出某些選擇。我們選擇如何看待自己、如何設定日常決策，將決定我們是否具備生產力。此外，我們在內心告訴自己的事，我們沒放在心上的簡單目標，以及團隊感與領袖所培養的創意文化，也統統會造成影響。種種因素會決定我們是純瞎忙，還是忙得轟轟烈烈。

在今日這個世界，我們隨時能與合作者聯絡，用智慧型手機就能接收重要文件。需要什麼知識，幾秒鐘就能查到。要什麼產品，二十四小時之內就能送到家。公司可以在美國加州設計電子產品，接到西班牙巴塞隆納的訂單後，用電子郵件把設計圖寄到深圳，然後在全球各地追蹤貨品送到哪去了。爲人父母者，可以自動同步全家人的行程，還可以躺在床上上網付帳單，並在孩子晚回家時，立刻追蹤孩子的手機位置。我們正處於重大的經濟與社會情勢變革，這場革命和從前的農業革命與工業革命一樣重大。

通訊技術與科技的進展，理論上可以讓我們活得更輕鬆，但其實通常只帶來更多工作、更多壓力。

爲什麼我們把自己搞得一團亂？因爲我們關注新科技時弄錯重點。我們想靠工具提升生產力，弄出一堆電子產品、應用程式、追蹤待辦事項的複雜檔案系統，卻沒學到科技想告訴我們的事。

有的人則不一樣，他們找到戰勝新世界的方法。對某些公司來講，世界每天都在變反而是好事。

我們現在知道生產力是怎麼回事，也知道哪些選擇才重要，可以把我們帶向成功。我們現在知道如何設定讓不可能的任務成眞的目標，也知道如何重新架構情境，讓看似棘手的燙手山芋，變成隱藏版的大好機會。我們現在知道如何敞開心胸，做出大膽、創新的連結，也知道如何減緩正在淹沒我們的資訊，加快學習的速度。

這本書要講如何辨認出增加生產力的選擇，介紹曾經改造他人生活的科學知識、妙招與轉捩點。這世上有人輕鬆自在卻比別人成功，也有公司資源少卻產品好，還有人帶頭讓身邊渾渾噩噩的人重獲新生。

這本書要講如何省時、省力、更聰明，讓各位的人生更加一帆風順。

1 動機

新訓營大改造、養老院起義，以及人的控制力來源

一

剛過六十大壽的羅伯特（Robert）和太太薇拉（Viola）跑去南美旅行二十九天，兩人原本打算好好遊歷一番，先到巴西，接著穿越安地斯山脈，抵達玻利維亞和秘魯。夫妻倆要去看印加遺址，還要到南美最大的淡水湖的的喀喀湖坐船，途中會經過手工藝市場，順道還可以賞個鳥。

羅伯特出發前還在跟朋友開玩笑，這麼輕鬆的日子讓人渾身不自在。他已經做好收到高額帳單的心理準備，因爲從南美打電話給公司祕書可不便宜。羅伯特的全名是羅伯特・費利浦（Robert Philippe），過去半個世紀從一間小小的加油站起家，最後在路易斯安那州鄉間建立汽車零件帝國。個人魅力十足的羅伯特，靠著每天苦幹實幹，成爲美國南方的企業鉅子。除了汽車零件事業，還擁有化學公司、紙廠、大大小小土地、不動產公司。羅伯特的妻子在先生過六十歲生日後，終於說服他挪出一個月，造訪很難看到「路易斯安那州立大學 vs. 密西西比大學」橄欖球電視轉播的國家。

羅伯特最得意的事，就是這輩子爲了做生意，跑遍美國墨西哥灣沿岸的大街小巷，每條路都

至少開過一遍。他成立的費利浦公司（Philippe Incorporated）事業蒸蒸日上，業界所有人都認識羅伯特，因爲他最有名的事跡，就是把紐奧良、亞特蘭大等大城市的生意人，統統拖進小酒吧，肋排沒啃乾淨、酒沒喝光之前，一個都不准走，接著趁每個人隔天早上痛苦宿醉，勸他們簽下金額數百萬美元的合約。酒保都知道，羅伯特很多年不碰酒了，他的杯子要放汽水，客戶的杯子則要放雞尾酒。

羅伯特是哥倫布騎士會（Knights of Columbus）與商會成員，還當過路易斯安那批發協會（Louisiana Association of Wholesalers）與大巴頓魯治港協會（Greater Baton Rouge Port Commission）主席，此外他還是地方銀行董事長，以及政黨捐款大戶，只要是能協助他做生意的政黨，一律捐錢。羅伯特的女兒羅姍（Roxann）告訴我：「世上沒人比我爸還熱愛工作。」

羅伯特與太太薇拉很期待這次的南美之行，但兩人在玻利維亞拉巴斯（La Paz）下飛機、行程只走到一半時，羅伯特變得怪怪的。他在機場左搖右晃，領個行李還得坐下喘氣。一群孩童向他討錢時，他用零錢砸孩子的腳，然後哈哈大笑。去旅館的路上，羅伯特還開始大聲自言自語，講自己去過哪些地方，大談哪一國的女人比較美豔動人。或許是高山症讓羅伯特錯亂，畢竟拉巴斯是全球最高城市，海拔一萬兩千英尺。

羅伯特與薇拉放下行李後，薇拉勸羅伯特小睡一下，但羅伯特說他不想睡，想出去蹓躂。接下來一小時，他到處買紀念品，只要當地人聽不懂英文就大發雷霆。大鬧完市區之後，羅伯特終於同意回旅館休息，但半夜一直起來吐。隔天早上，他說自己頭很昏，但薇拉要他休息他就生氣。第三天，羅伯特一整天待在床上。到了第四天，薇拉覺得受夠了，中途打包回家。

夫婦倆回到路易斯安那州後，羅伯特的情況似乎有所好轉，不再分不清東南西北，也不再說些奇怪的話，然而太太薇拉和孩子依舊擔心，因爲除非三催四請，否則原本是工作狂的羅伯特不再出門，整個人懶洋洋的。薇拉原本還以爲先生一抵達美國，就會立刻衝進辦公室，但回家整整四天後，羅伯特甚至不曾聯絡祕書。薇拉提醒他獵鹿季節要到了，得趕快申請打獵證，羅伯特也說今年不打了。薇拉打電話給醫生，很快帶羅伯特到紐奧良的奧克斯納醫院（Ochsner Clinic）①。

神經科主任理查·史特博醫生（Dr. Richard Strub）幫羅伯特做了一系列檢查。生命徵象很正常，血液沒有異樣，沒感染任何東西，也沒有糖尿病、心臟病、中風跡象。羅伯特可以讀懂當天的報紙，也可以清楚憶起童年與解釋短篇故事，「魏氏成人智力量表修訂版」（The Revised Wechsler Adult Intelligence Scale）也說他ＩＱ正常。

史特博醫生問羅伯特：「你開了什麼樣的公司？」

羅伯特向醫生解釋自家公司的組織架構，以及公司最近搶到的合約。

史特博醫生說：「夫人說，你最近好像變了一個人。」

羅伯特回答：「沒錯，我跟以前不一樣，沒什麼精神，什麼都不想做。」

史特博醫生向我轉述這個案例時表示：「羅伯特似乎認爲什麼都不想做，不是什麼大事。他提到自己性情大變時，一派輕鬆，就好像只是在聊天氣。」

除了羅伯特突然對一切事情都不感興趣以外，史特博醫生找不出生病或受傷跡象，只能建議薇拉多觀察幾週，看看情況是否好轉，然而一個月後，夫妻倆回診，情況還是一樣。薇拉說，羅伯特不想見朋友，也不讀任何東西。以前薇拉跟先生一起看電視會生氣，因爲羅伯特會一直轉台，節目不夠刺激就立刻換下一台，但現在羅伯特只會呆呆看著螢幕，不管電視播什麼都沒差。薇拉還終於說服羅伯特進辦公室，但祕書說老闆坐在桌前一動也不動，一發呆就是好幾個小時。

史特博醫生問羅伯特：「你不開心或沮喪嗎？」

羅伯特回答：「沒有，我很好。」

「你能告訴我，你昨天一天是怎麼過的嗎？」

羅伯特回答自己一整天坐著看電視。

史特博醫生問：「你知道嗎？夫人說員工都很擔心，因爲他們在辦公室都看不到你。」

羅伯特回答：「我現在對別的事比較感興趣。」

「什麼事？」

「我不知道。」羅伯特回答後，又繼續默默盯著牆壁。

史特博醫生開了各種藥，有的治荷爾蒙失調，有的治注意力缺失，但什麼藥都沒效。憂鬱症的人會說自己不開心，覺得人生無望，但羅伯特說他很好。他承認自己性格大變的確很怪，但不覺得有什麼。

史特博醫生讓羅伯特照大腦磁振造影（MRI），發現腦中央有一小片陰影，顯然該處曾血管爆裂，造成羅伯特的大腦紋狀體（striatum）有一小攤積血。這類問題在少數案例會造成腦傷或情緒波動，然而羅伯特除了不想動，沒有任何腦功能受損的跡象。

一年後，史特博醫生在《神經學期刊》（*Archives of Neurology*）發表論文，指出：「病患羅伯特行爲改變的徵兆，包括冷漠與缺乏動機。他放棄嗜好，該幫公司做決定時不決定。他清楚自己必須幫公司做什麼，但一再拖延，粗枝大葉，不過沒有憂鬱跡象。」②史特博醫生認爲羅伯特的性格變得如此被動，是因爲大腦出現輕微損傷，起因可能是玻利維亞的高海拔，然而也無法確定是否就是如此。「腦出血可能只是巧合，高海拔其實並未造成生理上的影響。」

史特博醫生寫道，這是一個值得探討但至今無解的病例。

●●●

史特博醫生的文章登出後，接下來二十年間，醫學期刊又出現幾篇類似的研究。一名六十歲的教授，原本是同行翹楚，也是工作狂，但突然間「研究興趣慢慢減弱」，然後有一天就再也不工作了。他告訴醫生：「我就是沒精神，沒力氣，沒動力，早上必須強迫自己起床。」③

一名十九歲的女孩，因爲一氧化碳中毒，短暫昏迷過一陣子，醒來之後，似乎失去做多數基本動作的動力。女孩會坐在同一個地方，一整天動也不動，直到有人強迫她起身。腦神經科醫生寫道，女孩的父親發現不能獨留女兒一個人，「女孩曾在海灘上嚴重曬傷，因爲她維持相同的姿勢，在陽傘下一躺就是幾小時，直到父母發現爲止。日光照射角度改變後，女孩依舊因爲完全不想動，而讓自己曝曬在陽光下。」

一名退休警員突然「早上很晚才起床，被強迫時會洗臉刷牙，但也只有妻子要求時才會做，接著就坐在扶手椅上，一動也不動」。一名中年人被黃蜂叮到，不久後失去與妻子、孩子、客戶互動的興趣。

一九八〇年代尾聲，法國馬賽的神經科學家米歇爾・哈比普（Michel Habib）聽說了這類型的案例，很感興趣，開始搜尋文獻庫與期刊中類似的故事。他找到的案例不多，但情節很一致：親友帶病患到醫生那兒做檢查，抱怨病患突然性格大變，不肯做事。醫生卻找不出問題，病患做精神疾患檢查時得分都很正常，智商從中等到高IQ都有，而且身體似乎也很健康。每一個被帶去看醫生的人，都說自己不感到沮喪，對自己什麼都不想做，也不覺得有什麼。

哈比普醫生聯絡治療過相關病患的醫生，請他們蒐集MRI影像，接著哈比普發現病患還有一個共通點：一動也不想動的病患，大腦紋狀體都有小型血管爆裂，也就是羅伯特腦中有陰影的地方。

紋狀體有點像是大腦的調度中心，把前額葉皮質（prefrontal cortex）等決策區域的命令傳送出去，送到大腦中較爲古老的神經構造基底核（basal ganglia），此一部分掌管運動與情緒④。腦神經醫生認爲，紋狀體可以化決策爲行動，而且扮演著重要的情緒調控角色⑤。不想動的病患紋狀體內破裂的血管非常小，小到哈比普醫生的同行認爲不足以解釋病患的行爲改變，然而除了那些微小的血管破洞，哈比普醫生找不出病患失去動力的原因⑥。

腦神經醫生一直對紋狀體受損很感興趣⑦，因爲紋狀體與帕金森氏症（Parkinson's）有關，然而帕金森氏症一般會造成病患身體顫抖、失去對身體的控制，以及憂鬱傾向，哈比普醫生研究的病患似乎只是失去動力，沒有其他相關問題。哈比普醫生告訴我：「帕金森氏症的病患想做動作但無法做，淡漠的病患卻是能做但不想做，就好像他們沒有移動身體的意願。」舉例來說，那名不能獨自留在沙灘上的十九歲女孩，媽媽叫她做事時，有辦法整理自己的房間、洗碗、摺衣服，按照食譜做菜。然而如果旁人沒叫她幫忙，她會一整天完全不動，母親問晚上想吃什麼的時候，她會說都可以。

哈比普醫生寫道，醫生檢查六十歲的淡漠教授時，「教授從檢查開始直到結束，完全不動，也不講話，呆呆坐在醫療人員面前，等著他們問第一個問題。」被問到工作時，他可以解釋複雜的觀念，也能背出期刊內容，然後就再次陷入沈默，等著醫生問下一題。

哈比普醫生研究的病患全都對藥物沒反應，做心理諮商也未改善情況：「那些病患在發生一般人會有正面或負面情緒反應的生活事件時，依舊表現出『沒差』的態度。」

哈比普醫生告訴我：「就好像他們大腦中負責掌管動力、儲存生命衝動（élan vital）的區域完全消失，他們沒有負面想法，也沒有正面想法，完完全全沒想法。他們沒變笨，也沒變遲鈍，原本的性格還在，但就是完全缺乏衝勁或活力，澈底失去動力。」

二

匹茲堡大學（University of Pittsburgh）漆成鮮黃色的實驗室裡，擺著功能性磁振造影（fMRI）機器與電腦螢幕，還有一位笑容可掬、年輕到不像有博士學位的研究人員。看不出年齡的研究人員歡迎所有受試者，請他們取下身上珠寶，清空口袋所有金屬物品，躺上塑膠台，等著被送進fMRI 掃描儀。

受試者躺下後，眼前是電腦螢幕⑧，螢幕會出現「一」到「九」之間的數字，數字出現前，必須猜每次的數字「大於五」或「小於五」。一共要猜很多輪，但玩這個遊戲不需要任何技巧，實驗的目的不是要測試受試者的任何能力。研究人員沒有告訴受試者，他心中偷偷認爲這是全世界最無聊的遊戲，而且他是故意把遊戲設計得那麼無聊。

研究人員的名字叫莫理丘．德嘉多（Mauricio Delgado），他完全不在乎受試者猜對的比率是多少，他想知道的其實是人在玩超級無聊的遊戲時，大腦的哪個區域會活躍起來，藉此找出腦神經學上的興奮與預期感來自何處。換句話說，他想知道人的動力源自哪裡。受試者在猜大小的時候，fMRI會記錄腦內活動，萬一玩到一半不想玩，可以隨時喊停沒關係，不過依據先前的經驗，德嘉多知道人們會一直猜、一直猜，連續猜好幾個小時，因爲他們想知道自己究竟猜對還是猜錯。

每一位躺在儀器裡的受試者都專心看螢幕，不斷按鈕猜大小，猜對時歡呼，猜錯時哀嚎。德嘉多觀察受試者的大腦活動，發現只要是在玩遊戲狀態，不管猜對還是猜錯，大腦的調度中心紋狀體會亮起，此類的紋狀體活動與情緒反應有關，尤其是期望感與興奮感⑨。

某次實驗結束時，受試者問德嘉多能否把遊戲帶回家，他想在家玩。

德嘉多回答「恐怕沒辦法」，因爲那個遊戲只存在他的電腦上，而且他還告訴那位受試者一個大祕密：其實這個遊戲是騙人的。德嘉多爲了讓每一位受試者都玩到一模一樣的遊戲，要電腦在第一回合告訴每一個人他們贏了，第二回合告訴每一個人他們輸了，第三回合贏了，第四回合輸了……究竟是輸還是贏，其實一開始就設定好，還沒玩，結局就已經注定，有點像是用兩面都是人頭的二十五分錢硬幣賭博。

受試者告訴德嘉多：「沒關係，我不在乎，我就是喜歡玩。」

德嘉多告訴我：「眞奇怪，那位受試者都已經知道，這個遊戲一切都是事先操控好的，沒理由還想繼續玩。作弊的遊戲有什麼好玩？你所做的選擇不會造成任何影響。然而我還是費了五分鐘脣舌，才打消他帶遊戲回家的念頭。」

德嘉多打發走向他要遊戲的受試者後，好幾天一直想著那件事。爲什麼那個人對這個猜大小的遊戲這麼感興趣？爲什麼其他受試者也覺得好玩？實驗數據讓德嘉多知道受試者在玩遊戲時，腦部哪些區域會活躍起來，然而數據並未解釋究竟爲什麼他們想玩。

德嘉多爲了解謎，幾年後又設計另一場實驗。這次他招募新一批受試者，也還是玩猜大小的遊戲，只不過這次有一個很重要的區別：一半的時間，受試者可以自己猜大小，另一半的時間，電腦幫他們猜⑩。

受試者開始玩遊戲後，德嘉多觀察他們紋狀體的活動，這次受試者可以自己做選擇時，大腦和先前的實驗一樣亮起來，出現神經學上的期待感與興奮感，但如果是不能自己猜而由電腦幫忙猜，受試者的紋狀體基本上不會有反應，就好像大腦對遊戲不感興趣一樣。德嘉多的研究團隊寫道：受試者只有在被允許自己猜大小時，「尾狀核（caudate nucleus）才會活躍起來」。「選擇本身帶來的期待感與皮質紋狀體區域（corticostriatal regions）活動增加有關，特別是與情感及動力有關的腹紋狀體（ventral striatum）。」

此外，德嘉多在實驗結束後，問受試者覺得遊戲怎麼樣，大家都說自己可以做選擇時，遊戲比較好玩，他們想知道自己輸了還是贏了，但如果是由電腦來猜，感覺這個實驗沒完沒了，很無聊，不想做。

德嘉多還是想不通怎麼會這樣，明明不管是受試者自己猜，還是交給電腦猜，其實輸贏的機牽完全一樣。受試者可以自己猜，不用等電腦幫忙猜這件事，對於遊戲體驗不該產生影響，理論上腦神經反應**應該**要沒差才對，然而不曉得爲什麼，讓人們可以做選擇，卻會讓遊戲變得不一樣，遊戲從無聊的苦差事，搖身一變成爲刺激的挑戰，受試者想玩的動力增加，完全只是因爲他們覺得操控權在自己手上⑪。

三

最近數十年來，世界經濟形態轉變，大公司不再保證終身聘雇，自由業與跳槽變得稀鬆平常，了解員工怎麼樣才會有動力工作，成爲企業的當務之急。一九八〇年時，美國超過九成的勞動力有固定老闆⑫，今天超過三分之一的人是自由業者、外包人員或臨時工⑬。今日能夠成功的新型勞動者，懂得替自己決定時間與精力該如何分配⑭，他們懂得設定目標，也懂得分出事情的輕重緩急，以及該接哪一個案子。研究指出，懂得自我激勵的人士賺的錢比同業多，幸福感也高，更加滿意自己的家庭、工作與整體人生。

自助類與探討領導力的書籍，經常把「自我激勵」描述成一種固定不變的性格特質，據說大腦下意識就會比較多少努力可以帶來多少獎勵。不過科學家說，動力比那複雜。動力比較像是一種技能，就跟閱讀或寫作一樣，可以學習，也可以精進。科學家發現如果用正確方式練習，人們其實可以更善於自我激勵。研究人員表示，關鍵在於動機的先決條件是「相信自己可以掌控自身行爲與環境」。換句話說，我們如果想激勵自己，就得相信自己是當家作主的人。

哥倫比亞大學（Columbia University）一群心理學家二〇一〇年在《認知科學趨勢》（*Trends in*

Cognitive Sciences）期刊上寫道：「想要擁有掌控感是一種生物本能。」⑮我們覺得由自己作主時，一般會催促自己更努力工作，而且平均而言更有自信、以更快的速度克服挫折⑯。覺得自己是主人的人，壽命一般比同輩長⑰。對大腦的發展來說，想要有操控感的本能十分重要，嬰兒學會自己吃東西後，會抗拒讓大人操控，就算乖乖聽話比較可能吃到東西，他們還是想自己來⑱。

我們人靠著自己做決定，證明自己是當家作主的人。哥倫比亞大學的研究人員寫道：「每一個選擇，不管是多小的選擇，都會讓人覺得自己可以作主，可以靠自己完成事情。」就算做決定不會帶來好處，人們依舊想要有可以選擇的自由⑲。德嘉多在二〇一一年的《心理科學期刊》（*Psychological Science*）中寫道：「動物與人類都展現出對選擇的偏好，就算選擇不會帶來額外獎勵也一樣。」⑳

種種發現讓學者最後提出動機理論：製造動力的第一步，就是給人們機會做決定，讓他們感受到自主權㉑。做實驗的時候，如果把題目包裝成受試者可以做決定的事，而不是實驗人員下的指令，人們會更有動力完成困難的任務。那也就是為什麼第四台在簽約時會問我們一堆問題，想要電子帳單，還是紙本帳單？要「超值特惠組合」，還是「白金組合」？要HBO，還是Showtime？因為一切都是我們自己選的，我們就會比較有動力每個月按時繳費。我們只要覺得作主的人是自己，就會比較願意遵守遊戲規則。

研究人員德嘉多表示：「碰上高速公路塞車、卡在車陣時，如果前方可以下交流道，雖然明明知道下去之後，得花更多時間才能到家，但為什麼就是很想下去？」「答案是我們的大腦在興奮有機會作主了！我們回家的速度不會變快，但感覺會比較爽，因為我們覺得自己可以決定車要怎麼開。」

各位讀者如果想激勵自己，或是激勵他人，只要用一個簡單的方法，就能讓人有行動的意願：找出可以操控的選擇，而且幾乎什麼選擇都可以，例如有一堆回不完的無聊電子郵件時，我們可以決定不要從第一封開始回，改從中間那一封下手。如果有報告要寫，不要按照順序先寫第一段，改成先寫結論，先畫表格，或是先做最有趣的部分。如果想讓自己有動力處理某位令人頭疼的員工，那就自己選擇要在哪個地方和對方聊一聊。下一次向客戶推銷產品時，自己決定先問哪一個問題。

我們人做事的動力，來自有主控權的選擇，選擇什麼不重要，重要的是讓自己有操控感。我們覺得一切操之在己的時候，就會想做事，那也正是為什麼玩遊戲的受試者覺得選大小的權力在自己手中時，願意一遍又一遍玩下去。

不過說了這麼多，讓自己有動力依舊不是一件簡單的事，有時光是可以做選擇還不夠，真要讓自己動起來，我們還需要一點助力。

四

艾瑞克・坤達尼亞（Eric Quintanilla）在表格上簽名，正式申請加入美國海軍陸戰隊，負責招募的軍官跟他握手，凝視著他，恭喜他做出正確的生涯選擇。

坤達尼亞回答：「報告長官，這是我這輩子唯一替自己做過的選擇。」坤達尼亞原本希望這句回答可以聽起來很勇敢、很自信，但他的聲音抖個不停，而且手瘋狂出汗，他和招募官都不得不在握完手之後，往褲子上抹一抹。

坤達尼亞今年二十三歲。五年前，他念完距離南芝加哥車程一小時的小鎮高中，原本想上大學，但不確定要主修什麼，也不曉得念完書可以做什麼。老實講，他是一個不太知道人生要幹什麼的人。坤達尼亞最後進了一所地方社區大學，拿到通識副學士學位。他想到購物中心的手機行工作，「我塡了……不曉得……大概十份履歷吧，但沒人找我面試。」

坤達尼亞最後在模型店打工，偶爾正職員工生病或休假時，也會代班開冷凍貨櫃車，晚上則打電動，玩「魔獸」（World of Warcraft）。那不是坤達尼亞理想中的生活，他想要更好的，於是他向高中就交往的女友求婚，婚禮很完美，然而婚禮過後，一切一如往常。接著太太懷孕了，坤達尼亞又投了一次手機行履歷，這次有人找他去面試，面試的前一天晚上，老婆幫他模擬面試題。

坤達尼亞的太太告訴他：「親愛的，你得給對方雇用你的理由，你把你有熱情的事說出來就可以了。」

隔天，手機行經理問坤達尼亞，爲什麼想幫 T-Mobile 賣手機，坤達尼亞當場愣住，回答經理：「我也不曉得。」坤達尼亞說的是實話，他眞的不知道。

幾週後，坤達尼亞在派對上碰到老同學，那位同學剛接受完新兵訓練，瘦了九公斤，還練出一身肌肉，整個人有自信起來，全場講笑話、搭訕女生。隔天早上，坤達尼亞告訴老婆，或許他也該加入海軍陸戰隊。坤達尼亞的太太不希望先生去當兵，坤達尼亞的母親也不同意，但坤達尼亞實在想不出自己還可以幹什麼。一天晚上，他坐在餐桌旁，在紙中間畫一條分隔線，左邊寫上「海軍陸戰隊」，右邊是「其他選項」。他唯一能想到的其他選項是「被模型店升職」。

五個月後，坤達尼亞在半夜抵達海軍陸戰隊的聖地牙哥招募站，走進一個有八十名年輕人的房間，剃頭，驗血型，換上軍隊制服，準備展開新生活㉒。

坤達尼亞二〇一〇年進入的十三週新兵訓練營，其實是海軍陸戰隊成立二百三十五年以來的新嘗試，軍隊希望靠著改變訓練方式，培養出完美軍人。先前的訓練重點擺在馴服不聽話的青少年，努力改造他們成爲遵守紀律的軍人，不過十五年前，五十三歲的查爾斯．庫拉克將軍（Charles C. Krulak）升上司令，掌管海軍陸戰隊，認爲有必要改革新兵訓練：「申請人素質愈來愈差，很多孩子需要的不是軍事訓練，而是整顆腦袋需要大改造。他們從來沒參加過球隊，沒做過任何正當職業，一輩子什麼都沒做過。他們甚至說不出自己有什麼志向，從小到大都是別人叫他們幹什麼，他們就去幹什麼。」㉓

軍人聽令行事有什麼不好？海軍陸戰隊不需要一個口令一個動作的人，他們眞正需要的是能夠獨立做決策的人才。海軍陸戰隊隊員會很樂意向你解釋，他們和一般的陸軍或海軍不同。庫拉克表示：「戰場上我們第一批抵達、最後一批離開，我們極度需要能自己發起行動的人才。」放眼今日的情勢，美國需要能在索馬利亞與巴格達作戰的人才，那些地區危機四伏，永遠不曉得會發生什麼事，規則與戰略永遠在變，海軍陸戰隊通常得靠自己臨時決定現場最佳策略㉔。

庫拉克司令表示：「我開始和心理學家與精神科醫師合作，我想知道要怎麼樣訓練新兵，才能讓他們學會用自己的腦袋思考。我們有一些條件還不錯的新兵，但他們渾渾噩噩，弄不清楚人生要做什麼，只知道得過且過，這種人感覺上能用，實際上卻不能用，海軍陸戰隊不能要這種人。」

庫拉克司令開始研究「自我激勵」要怎麼教，他對一份海軍陸戰隊幾年前的內部研究特別感興趣。那項研究說，最成功的海軍陸戰隊軍人擁有強大的「內控能力」（internal locus of control），那樣的人相信可以靠著自己做決定，影響自己的命運。

「控制力來源」（locus of control）是心理學一九五〇年代以來十分熱門的研究主題[25]。研究人員發現，內控型的人成功時會讚美自己，失敗也會責怪自己，不把責任歸給外在因素，例如內控傾向強烈的學生會覺得，自己成績好是因爲平日用功讀書，而不是因爲天生很聰明。內控型的推銷人員如果沒做成生意，他們覺得是自己缺乏銷售能力，不會怪罪運氣不好。

二〇一二年《管理問題與展望》期刊（*Problems and Perspectives in Management*）的一篇心理學研究寫道：「內控與學業成績佳、自我動力強、成熟的社交能力、不常感到壓力與沮喪，以及長壽有關。」[26]內控型的人一般賺比較多錢，朋友比較多，婚姻更持久，而且事業成功，生活滿意度也高。

研究團隊寫道，如果是**外**控型，也就是認爲人生事件大都不由自己掌控的人，相較而言，「活在比較大的壓力之下，因爲他們通常覺得自己沒有能力應付情境。」

研究顯示，我們究竟是內控型還是外控型的人，其實可以透過訓練與回饋影響，例如一九九八年的實驗請一二八名五年級學生解困難的題目[27]。做完之後，每一位學生都得知自己分數很高，不過其中一半的人聽到：「你剛才一定很努力，所以分數這麼棒。」告訴五年級學生他們很努力，可以刺激他們的「**內控感**」，因爲努不努力自己可以決定。讚美學生很努力，可以讓學生相信他們有能力掌控自己，也有能力掌控環境。

另一半的學生則先被告知自己得了高分，接著又聽到：「你一定很聰明，居然可以解開這些題目。」讚美學生頭腦好，刺激的是他們的「**外**控感」。大部分的五年級學生不認為自己可以選擇要多聰明，聰不聰明是生下來就決定好的，因此告訴孩子他們很聰明，將使他們認定成功或失敗**不是**他們所能掌控的。

所有的受試學生聽完分數和評語之後，接著被要求多做三個難度不一的題目。

第二輪解題時，剛才智力被稱讚的學生（先前被暗示自身**沒有**影響力的學生），雖然別人說他們很聰明，他們卻只肯把力氣花在簡單題目，缺乏讓自己想辦法解決難題的動機。實驗結束後，那些學生說實驗很無聊。

相較之下，剛才被稱讚很努力的學生（也就是被暗示「事情操之在我」的學生），他們會努力解開困難的題目，願意多花時間，分數也比較高。實驗結束後，他們說剛才真好玩。

史丹佛心理學家卡蘿・德威克（Carol Dweck）也參與了前述實驗，她表示[28]：「內控是習得的能力。大多數的人小時候就學習到內控感，但有些人的內控感在成長過程中受到壓抑，或是過去的經驗讓他們覺得自己無法決定些什麼，他們忘記自己其實可以影響自己的人生。

「碰到這樣的人，我們可以藉由訓練協助他們。只要把人放在可以練習掌控的情境，喚醒心中的內控感，他們就會開始習慣掌控自己的人生。人只要愈『覺得』可以自己掌控人生，就真的可以掌控人生。」[29]

庫拉克司令讀到這方面的研究後，想到或許這就是新兵訓練的關鍵。如果能改造新訓課程，強迫年輕人自己做選擇，或許他們就會更懂得激勵自己。庫拉克司令告訴我：「今日我們稱這種訓練法為『行動導向法』。新兵一旦自己控制過幾種情境，就會開始了解當自己的主人是多美好的一件事。」

庫拉克司令表示：「我們從來不會告訴任何新兵他們是天生的領導者，『天生』兩個字是在說你無法掌控。我們會告訴新兵，領導能力是可以學的，那是一種努力過後的結果。我們在訓練時強迫新兵自己掌控情勢，讓他們感受到自己做決定有多美好。一旦讓他們沈溺於那種感覺，他們就不會放手。」

新兵坤達尼亞一抵達訓練營，就開始接受訓練。教育班長強迫菜鳥長途行軍，每天有做不完的仰臥起坐與伏地挺身，還有單調乏味的操槍訓練。班長不斷對著坤達尼亞大吼大叫（庫拉克司令解釋：「畢竟我們還是要保持威嚴的形象」），然而除了體能練習外，坤達尼亞還不斷碰到迫使他做決定與掌控局勢的情境。

舉例來說，訓練進入第四週時，坤達尼亞與同排的人被叫去清理軍營餐廳，新兵不曉得該如何整理，連打掃用具放在哪都不知道，也沒操作過大型洗碗機。當時軍隊剛吃完飯，坤達尼亞和其他菜鳥不曉得剩菜該怎麼處理，是要包起來？還是要直接丟掉？然而每次有人跑去問班長，就會換來一頓臭罵，於是大家開始自己做決定。馬鈴薯沙拉丟掉，剩的漢堡冰進冰箱。洗碗機因為洗碗精加太多，地上變成泡沫海。所有人一共花了三個半小時，才終於打掃完餐廳，光是拖乾淨地上的泡沫就費了不少時間。坤達尼亞與同袍做得不是很完美，不小心扔了還能吃的食物，不小心關掉冰淇淋冰箱的電源，還不小心把二十把叉子放錯地方，不過等他們做完之後，教育班長走到排裡最沒自信、最害羞的人面前告訴他，他注意到他做得很好，剛才大家需要決定把番茄醬收在哪裡的時候，他站出來提議。老實講，番茄醬應該擺哪裡太明顯，因爲有一大排架子什麼都沒放，只放了一堆番茄醬㉚，然而那位害羞的新兵聽到讚美後，臉亮了起來。

中士丹尼斯・喬伊（Dennis Joy）帶我四處參觀新訓營，這位嚇人的教育班長表示：「那次打掃餐廳我讚美了幾件事，全都出乎新兵的意料。如果是新兵原本就很在行的事，我不會讚美，如果你體能本來就好，你跑步跑得快我不會讚美，我只讚美身體差但努力跑的人。一樣的道理，害羞的人站出來領導我才會讚美，其他人我不讚美。我們訓練員把讚美留給努力做自己不在行的事的人，讓新兵學會相信自己。」

●●●

庫拉克司令的新版訓練重頭戲是最後的「嚴酷大挑戰」（Crucible）。結訓時，每名新兵都要參加長達三天的耐力大考驗。坤達尼亞心中很害怕，跟上下鋪的同袍晚上竊竊私語，他們聽到的謠言都很嚇人，據說去年還有人挑戰到一半少了一條腿。坤達尼亞那一屆的大挑戰在星期二展開序幕，同排的人凌晨兩點被叫醒，有任務了，大家準備行軍，一共要匍匐前進與攀爬總長八十公里的障礙道路㉛。每個人都要背著重十三點六公斤的裝備，而且五十四小時之內一共只能吃兩餐，睡也只能睡一兩個小時。教育班長宣布，大家可能在考驗過程中受傷，留在原地不動或落後太多的人，就會被軍隊踢出去。

大挑戰中有一關叫「提莫曼中士的坦克」（Sergeant Timmerman's Tank）。教育班長指著跟橄欖球場一樣大的場地大吼：「敵人用化學武器污染了這一帶。你們必須背著所有裝備和防毒面具通過

這裡。只要有一個人碰到地面，就算出局，重來！超過六十分鐘沒過關，也是出局，重來！你們必須服從自己的隊長。我再講一遍：隊長必須下口頭命令，否則所有人不准行動。一定得**聽見**命令後才准行動，否則就算出局，重來！」

坤達尼亞的小隊圍成一圈討論，開始運用先前新訓中學到的合作技巧：

「我們的目標是什麼？」一名新兵說。

「穿越這一關。」某人回答。

一個人指著綁著繩索的兩塊木板問：「我們要怎麼運用這些木板？」

有人回答：「我們可以一塊塊接起來。」於是隊長下口頭命令，大家散開，測試能否靠拼接木板穿越前方地面，所有人先站在一塊木板上，接著把另一塊往前拖，但大家站不穩，失敗重來。小隊再次圍成一個圈，其中一人問：「我們要如何運用繩子？」

「提起木板！」有人建議同時站在兩塊木板上，一隻腳站一塊，然後大家同心協力一起提繩子，一起抬木板，就像滑雪一樣。

所有新兵戴著防毒面具站在木板上，隊長站在最前面大喊：「左腳！」大家把左邊的木板稍稍往前移一點。「右腳！」大家把右邊的木板往前移一點。就這樣，所有人開始緩緩前進，然而十分鐘過後，這個辦法顯然也行不通。有的人太快提繩子，有的人木板抬得太前面，而且大家都戴著防毒面具，根本聽不清楚隊長的口令，然而此時小隊已經走了一段距離，來不及回頭再來一遍，但是依照這種速度，要花好幾個小時才能完成這一關。大家紛紛大喊：「先停下！」

隊長下令要大家暫停，隔著臉上的防毒面具，對站在自己後面的人大吼：「看我的肩膀。」他聳起左肩，接著聳起右肩，大家看著隊長的肩膀協調抬木板的動作，唯一的問題，在於這個方法違反了這一關的基本規則。教育班長先前說了，必須「聽」到小隊長下令，每個人才能行動，然而大家戴著防毒面具，其實什麼都聽不清楚。沒辦法了，雖然不符合這一關的規定，也只能先這樣，隊長開始一邊喊口令，一邊聳肩與提手臂。一開始，大家還是抓不到節奏，因此隊長用吼的唱出大家在長途行軍時學到的歌，排在隊長後面的人模糊抓到他在唱什麼，跟著一起唱，接著第三個人也唱，第四個人也唱，最後所有人一起唱歌，大家按照歌曲的節奏提繩子、移板子，一共花了二十八分鐘完成關卡。

教育班長告訴我：「嚴格來講，我們其實可以叫這一隊重來，因爲每一個人並未直接聽到隊長的口令，然而那正是這一關的重點。我們其實知道戴著防毒面具，根本什麼都聽不清楚，過關的唯一辦法，就是想辦法不靠口令動作。我們這麼做的目的是爲了讓新兵了解，不可能光靠服從命令就完成任務，他們得自己當家作主，自己想辦法解決問題。」

又過了二十四小時，又過了另外十二關，坤達尼亞的小隊抵達大挑戰最後一關。眼前是一眼望不盡的陡峭山丘，名字是「死神丘」（Grim Reaper）。庫拉克司令表示：「死神丘這一關的規則是不需要互相幫忙。我看過新兵摔倒後，因爲沒有弟兄救他們，他們就那樣被拋下。」

坤達尼亞此時已經行軍兩天，一共睡不到四小時，臉麻掉沒有知覺，雙手也因爲先前抱著大水桶穿越障礙物，滿是水泡和割痕。他告訴我：「有人在死神丘吐了，有人手斷了包著繃帶。」新兵走上死神丘時跌跌撞撞，不停跌倒，全都累到像在用慢動作前進，有走跟沒走一樣。大家互挽手臂，以免有人滑下山坡。

坤達尼亞的隊友打起精神問他：「你爲什麼要來這裡？」他們是在做先前接受登山訓練時學到的「一問一答」技巧。教育班長教他們，碰到絕境時應該互問用「爲什麼」開頭的問題。

坤達尼亞回答：「我要加入海軍陸戰隊，給家人更好的生活。」

坤達尼亞的太太一週前剛生下女兒柔伊（Zoey）。坤達尼亞在女兒出生後，被特准和妻子說了整整五分鐘的電話，那是兩個月來他和外界唯一的聯繫。只要完成「大挑戰」，坤達尼亞就能見到妻子和剛出生的孩子。

坤達尼亞的教育班長告訴他，如果能把「難關」變成「自己在乎的選擇」，再困難的事也會變簡單，因此坤達尼亞的小隊在最難熬的最後關頭，開始互問「爲什麼」。人只要把苦差事變成**有意義**的選擇，自然有動力做事。

坤達尼亞的小隊在陽光最毒辣時，登上最後一個山頂，搖搖晃晃走向空地上的旗杆，所有人停下腳步，他們終於成功了！「大挑戰」結束了！教育班長走到他們面前，把標有老鷹、地球與船錨的海軍陸戰隊徽章，一一交到每個人手上，他們就此正式成爲海軍陸戰隊的一員。

坤達尼亞告訴我：「一般人會想像，新兵訓練營就是鬼吼鬼叫，練習打打殺殺，但完全不是那麼一回事。新訓眞正的目的，是讓你學會做你以爲自己辦不到的事，一切其實跟你的『心』有關。」

接受軍事訓練的新兵，老實講拿不到多少錢，以海軍陸戰隊來說，起薪僅一年一萬七千六百一十六美元，然而海軍陸戰隊卻有最高的職業滿意度。海軍陸戰隊一年大約訓練四萬新兵，改變過數百萬人的人生。像坤達尼亞這樣的人，原本人生沒目標，也不曉得如何激勵自己，無法掌控自己的人生，但新式訓練給了他們方法。自從庫拉克司令改革海軍陸戰隊的訓練方式後，新兵留下的比例與表現分數都提高兩成。調查顯示新兵的平均內控感在受訓期間大幅增加。㉜德嘉多的猜數字遊戲實驗證實，人要有主控感才會有動力做事。海軍陸戰隊的配套訓練則讓我們了解如何引導缺乏自主能力的人：只要給這樣的人機會萌生內控感，讓他們練習做選擇，他們就可能學會運用意志力。人一旦抓到自己做選擇的訣竅，就會習慣成自然，知道如何督促自己做事。

除了靠「做選擇」讓人感受到自己的人生自己掌握之外，我們的選擇如果符合自身的價值觀與目標，也更能激勵自己。海軍陸戰隊新兵互問「爲什麼」的原理就是這樣：如果能說出答案，代表他們懂得賦予自己所做的事意義。他們所做的每一件事，都是爲了更崇高的目的而努力。

一九九〇年代曾有一系列養老院研究，最後發現老人能否自己做決定是最大的關鍵。最初研究人員想知道，爲什麼有的老人在養老院如魚得水，有的老人則一住進去之後，身心健康都大幅衰退，養老院變成「等死院」。研究人員發現過得好的老人很不一樣的地方，在於他們會自己做決定，還會反抗制式的時間表、菜單，以及其他養老院試圖強迫老人遵守的嚴格規定㉝。

部分研究人員戲稱會反抗的老人爲「顛覆分子」（subversive），因爲他們所做的很多決定，都是爲了小小反抗現狀，例如某聖塔菲（Santa Fe）養老院的一群老人，每一餐都彼此交換食物，因爲他們想按照自己的意思選擇菜色，不要養老院拿出什麼他們就吃什麼。一名老人告訴研究人員，他每次都用蛋糕換取別的食物，雖然他愛吃蛋糕，他還是「寧願吃自己選的東西，就算難吃也沒關係」。

小岩城（Little Rock）的老人幫則是違反養老院規定，自行移動家具，把房間改造成自己想要的樣子。院方原本把衣櫥固定在牆上，老人甚至從工具間偷拿鐵橇，硬是搬開自己的櫃子。頭痛的養老院管理人員召開會議，最後決定改了就改了，不必恢復原狀，如果有老人需要幫忙搬動家具，員工甚至還會幫忙，不過老人告訴管理人員，他們不需要任何協助，不需要任何人批准，以後依舊會想做什麼就做什麼。

眞要說起來，這些小小的反抗之舉算不了什麼，卻會對老人的心理健康帶來十分正面的影響，因爲「顛覆分子」認爲，反抗行動證明了他們依舊是自己人生的主宰。「顛覆分子」的平均走路速度，大約是院內其他老人的兩倍，食量也比別人大約多了三分之一。他們比較願意遵守醫囑，按時服藥，上健身房，還會與親朋好友保持聯絡。「顛覆分子」住進養老院時，和院內其他老人一樣，身上有很多毛病，不過住進去後，他們活得比較久，比較快樂，活動力強，也願意動腦。

明尼蘇達大學（University of Minnesota）的老年醫學教授羅塞麗・肯恩（Rosalie Kane）表示：「養老院的老人有兩種非常不一樣的心態，一種是『我可以做選擇，我依舊主宰自己的人生』，一種則是『我只是來這裡等死而已』。吃不吃蛋糕其實一點都不重要，但如果你拒絕吃別人給的蛋糕，你是在向自己證明，作主的人依舊是你。」反叛的老人會如魚得水的原因，在於他們知道如何掌控生活，他們跟坤達尼亞的新兵小隊一樣，知道在結訓大挑戰的防毒面具那一關，必須自己決定如何詮釋過關規則，不能一板一眼死守規定。

換句話說，最能帶來動力的選擇是做到兩件事的決定：一、讓人相信主控權在自己手上，以及二、賦予我們的行動崇高的意義。新兵選擇爬上一座山，是在展現自己對女兒的愛。老人選擇在養老院起義，是在證明自己還活著。我們一旦習慣把「不得不去做的事」變成有意義的選擇、證明自己是人生的主宰之後，心中會出現內控感。

坤達尼亞在二〇一〇年結訓，接著在海軍陸戰隊待了三年，三年後退伍，因爲他覺得自己終於準備好迎接眞實人生。坤達尼亞在外頭找到一份新工作，但同事之間不像軍中有深厚的同袍情誼，而且沒人努力讓自己變成更好的人，坤達尼亞感到失望，二〇一五年又重新入伍。坤達尼亞告訴我：「我懷念那種隨時被提醒我什麼都能做到的感覺，我想念有人督促我選擇當更好的人。」

五

前文提到的路易斯安那汽車零件大亨羅伯特，他的妻子薇拉在前往南美之前，其實這輩子已經是某種勵志專家。薇拉天生患有白化症，體內無法製造合成黑色素所需的酪氨酸酶（tyrosinase），因此皮膚、頭髮、眼睛都缺乏色素，視力不佳，法律上是盲人，只有在眼睛和字貼得非常近而且使用放大鏡時，才看得到東西。薇拉的女兒羅姍告訴我：「儘管如此，我母親是全世界最有毅力的人，什麼都辦得到。」

薇拉還小的時候，雖然她有問題的是視力，不是智力，但學校仍想叫她改念啓智班。不過薇拉拒絕離開普通班，堅持跟朋友坐在一起，不肯離開原本的教室，學校拿她沒轍，只好放棄。薇拉長大後進入路易斯安那州立大學，主動要求學校找人幫她朗讀課本，學校同意。薇拉大二時認識羅伯特，後來羅伯特很快就休學，到地方上一家福特（Ford）車廠幫忙洗車與打蠟。羅伯特叫薇拉也一起休學，不過薇拉婉拒，依舊念完學位，薇拉大學畢業四個月後，兩人在一九五〇年十二月結婚。

薇拉和羅伯特很快就生了六個孩子，羅伯特建立事業帝國，薇拉負責照顧家裡。他們家早上會開會，表格上寫好每個孩子那一天應該做什麼。星期五晚上也有檢查大會，每個人都要報告自己下一週要做什麼。女兒羅姍說：「我的父母是一個模子刻出來的人，兩個人都很有幹勁。我母親拒絕讓先天的限制妨礙自己，我認爲那就是爲什麼父親變了一個人之後，她會那麼痛苦。」

羅伯特陷入整個人一動也不動之後，薇拉最初把所有的精力都用在照顧他，請看護幫他做運動，還和小叔一起成立委員會監督公司，後來則把事業賣掉。有一陣子，薇拉無事可做，她原本嫁了一個熱愛社交的人，連去一趟雜貨店都很難，因爲羅伯特會一直停下來和所有人聊天，現在羅伯特卻整天坐在電視機前，薇拉受不了了。他們一家人決定打官司，覺得羅伯特腦神經受損理應得到保險理賠，薇拉在法庭上說：「羅伯特不跟我講話……感覺上不管我做什麼，都引不起他的興趣。我幫他料理三餐，有點像是看護，好吧，我就是看護。」

薇拉自怨自艾了幾年，接著她開始憤怒，然後再度忙碌起來。如果先生看來沒有要奪回人生的樣子，她就強迫他動起來。薇拉逼著羅伯特參與生活，不停問他問題。薇拉做午餐時，連珠炮要羅伯特選擇。三明治還是湯？生菜還是番茄？火腿還是火雞肉？要加美乃滋嗎？冰水還是果汁？一開始，薇拉不是刻意問這麼多問題，她只是火大，想逼先生講話。

然而薇拉煩了羅伯特好幾個月後，她發現羅伯特被迫做選擇時，似乎會突然有活過來的跡象。羅伯特會跟她開個一兩分鐘玩笑，告訴她自己看了什麼電視節目。某天晚上，薇拉一連逼著羅伯特做十幾個決定，包括晚餐要吃什麼，要坐哪一張桌子，要聽什麼音樂，羅伯特突然開始講很長的話，講起兩人剛結婚時，在暴風雨中把自己鎖在門外的趣事，講到他們試圖撬開窗戶時，羅伯特還開始大笑，那是好幾年來薇拉第一次聽見他笑。有那麼幾分鐘，羅伯特似乎回來了，不過接著他又面向電視，再度陷入沈默。

薇拉不屈不撓，漸漸的，羅伯特愈來愈常清醒過來。每當他似乎又像從前的自己，薇拉就會恭喜他、哄他、獎勵他。兩人到紐奧良的腦神經科史特博醫生那兒做年度回診時，醫生看得出來，羅伯特和幾年前去完南美後不同了。史特博醫生說：「羅伯特變得會和護士打招呼，還問候護士的孩子，也主動和我講話，問我平常喜歡做什麼，碎碎念他們夫妻回家時應該改開哪一條路才對。一般人開口講這些話沒什麼，但羅伯特居然會主動講話，像是他再度活過來一樣。」

腦神經科學家研究人類的動力機制時，目前的共識是羅伯特這樣的人士失去活力，不是因爲他們失去自我激勵的能力，而是因爲大腦出現情緒功能障礙。法國研究這種現象的醫生哈比普發現，所有類似的病例都出現奇怪的情感疏離。一名女性告訴他，自己在父親去世時幾乎毫無感覺。一名男性病患告訴他，自從自己陷入麻木後，一點都不想擁抱妻兒。哈比普問，他們是否對人生發生變化感到難過，所有人都說不會，一點感覺也沒有㉞。

腦神經醫生認爲，這種情緒上的麻木是某些人士缺乏動力的原因。以哈比普醫生研究的病患來說，大腦紋狀體受損，讓他們無法感受到掌控事物帶來的獎勵感。他們之所以不再有動力，是因爲他們忘了做選擇的感覺有多美好。有些人士腦部並未受損，但一輩子從來沒機會嘗到自己作主的滋味，成長環境不讓他們有太多選擇。有的人則是搬到養老院後，忘記自己做決定的美好感受。

依據這一派的理論，我們若要幫助自己或他人強化內控感，應該獎勵主動做事的行爲，鼓勵人們自動自發。嬰兒想自己吃飯的時候，我們應該讚美他們。小孩表現出叛逆、頑固的行爲時，我們應該鼓掌。學生耍小聰明的時候，我們應該獎勵他們。

當然，這一切說起來容易，做起來難。我們願意爲自動自發的精神拍手，但小孩堅持不肯穿鞋，年長的父母把衣櫃撬下牆壁，或是青少年耍酷不守規矩時，我們的臉色就很難看了。然而就是在這種「不聽話」的時刻，人的內控感會增強，大腦就是靠著這種方式，記住自己作主的感覺有多美好。我們必須練習自己做決定，還必須獎勵打破常規的叛逆行爲，否則自我激勵的能力會消失。

然而當然，不是沒事唱反調就是好事，我們還必須證明自己的選擇有意義。我們碰上新任務，或是不想做的事情，應該停下來問自己「爲什麼」。爲什麼我們要逼自己爬上死神丘？爲什麼要強迫自己不看電視？爲什麼回電子郵件很重要？爲什麼要處理同事煩死人的請求？

我們開始問「爲什麼」之後，小事不再小，小事是我們爲了有意義的大計劃、大目標與人生價值觀，自願去做一件事。表面上看起來，我們依舊在做瑣碎的無聊事，但我們會心滿意足，因爲小事證明了我們做了有意義的選擇，我們是人生眞正的主宰。我們找出瑣事的意義之後，就會自動自發。回信或是助同事一臂之力，本身沒有太大重要性，然而如果那些事是爲了完成自己支持、自己想完成、自己**選擇**要做的大專案，我們會願意去做。換句話說，我們人會爲了更崇高的使命，選擇去做眼前需要完成的小事。

二〇一〇年時，也就是薇拉和丈夫從南美度假歸來二十二年後，薇拉得了卵巢癌，受苦受難了兩年才去世。薇拉抗癌時，羅伯特都在，早上扶她下床，晚上提醒她吃藥。薇拉很不舒服的時候，羅伯特問她問題，轉移她的注意力。薇拉虛弱到生活無法自理時，是羅伯特餵她吃飯。薇拉終究過世後，羅伯特在妻子的空床旁坐了幾天。幾個孩子害怕父親再度陷入一動也不動的狀態，催促他到紐奧良回診，看看醫生有沒有辦法預防他再度發病。

羅伯特告訴孩子，不，他不出門不是因爲症狀又回來了，他只是需要一點時間懷念六十二年的婚姻生活。薇拉在年輕時代幫助他建立人生，然後在一切逐漸失控、他的生命力一點一滴流失後，再度幫助他重建生活。羅伯特告訴孩子，自己只是想在薇拉空蕩蕩的床邊逗留幾天，表達對她的敬意。一週後，羅伯特出門吃早午餐，然後開始忙著帶孫子。二十四個月後，羅伯特也於二〇一四年去世，他的訃文上寫著，這是一個直到最後一刻都認眞生活的人。

2

團隊

Google的心理安全感與《週六夜現場》

一

二十五歲的茱莉亞・羅佐夫斯基（Julia Rozovsky）覺得自己不能再這樣下去，她要改變！但人生路要怎麼走，她也不曉得。茱莉亞擁有塔夫茨大學（Tufts）的數學和經濟學雙學位，畢業後到顧問公司上班，但覺得那不是她想要的。接著她在兩名哈佛教授底下當研究助理，工作內容很有趣，但那種工作無法做一輩子。

茱莉亞心想，或許該去大公司？還是該走學術那條路？還是說，她應該加入新創科技公司？她實在是不知道，所以最後選了不需要選擇的路：她申請了研究所，成爲耶魯管理學院（Yale School of Management）二〇一〇年新生。

茱莉亞抵達耶魯的紐哈芬校園（New Haven），準備認識新同學。她和所有新生一樣，被分配到一個學習小組。茱莉亞在心中想像這個小組非常重要，組員會結成莫逆之交，一起學習，一起討論重要議題，互相幫忙，全都成爲明日的社會中堅。

學習小組是多數ＭＢＡ學生的必經之路，也是練習團隊合作的好機會。耶魯的網站介紹：「同一個學習小組的成員，大家課表一樣，一起做分組作業。學習小組的成員經過特別分配，讓不同專業與文化背景的學生彼此激盪。」①每天午餐或晚餐過後，茱莉亞與其他四個組員一起討論功課，比較彼此的答案。要考試的時候，他們也會交換筆記，一起做準備。不過老實講，茱莉亞的小組成員並不像學校網站講的那麼多元，其中兩人和茱莉亞一樣當過管理顧問，一人待過新創公司，全都是聰明、好奇心強、外向的人。茱莉亞原本期待同組的人背景那麼相像，應該會成為好友，然而茱莉亞表示：「很多人都說，自己最好的商學院朋友是學習小組的組員，但我不是這樣。」

茱莉亞的學習小組幾乎從一開始，就像是每天都會出現的恐怖壓力源，茱莉亞說：「我永遠不能放鬆，總覺得每天都得證明自己很優秀。」小組氣氛很快就讓茱莉亞壓力爆表，每個組員都覺得自己才是領袖，所以每次教授發下小組作業，每個人都在暗中角力，搶著當老大。茱莉亞說：「我的組員會靠大聲講話，或是跟每一個人爭辯，強調所有人都該聽他們的。」分配作業時，某個組員會搶先站出來分配誰做什麼，接著其他人就會抱怨分配不公，然後又會有人跳出來說，某某事是他的專長，應該聽他的才對。此話一出，所有人就會展開一場大混戰，開始搶誰要做什麼。茱莉亞說：「可能是我自己太敏感，但我一直覺得在他們身邊我得小心翼翼，一點錯都不能犯。」茱莉亞的組員脣槍舌劍，相互批評，但每個人都表現出一副「沒有啦，只是開開玩笑」的樣子，每天明槍暗箭不斷。

茱莉亞說：「我本來很期待交到好朋友，結果卻是這樣，讓我很失望。」②

學習小組行不通，茱莉亞便另找團體加入，想辦法和其他同學交朋友。機會來了，商學院平日會舉辦「案例競賽」，參賽者比的是誰能提出最好的創新方案，解決真實世界的問題。參賽的團隊會拿到案子，並有數週時間寫出企劃案，接著知名企業主管與教授會選出獲勝者。這類競賽由企業贊助，有時還有獎金，而且可以趁機找到好工作。茱莉亞聽說同學在組隊，馬上跑去加入。

茱莉亞那次碰到的競賽，一共有十幾個小組參賽，茱莉亞加入的小組有前軍官、智庫研究員、健康教育非營利組織董事，以及難民計劃主管，每個人都來自不同背景，和茱莉亞的學習小組很不一樣，然而這個天南地北的組合，一開始就一拍即合。每次接到新案例，組員會在圖書館開會，然後分頭行動，他們會花好幾個小時腦力激盪，分配誰負責找哪些資料，誰負責寫報告的哪一個部分。一切都分配好之後，小組還會不斷見面討論。茱莉亞說：「我們最精彩的那次競賽和耶魯大學校園有關。學校原本有一間學生負責的福利社，但學校決定收回去自己做，商學院因而贊助了一場改造那間福利社的比賽。

「我的小組連續一週每天晚上都在開會，我提出福利社應該增設讓人可以小睡片刻的『打盹艙』（nap pod），另一個人提出應該增闢遊戲室，還有人提出舊衣交換的點子，我們有各式各樣瘋狂的點子。」最後沒有人的點子被拿掉，就連打盹艙也一樣。有教授把改造福利社的方案出成作業，因此茱莉亞的學習小組也花了很多時間腦力激盪，不過茱莉亞說：「每次只要我提出打盹艙的概念，就會有人翻白眼，然後提出十五個那是個蠢主意的理由。是很蠢沒錯，但我的案例小組愛死這個點子，我們一向喜歡彼此的笨點子。我們花了一小時討論可以如何靠打盹艙賺錢，例如福利社可以賣耳塞等配件。」

茱莉亞的案例小組最後決定，應該把學生福利社改造成小型健身房，提供大家運動課程與健身器材。他們花了好幾週研究定價模式，還聯絡器材廠商，最後贏得競賽，今天耶魯校園依舊有他們發想的小型健身房。同一年，茱莉亞的案例小組又花了一個月，研究如何讓某間環保連鎖便利商店拓展到北卡羅萊納州。「我們大概分析了二十四種方案，很多都行不通。」不過小組最後前往俄勒岡州波特蘭簡報自己找出的結論，建議應該採取穩紮穩打的成長策略，以健康食品爲最大賣點。茱莉亞的案例小組拿到全國第一名③。

茱莉亞的學習小組則在第二學期就逐漸瓦解，先是其中一人鬧失蹤，接著另一個人跟著消失，然後所有人都不見了。茱莉亞的案例競賽小組則蒸蒸日上，不斷有新學生想加入，茱莉亞在內的五個主要創始成員，一直到畢業都一起合作，今天也還是茱莉亞最好的朋友④。他們參加彼此的婚禮，也到別州互相探望，還會打電話尋求事業上的建議，並且幫忙介紹工作。

茱莉亞一直覺得很奇怪，爲什麼她參加的兩個小組感覺如此不同？她的學習小組讓人胃痛加頭痛，每個人都搶著當老大，忙著把別人的點子踩在腳下。她的案例競賽小組則令人熱血沸騰，每個人都很熱情，很願意幫助別人。然而基本上，兩個小組的成員其實是同一種人，全都聰明過人，而且在小組以外的場合對人都很和善，讓人想不透爲什麼學習小組的氣氛那麼劍拔弩張，案例小組的氣氛卻很輕鬆。

茱莉亞告訴我：「我實在不懂結局爲什麼如此不同，根本不必搞成那樣。」

●●●

茱莉亞畢業後到 Google 工作，加入公司的「人員分析小組」（People Analytics group），從各種角度研究公司員工如何利用時間⑤。茱莉亞這輩子有興趣做的事，原來是用數據找出爲什麼人會出現某些行爲模式。

Google 連續六年被《財星》（*Fortune*）雜誌選爲全美最佳工作地點⑥。Google 的主管認爲，自己會勇奪第一名的原因，在於即便他們的員工數已經成長到五萬三千人，公司平日仍投入大量資源，研究員工怎麼樣才會有幸福感與生產力。Google 由隸屬於人資部門的人員分析小組，負責研究員工是否滿意主管與同事，他們感覺工作量是否適中，工作內容是否具備適當的挑戰性，以及薪水是否合理。「人員分析小組」還研究大家能否平衡工作與私人生活，以及其他數百個變量，以協助公司做出聘雇或炒魷魚的決策，以及誰該升官，誰則升得太快。茱莉亞加入 Google 前，人員分析小組已經找出 Google 只需要面試應徵者四次，就能以八六%的信心水準，預測對方是否爲合適人選。此外，小組還成功讓公司的十二週有薪產假增加到十八週，因爲電腦模式顯示，光是多出六週時間，就會讓新手媽媽的辭職率減少一半。人員分析小組的基本目標是讓 Google 員工的工作生活更美滿、更具生產力，他們相信只要有足夠數據，幾乎所有令人費解的行爲都能迎刃而解。

Google 人員分析小組近幾年的重頭戲是「氧氣專案」*（Project Oxygen），他們試圖找出爲什麼

*「氧氣專案」發現優秀管理者必備的八項特質包括：一、他們必須是好教練；二、懂得授權，不會事必躬親；三、關心下屬過得好不好；四、專心達成目標；五、傾聽與分享資訊；六、協助員工規劃事業生涯；七、擁有清楚的願景與策略；八、具備關鍵技術能力。

有的主管效率就是比別人高，最終找出八大關鍵管理辦法。人員分析經理艾比・杜貝（Abeer Dubey）表示：「氧氣計劃很成功，我們找出好經理和其他人的不同點，也找出協助其他人改善管理風格的方法。」大約在茱莉亞進公司時，Google 又開始推動另一項大型研究計劃，這次的代號是「亞理斯多德專案」（Project Aristotle）。

杜貝團隊注意到許多 Google 員工在公司的問卷調查中，反覆提到團隊的重要性。「Google 人會說：『我的經理很優秀，但我的團隊一直沒培養出團隊精神』，或是『我的經理不怎麼樣，但團隊很強，所以沒關係』。我們覺得這是可以著手研究的地方，因爲氧氣專案研究了領導力，但沒有研究團隊是怎麼一回事，我們想知道是否把特定背景的人放在一起，就能組成最強的團隊。」杜貝團隊想知道如何打造完美團隊，茱莉亞恰巧也在這個時候加入他們的陣容[7]。

亞理斯多德專案做的第一件事，就是全面回顧學術文獻。有的科學家發現，團隊成員的外向或內向程度相似時，這種團隊會有最好的表現。有的科學家則發現，團隊成員擁有類似的品味與嗜好很重要，不過背景多元的團隊也很受推崇。有的研究說團隊需要合作精神，有的則說一定程度的競爭意識會使團隊更成功。換句話說，過去的研究五花八門，大家的結論都不一樣。

由於先前的研究衆說紛紜，亞理斯多德專案花了一百五十小時以上，調查 Google 員工自己的看法，看看大家認爲有效團隊的要素是什麼[8]。杜貝表示：「我們發現團隊是一種『看你從什麼角度看』的東西，外人可能覺得某個團隊很強，但團隊成員卻覺得自己過得水深火熱。」由於角度不同，亞理斯多德專案最後同時採用「內」、「外」兩種指標來衡量團隊績效，例如團隊是否達成銷售目標（外部指標），以及團隊成員感覺自己多具生產力（內部指標）。亞理斯多德團隊找出指標後，開始把一切數據化，檢視團隊成員在下班後多常一起社交，以及他們如何分配工作等等。亞理斯多德團隊畫出複雜表格，找出各團隊之間重疊的成員，接著交叉比對哪些團隊超越部門目標。亞理斯多德團隊研究各種統計數據，像是團隊多常聚在一起，以及性別平衡對工作效率的影響。

亞理斯多德團隊爲此忙到暈頭轉向，然而他們不管是比這個數據，或是比那個數據，幾乎都找不出任何模式。此外，他們也找不到證據證明團隊成員的背景與團隊能否成功有關。杜貝表示：「我們研究了全公司一百八十個團隊，我們有很多數據，但沒有任何證據顯示，把具備什麼樣的性格、技能或背景的員工放在一起，就會讓團隊特別成功。成員是誰似乎不會造成影響。」

舉例來說，一樣是生產力高的團隊，有的團隊成員私交很好，下班後還一起打球做運動，有的團隊則上班好同事，下班不認識，出了會議室像是陌生人。有的團隊喜歡強人經理，有的團隊則希望不要有太明顯的上司與下屬之別。最令人困惑的是，有時兩個團隊的成員幾乎一模一樣，效率卻差很多。杜貝說：「找出模式是 Google 人的強項，但這次我們找不到任何明顯的模式。」

一頭霧水的亞理斯多德專案改變方向，再次做研究。他們先前回顧的學術研究還提到「團體規範」（group norms）這件事。一群心理學家在《運動社會學期刊》（*Sociology of Sport Journal*）提到：「所有的團隊在經過一段時間後，都會出現哪種行爲才合宜的集體規範。」[9] 過去的傳統、行爲準則，以及不成文的規定，都會形成支配成員行爲的「規範」，例如團隊如果默默形成迴避衝突比討論還重要的共識，他們會把和諧當成第一要務。如果團隊的文化鼓勵多元意見，不希望落入團體迷思（groupthink）的陷阱，成員就會努力發表意見。團隊成員私底下可能比較喜歡某種做事方式，例如有的人討厭服從權威，有的人比較喜歡獨立工作，不過人一旦進入團體後，團體規範一般會壓過個人好惡，讓人服從團體的做事方法⑩。

亞理斯多德專案的研究人員再度分析先前蒐集到的數據，這一次他們要找「規範」。他們發現有的團隊允許人們打斷彼此的發言，有的則要求依序發言。有的團隊會慶祝生日，每次開會前先閒聊個幾分鐘，有的團隊則公事公辦。有的團隊有外向的人，努力在開會時打破團體的文靜氣氛。有的團隊則相反，大家平日都很內向，會議上卻踴躍發言。

數據顯示，某些規範與團隊效率高有關，例如某位工程師告訴研究人員，自己的組長「開誠布公，有話直說，給人冒險的空間……她還花時間了解我們的進度，找出能幫忙的地方，全力支持你。」這位工程師所屬的團隊是 Google 效率最高的團隊。

另一位工程師則告訴研究人員，他的組長「情緒管理有問題，老是爲小事驚慌，事事都想插手。我不會跟我的組長坐同一輛車，因爲他會一直試著從乘客座伸手抓方向盤，然後就發生車禍」。那個團隊表現不太理想。

看來，主管的風格會造成影響，不過受訪員工最常提到的一件事，則是他們身處不同團隊時有什麼感覺。茱莉亞說：「可能是因爲我自己過去在耶魯的經驗，我很能理解 Google 的員工爲什麼特別提到這件事。有的團隊讓我精疲力竭，有的團隊則讓我活力充沛。」

許多證據顯示，人待在一個團隊時有什麼樣的情緒體驗，團體規範扮演著關鍵角色。耶魯、哈佛、柏克萊、俄勒岡大學（University of Oregon）心理學家所做的研究發現，我們和團隊成員共處一室時，會感到心安還是不安，無精打采或興奮，奮發向上或是氣餒，要看團隊的規範⑪。以茱莉亞在耶魯的學習小組爲例，那個小組讓人感覺很累，因爲他們的團體規範包括「爭奪領導權」、「隨時證明自己很行」，以及「批判他人提出的意見」，造成茱莉亞隨時處於警戒狀態⑫。相較之下，茱莉亞的案例競賽小組則「對他人的點子感到興奮」、「不隨便批評」，以及「鼓勵他人站出來領導，但想當後勤也可以」。每個人都可以很友善，不必壓抑自己，自然有同心協力的精神。

亞理斯多德專案的研究人員得出結論，想改善 Google 團隊的話，就要從團體規範下手。研究主持人杜貝表示：「數據終於開始有意義，我們管理的對象應該是團隊的『how』，而不是團隊的『who』。」

好，該從團體規範著手，但哪些團體規範最重要？Google 的研究找出數十種似乎很重要的規範，然而問題又來了。A 團隊和 B 團隊一樣很成功，但對 A 團隊有效的規範，對 B 團隊似乎又沒效了⑬。哪一個比較好？應該要讓每個人盡量發言，還是應該派一個強勢的領導者主持會議，不要漫無邊際討論個沒完？意見不合時，應該把歧見公開搬上檯面，還是以和爲貴？究竟什麼才是最關鍵的團體規範？

二

一九九一年，念博士班一年級的學生艾美．艾蒙森（Amy Edmondson）開始造訪各地的醫院病房，她想證明「優秀團隊」與「優良醫療」兩件事密不可分，然而數據卻說她是錯的。

艾蒙森在哈佛念組織行爲，恰巧某位教授請她協助研究醫療疏失，正在找論文題目的她，開始造訪醫院恢復室，和護士做訪談，還翻閱兩家波士頓醫院的錯誤報告⑭。她發現在某心臟科，護士應該打麻醉藥來多卡因（lidocaine）的點滴，卻打成抗凝血劑肝素（heparin）。在某骨科，應該要給病患阿司匹靈（aspirin），卻錯給成安非他命（amphetamines）。艾蒙森告訴我：「醫院每一天出錯的次數多到嚇人，然而會出錯不是因爲醫院人員不夠能幹，而是因爲醫院是很複雜的地方，每位病患分配到的醫療團隊人數通常很多，一個醫療團隊的護士、醫檢人員與醫生相加可能多達二十四人，一不小心就會出錯。」⑮

艾蒙森發現，某些科別似乎比別人更容易出錯，例如骨科平均三週出一次問題，心臟科則幾乎每隔一天就會出錯。此外，艾蒙森還發現不同部門的文化非常不一樣。心臟科護士喜歡聊天，會在走廊上八卦，還在牆上貼自家孩子的照片。骨科的人比較文靜，護士長穿著套裝，而不是護士袍，而且公共區域不准放置私人物品。艾蒙森心想，或許可以研究不同醫療團隊的文化，看看是否和出錯率有關。

艾蒙森和另一名研究同仁製作「團隊向心力」問卷調查，然後請醫院各科填寫。她請護士描述自己的組長多常設定清楚的目標，以及組員是否公開討論意見不同之處，也或者會避免衝突。艾蒙森還調查不同小組的滿意度、幸福感與自我激勵程度，並請一位研究助理觀察病房兩個月。

艾蒙森告訴我：「我還以爲答案會非常顯而易見，向心力最強的團隊錯誤率最低。」然而艾蒙森製表後，發現結論剛好相反，向心力最強的團隊出錯次數，比別人**多很多**。艾蒙森再次檢查數字，沒弄錯。太奇怪了，怎麼會最強的團隊最容易出錯？

艾蒙森百思不得其解，決定一邊對照錯誤率，一邊一題一題仔細看護士的回答，看看能否找出解釋。艾蒙森的問卷有一題特別問到，如果出錯的話，個人要承擔多少風險，護士必須塡選自己有多同意或不同意以下這句話：「如果我在這個單位犯錯，我要負責。」艾蒙森對照這一題的答案和犯錯率後，找到問題出在哪裡，原來並不是向心力最強的團隊最容易出錯，而是那些團隊的護士覺得說出自己犯錯沒關係。從數據上看得出來，「犯錯是否會遭受懲罰」這條規範，影響了人們搞砸後是否誠實以告。

艾蒙森在一九九六年的《應用行爲科學期刊》（*The Journal of Applied Behavioral Science*）寫道：有的領袖「營造出開放的氣氛，讓人們勇於討論出錯的地方，大幅影響有多少錯誤被坦承」。不過艾蒙森再仔細研究後，發現事情遠比想像中複雜，並不是向心力強的團隊鼓勵公開討論，向心力弱的團隊不鼓勵討論。事實上，一樣是向心力強的團隊，有的讓人勇於說出自己的錯誤，有的卻讓護士難以啓齒。人們敢不敢開口，其實與向心力無關，而是要看每一個團隊所建立的文化。舉例來說，某科某向心力很強的團隊，護理長「實事求是，主動詢問大家有沒有問題……」，艾蒙森寫道，那位護理長在訪談時指出「出錯是不可免的」，如果要有效解決錯誤，就得營造「不指責犯錯者的氛圍」。一名護士告訴艾蒙森的助理：「這個單位有一個不成文的規定，大家要互相幫忙，互相檢查。這裡的人比較願意坦承自己犯錯，因爲護理長會幫你擔下來。」

另一個團隊乍看之下向心力一樣很強，不過一名護士說，有一次她承認自己抽血時弄傷病患，結果護理長「狠狠拷問她」。另一名護士也說，「如果你犯錯，醫生會把你罵到狗血淋頭」。這一科的團隊向心力分數依舊非常高，護士告訴研究助理：「我們爲自己感到自豪，我們一切都弄得乾乾淨淨，整整齊齊，讓人感覺非常專業」。這一科的護理長穿套裝，而且罵人的時候關起門來罵。底下的人說他們覺得護理長很專業，也為自己的部門感到自豪，覺得自己擁有強大的向心力。艾蒙森認為這個團隊似乎是真心彼此敬佩，不過團隊成員也承認，單位的文化讓他們有時很難坦承錯誤。

艾蒙森著手寫博士論文時，除了醫院，還請科技公司與工廠員工提供團隊的不成文規定帶來的組員行為⑯。艾蒙森告訴我：「人們會說：『這是我待過最棒的團隊，因為在這裡我不必戴上假惺惺的工作面具。』『我們不怕分享瘋狂的點子。』」如果是那種團隊，每個人都遵守「熱情」與「支持他人」的規範，每個人都勇於說出自己的意見並承擔風險。「有的團隊則告訴我：『我的團隊彼此向心力很強，所以我一定會先跟主管報備，才敢踏出自己的部門。』『大家都在同一條船上，所以除非我確定一定會成功，否則我不會提出點子。』」那樣的團隊規範是「忠誠」，連帶也影響了人們提出建言與冒險犯難的意願。

管理者一般並未清楚意識到團隊規範會影響下屬的行為，然而影響十分巨大。「熱情」與「忠誠」都是令人讚賞的規範，然而「熱情」讓團隊更具效率，「忠誠」則相反。艾蒙森表示：「管理者不會刻意訂下不好的規範，但看似合理的決定，有時卻會減損團隊合作的能力，例如鼓勵人們提出點子前要先想清楚。」

艾蒙森的研究找出幾個與「高生產力」相關的理想規範，例如最佳團隊共通的特質包括「領導者鼓勵人們發言」；「成員覺得讓其他人知道自己的弱點也沒關係」；「可以說出心裡話，不必擔心後果」；「團隊文化是不惡言相向」等等。艾蒙森列出各種帶來好結果的規範，發現那些規範有一個共通點：既鼓勵團隊意識，也鼓勵人們冒險。

艾蒙森表示：「我們稱這個共通點爲『心理安全感』（psychological safety）。」她在一九九九年的論文[17]解釋，安全感是指「團隊成員一致認爲團隊讓人安心冒險……如果站出來講話，不會受到懲罰，也不會被其他人嘲弄，或是不當一回事。心理安全是一種團隊氣氛，人與人之間彼此信任、彼此尊重，每個人勇於做自己」。

茱莉亞和 Google 同事回顧與團隊規範有關的研究文獻時[18]，讀到艾蒙森的論文，認爲心理安全感的概念符合 Google 的團隊調查數據。Google 發現最有效的規範全都與工作時有安心感相關，例如「做錯不會被懲罰，有犯錯的空間」；「尊重不同意見」；「可以自由質疑他人的選擇，但被質疑的人知道，對方的目的不是排擠自己」。茱莉亞表示：「心理安全感的概念讓我們清楚得知最重要的規範有哪些，然而我們不確定要如何在 Google 內部傳授這些規範，這裡的員工非常忙碌。我們得指導團隊營造心理安全感的氛圍，然而 Google 很重要的文化是人人勇於提出不同看法，不能破壞這個傳統。」換句話說，你要如何鼓勵大家反駁別人，但又要讓每個人覺得可以安心說出自己的意見？

艾蒙森告訴我：「我們一直在思考這個最關鍵的問題。我們知道應該讓團隊中的成員直言不諱，讓人覺得可以指出錯誤，不過有些事會讓人們起衝突。我們不曉得爲什麼一樣是點出其他成員的錯誤，有些團隊覺得說實話沒關係，有些團隊卻會歷經一段衝突期，接著就分崩離析。」

三

即將締造傳奇的美國綜藝節目《週六夜現場》徵選成員的第一天，所有喜劇演員都來了，大家輪流上台，一個小時過去，兩個小時過去……好幾個小時過去，感覺有看不完的表演[19]。兩名女諧星扮演美國中西部正在替年度自然災害做準備的家庭主婦：「今年的龍捲風季節要來了，可以借我一些裝飾品嗎？」一名表演者唱起自創歌曲〈我是狗〉（I Am Dog），嘲諷女性解放運動名曲〈我是女人〉（I am Woman）。到了午餐時間，有人穿著溜冰鞋上台表演模仿，還有一個藝名叫「肉塊」（Meat Loaf）的小歌手也上台。名單上還有演員摩根．費里曼（Morgan Freeman）、喜劇演員賴瑞．大衛（Larry David），以及四個想表演雜耍的人、五個想表演默劇的人。評審快要累死了，感覺從波士頓一直到華盛頓特區一帶，所有表演脫口秀和喜劇的人都來了。

三十歲的《週六夜現場》製作人洛恩．邁克爾斯（Lorne Michaels）是故意找來這麼多人。過去九個月，他從美東的班戈（Bangor）一路跑到美西聖地牙哥，看了數百場喜劇俱樂部的表演。他和所有的電視與廣播編劇聊，也和寫幽默文章的雜誌作者聊，目的是見到「全北美最好笑的人」。

徵選到了第二天中午，上台進度已經嚴重落後。一個人突然打開門，衝到台上，要求和製作人說話。那個人留著整齊的鬍子，穿著三件式西裝，手裡拿著一把傘和公事包，憤怒地宣布：「老子已經整整等了三小時，不等了！我的飛機要跑了！」男人氣沖沖下台：「夠了！老子給過你們機會了！再見！」接著頭也不回地離開。

一名製作人問：「那傢伙誰啊？」

邁克爾斯回答：「別緊張，那只是丹．艾克洛德（Danny Aykroyd），他應該會加入我們。」邁克爾斯在加拿大多倫多認識艾克洛德，艾克洛德是他即興表演班的學生。

接下來一個月，邁克爾斯選出剩下的成員，方式大概也像那樣，沒真的從好幾百個參加徵選的人之中挑人，而是找自己認識或朋友推薦的喜劇演員。邁克爾斯在加拿大認識艾克洛德，而艾克洛德覺得自己在芝加哥認識的約翰・貝魯西（John Belushi）很有潛力。貝魯西一開始說，電視是垃圾媒體，自己一輩子都不想上電視，不過他推薦《全美諷刺秀》（*National Lampoon Show*）的班底希爾達・蕾納（Gilda Radner），結果原來邁克爾斯早就找了蕾納，兩人在《搖滾福音》（*Godspell*）合作過。《全美諷刺秀》與《全美諷刺》（*National Lampoon*）雜誌屬於同一個系列，都出自作家麥可・奧多諾霍（Michael O'Donoghue）之手，而奧多諾霍又正在與另一位喜劇作家安・貝斯（Anne Beatts）同居。

前述這些人一起製作了第一季的《週六夜現場》。節目的音樂指導霍華・蕭（Howard Shore）以前和邁克爾斯一起去過夏令營，節目的人事調度尼爾・列維（Neil Levy）是邁克爾斯的表弟。邁克爾斯在好萊塢排隊看《聖杯傳奇》（*Monty Python and the Holy Grail*）的時候認識吉維・蔡斯（Chevy Chase）。另一位編劇湯姆・席勒（Tom Schiller）也認識邁克爾斯，他們一起在約書亞樹國家公園（Joshua Tree）嗑過迷幻蘑菇，而席勒的爸爸是好萊塢編劇，曾經提攜過年輕時的邁克爾斯。

《週六夜現場》的原始班底與編劇大都來自加拿大、芝加哥、洛杉磯，所有人在一九七五年搬到紐約。瑪麗蓮・蘇珊・米勒（Marilyn Suzanne Miller）表示：「紐約當時還是未經開墾的娛樂事業荒地，感覺像是邁克爾斯把我們扔到火星。」米勒也是邁克爾斯找來的編劇，兩個人一起製作過演員莉莉・湯琳（Lily Tomlin）的特別節目。

《週六夜現場》的成員出發前往紐約時，彼此幾乎不認識，只是剛好誰認識誰、誰又認識誰。

他們大都覺得自己反資本主義或反戰，或至少都很喜歡相關活動提供的「娛樂性藥物」。這群互不相識的喜劇工作者和一群西裝筆挺的人，一起搭上洛克菲勒三十號大樓（30 Rockefeller Center）的電梯，前往攝影棚。編劇席勒告訴我：「那時我們都才二十一、二歲，沒錢，也不曉得自己要幹什麼，所以把所有時間都拿來逗彼此笑。我們每一餐都一起吃，晚上還一起上酒吧，我們害怕要是分開，可能就有人會迷路，從此再也見不到那個人。」⑳

在接下來的歲月，《週六夜現場》成爲美國電視史上最受歡迎與最長壽的節目，進而出現某種《週六夜現場》神話。記者麥爾坎．葛拉威爾（Malcolm Gladwell）二〇〇二年寫道：「在《週六夜現場》的早期歲月，每個人都互相認識，每個節目都一起合作，這解釋了爲什麼這個節目的班底擁有絕佳默契。」㉑很多書都提到一樣的《週六夜現場》故事，像是演員貝魯西半夜闖進劇組人員的公寓煮義大利麵，還吸大麻不小心讓客房著火，編劇則把彼此的家具黏在天花板上，或是打惡作劇電話到別人的辦公室。據說《週六夜現場》的劇組曾經訂了三十個披薩到新聞部，然後假扮成警衛，偷偷到樓下拿走食物，把帳單留給記者。有的作者還製作詳細的圖表，解釋《週六夜現場》誰和誰上床。那種圖一般很複雜，因爲邁克爾斯娶了編劇蘿西．蘇斯特（Rosie Shuster），蘇斯特後來又跟艾克洛德在一起。艾克洛德和蕾納約過會，而大家都猜蕾納其實是和編劇艾倫．威貝爾（Alan Zweibel）在一起。威貝爾後來寫書解釋，自己和蕾納曾經互相喜歡，但什麼事都沒發生。除此之外，蕾納後來嫁給《週六夜現場》的樂隊成員。米勒告訴我：「那時候是一九七〇年代，人人都在上床。」

《週六夜現場》一向被當成團隊默契的模範，還被大學教科書拿來舉例，只要團隊默契十足㉒，而且放手讓他們去做，就會有驚人成績。

相關理論指出，《週六夜現場》的劇組能那麼成功，是因爲團隊文化取代個人需求。劇組人員有相同的人生經歷，貝斯告訴我：「我們高中的時候，都是人緣差的那種學生。」此外，他們還有共同的社交網絡，編劇布魯斯．麥克考（Bruce McCall）表示：「邁克爾斯就像是邪教教主。只要你表現得像忠心耿耿的邪教信徒，你的日子會很好過。」此外，《週六夜現場》的工作人員平日犧牲小我、完成大我。威貝爾說：「我不是說這不好，但我們是位於摩天高樓十七樓的現代奴隸殖民地，這是一個戰俘營。」㉓

然而如果訪問《週六夜現場》的元老，你會發現事情沒那麼簡單。元老級的編劇和演員的確花很多時間在一起，大家深深感覺自己是一個團體，然而原因不是大家被迫彼此混熟，也不是因爲有些人以前就認識，甚至也不是因爲他們特別喜歡彼此。事實上，《週六夜現場》的團體規範除了帶來諸多好處，也帶來不少摩擦。貝斯表示：「大家彼此激烈競爭，明爭暗鬥。我們那時年輕氣盛，永遠都在吵架。」

某天晚上，貝斯在編劇室說了一個笑話，她說幸好希特勒殺了六百萬猶太人，要不然沒人能在紐約市找到房子。「米勒爲此兩個星期不跟我講話，她對希特勒的笑話很敏感，我覺得她開始討厭我，我們會互瞪好幾個小時。」此外，《週六夜現場》的成員爭風吃醋，每個人都想討製作人邁克爾斯的歡心，好讓自己有更多曝光機會。貝斯說：「你希望節目播你的短劇，但你的時間多了，別人的時間就少了。你成功，代表有人失敗。」㉔

劇組人員中，就連交情最好的戰友都可能隨時吵起來，威貝爾與蕾納就是一例。「蕾納和我一起塑造出蘿珊娜（Roseanne Roseannadanna）這個角色。星期五的時候，我會在辦公室熬夜寫出大約八、九頁的劇本，接著睡飽飽的蕾納會在早上十點左右出現，神清氣爽地拿出一支紅筆，把不好的地方統統畫掉，好像她是什麼女老師一樣，把我氣個半死。我會回自己的辦公室，從頭再來一遍，然後蕾納又拿出紅筆挑錯。等劇本播出時，我們通常已經氣到不跟彼此講話。有一次，我故意三週不幫她寫劇本，把最好的笑料留給別的演員。」[25]

除此之外，《週六夜現場》的劇組人員其實也不是那麼喜歡和彼此待在一起。劇組中唯一的黑人演員嘉瑞特．莫利斯（Garrett Morris）覺得自己是局外人，一等存夠錢就要離開。演員珍．寇汀（Jane Curtin）則是當週節目一錄完，就立刻逃回家陪老公。劇組之間有小圈圈，然後小圈圈裡的人又會反目成仇，另組小圈圈。第二季加入劇組的編劇麥克考表示：「每個人都屬於某個成員一直在變的小圈圈，氣氛很不好。」

《週六夜現場》的劇組能夠一起合作，其實相當奇妙，因爲邁克爾斯刻意找來各有所長的人。威貝爾很會講猶太俏皮話，奧多諾霍則專寫甘迺迪遇刺等辛辣的黑色諷刺劇（祕書難過地告訴他貓王去世時，他回答：「很聰明的生涯選擇」），席勒則想當藝術片導演，大家的志向很不同。除此之外，劇組有人失去理智時，就會毫不留情地批評他人。奧多諾霍說，演員莫利斯曾經費了數週心血寫出劇本，結果他讀完後，當著對方的面扔進垃圾桶，然後說：「莫利斯，你寫得可眞好。」

席勒說：「喜劇作家其實是一群心中充滿憤怒的人，我們對彼此惡毒。如果你覺得某件事很好笑，但別人都不這麼覺得，打擊會很大。」[26]

《週六夜現場》的劇組關係緊張，每天都在挑起戰爭，但爲什麼他們同時也是很有效率的團隊？原因不是他們花很多時間相處，也不是因爲劇組的團隊規範要求犧牲小我、完成大我。出乎意料的是，《週六夜現場》的劇組能夠成功，是因爲大家覺得拋出笑話與點子是很安全的一件事。劇組規範讓每一位編劇和演員覺得，雖然彼此是搶露臉機會的對手，雖然爛點子會遭受無情嘲弄，勇敢拋出自己的創意沒關係，這是一群有什麼講什麼的夥伴。

製作人邁克爾斯告訴我：「你聽過那句話吧，TEAM（團隊）裡沒有『I』（我）這個字母。我的目標正好相反。我希望大家都爭著把自己表現出來，我希望每一個人都聽到彼此的點子，不准躲在人群裡。」

「心理安全感」就是這樣營造出來的。

●●●

請各位想像一下，你受邀加入團隊，有兩個小組可以選。

小組A共有八男兩女，十個人全是絕頂聰明的成功人士。你觀看他們的工作影片，他們都是口才流利的專業人士，每個人彬彬有禮輪流發言。十個人討論到一半時，現場提到某個問題，其中一人顯然是那方面的專家，侃侃而談，其他人靜靜聆聽，沒人插嘴。有人偏離主題時，會有人出來善意提醒，把話題導回原本的議程。小組A做事很有效率，會議準時結束。

小組B的風格和小組A不一樣。小組B男女人數一樣，有幾個人是成功的高階主管，其他人則是過去沒有太多輝煌成就的小主管。你從影片上看到，小組B討論的時候，你一言我一語互相插嘴，有的人講個不停，有的人則三言兩語。每個人一直插進別人的話，你有時會因此跟

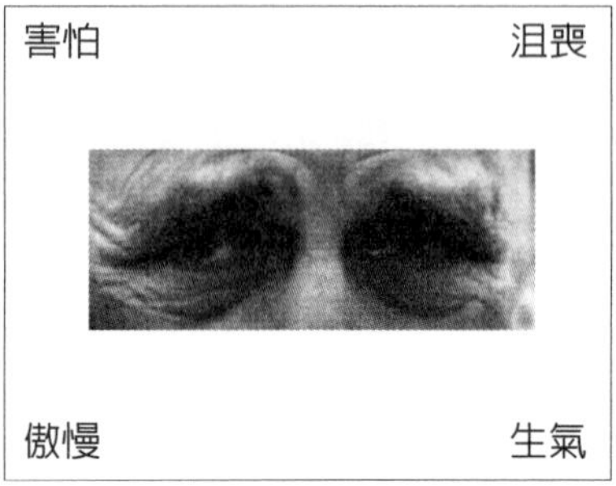

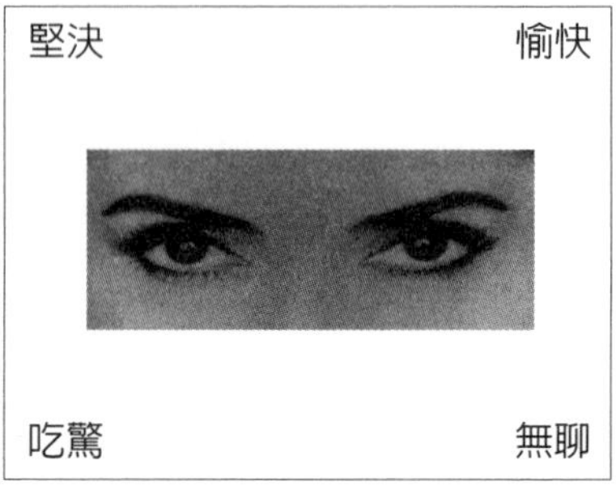

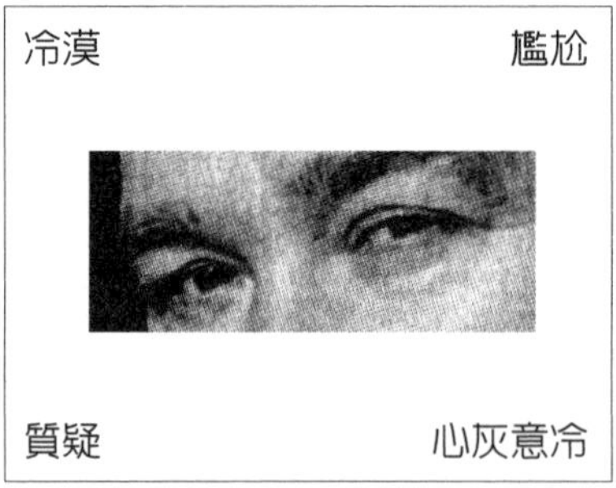

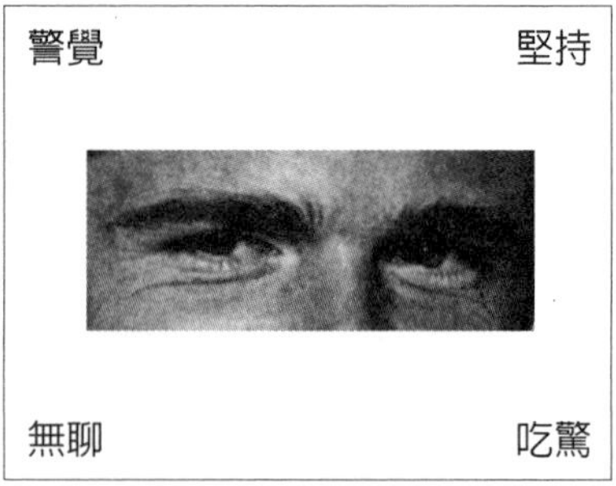

丟，搞不清楚他們剛才在討論什麼。有人突然拋出新話題或離題時，剩下的人也跟著離題。會議結束時，大家也不散會，坐著繼續聊天。

你想加入哪一組？

決定之前，請先想像你還知道一項額外資訊。小組A和小組B在組成團隊之前，每一位成員都做過「眼神判斷測驗」（"Reading the Mind in the Eyes" test）。參加測驗的人要看三十六張照片，然後從四個選項中，選出照片中那個人的心情。*

你得知這個眼神測驗可以測出一個人是否具備同理心。小組A的平均答對率是四九％，小組B是五八％[27]。

你是否改變心意，想挑另一組？

二〇〇八年，卡內基梅隆大學（Carnegie Mellon）與麻省理工學院（MIT）的心理學家想知道，什麼樣的團隊會有勝過他人的表現。他們在二〇一〇年《科學》（*Science*）期刊上寫道：「不論是研究、管理，或是其他各式各樣的事務，現在很多事都由團體完成，有的是現場一起合作，有的則是靠虛擬的方式。由於許多事都由團體一起完成，因此找出影響團體績效的因子十分重要……過去一世紀以來，心理學家找出許多評估個人智商的方式，我們則利用前人找出的個人統計方法評估團體智商。」㉘

換句話說，研究人員想知道，三個臭皮匠是否勝過一個諸葛亮。

研究人員找來六九九名受試者，分成一百五十二組，請每一組完成數道需要合作的題目。大部分的小組先選「積木題」，積木題需要腦力激盪十分鐘後想出使用積木的方法，特殊點子會得一分。接著小組計劃一趟「購物之旅」，想像所有組員都住在一起，但一共只有一台車。每個成員分配到不同的購物清單，以及畫著價格各異的商店地圖。小組如果要得高分，每個人都得犧牲一樣自己很想買的東西，改照顧到所有人的需求。接著是一道「情境題」，某大學籃球員被指控賄賂老師，實驗小組必須幫忙做出懲戒決定，有的人代表教職員，有的人代表籃球員的系所。如果能做出各方都滿意的判決，就可以得分。

實驗的每一道題目都需要所有組員展現團隊精神，以各種方式合作。研究人員觀察到受試團隊解題時出現幾種情形，有的團隊想出數十種聰明的積木使用法，做出所有人都開心的判決，還輕鬆解決購物問題。有的團隊相反，提出的都是一樣的積木使用法，只不過一直換句話說。此

＊正確答案請見後文註㉗。

外，他們做的判決讓某些人覺得意見被忽視，而且因爲沒人願意妥協，只買到冰淇淋與甜甜圈麥片（Froot Loops）。耐人尋味的是，一道題目做得好的團隊，其他題目也會做得好。相反的，只要有一題做不好，其他題目也不會有好表現。

有人假設「優秀團隊」能夠成功解題，是因爲成員比較聰明，團體的智商等同成員個人的智商，不過研究人員事先測出受試者的ＩＱ，結果發現個人的智商與團隊表現不相關。把一群聰明人放在一起，不代表那群人就會用聰明的方式解決問題。事實上，ＩＱ測驗得分高的組別，解題成績反而通常遜於ＩＱ得分低的組別。ＩＱ得分低的個人所組成的團體，似乎還滿聰明的。

有的人則猜測，表現好的隊伍大概是剛好碰到有魄力的領導者，不過研究人員發現也沒這回事。

研究人員最後的結論是優秀團隊能夠成功，關鍵不在於團員天生的特質，而在於他們對待彼此的方式。換句話說，成績最好的隊伍擁有讓每個人彼此配合的團隊規範。

研究人員在《科學》期刊上寫道：「證據顯示，集體智商可以解釋小組解題時的表現。集體智商是一種團體共享的特質，而不是個人特質。」㉙是團隊的做事方法讓團隊聰明，而不是「人」讓團隊聰明。對的規範可以讓一群臭皮匠變成諸葛亮，錯誤的規範則讓一群諸葛亮變成大笨蛋。

然而研究人員檢視優秀團隊的互動影片時，發現每一組的規範都不太一樣。論文的第一作者愛妮塔．伍利（Anita Woolley）表示：「每一組的做事方法都不同。有的小組是一群聰明人找出平均分配工作的方法，有的小組則是一群普通人想辦法利用每個人的長處。有的小組有強勢的小組長，有的則看不出誰是領導者，每個人都是組長。」

雖然小組形形色色，優秀的小組有兩個共通點：

第一，優秀小組每一位成員的發言時間都差不多，研究人員稱之爲「平均分布的輪流對話」（equality in distribution of conversational turn-taking）。有的小組在做每一道題目時，每個人都會講到話。有的小組則不一定，每個人有時話多，有時話少，不一定每道題目都會發言，不過所有題目的時間相加後，每個人的發言時間差不多。

伍利表示：「只要每個人都有機會講到話，團隊就會有好表現，但如果只有一個人，或是少數幾個人占去所有發言時間，集體智商就會下降。不需要每分鐘大家都講到話，但最後整體相加後，每個人的發言時間必須差不多。」

第二，優秀團隊擁有「高平均社交敏感度」（social sensitivity）。簡單來講，社交敏感度是指小組有多能依據他人的說話語氣、冷靜程度與臉上的表情，直覺就知道對方的感受。

測量社交敏感度最簡單的方法，就是請受試者看眼神照片，然後回答照片上的人在想什麼、心情是什麼，也就是前文提到的同理心測驗。「眼神判斷測驗」的劍橋大學發明者席蒙・貝倫—科漢（Simon Baron-Cohen）指出，此一測驗可以測試「受試者多能設身處地敏銳抓到他人的心理狀態」㉚。看照片猜情緒時，男性平均僅答對五二％的題目，女性則一般可以答對六一％。

伍利的實驗中，表現好的小隊成員眼神判斷測驗分數高於平均，他們有辦法察覺小組裡有人心情不好，或是感到被冷落，特別請那個人發表意見。成績好的團隊女性人數比較多。

讓我們回到我們自己會加入哪一隊的問題。要選嚴肅、專業的小組Ａ，還是要選比較輕鬆自在的小組Ｂ？答案是小組Ｂ。小組Ａ的人很聰明，做事很有效率，然而他們「個人」會很成功，但他們組成團隊時，做事的方法依舊像是個人，看不出來集體智慧，沒有證據顯示他們每個人都有表達意見的機會，也看不出每個人都照顧到團隊的情緒與需求。

小組 B 乍看之下鬧烘烘的，每個人搶著講話，還會離題，他們是在社交，沒專心討論開會的主題，然而每個人該講的話都講了，覺得自己的聲音被聽到，而且彼此的肢體語言與面部表情同步，試著預期其他人的反應。小組 B 沒有太多個人明星，但他們湊在一起時，勝過很多諸葛亮。

●●●

如果你問《週六夜現場》最初的劇組，爲什麼這個節目這麼成功，他們會開始大談製作人邁克爾斯。他們會告訴你，邁克爾斯的領導風格很特別，有辦法讓大家團結。就算是最自我中心的演員與編劇在做這個節目時，也會聆聽別人發言，邁克爾斯總能讓大家覺得自己的意見被聽到。邁克爾斯挑人的眼光，讓他有辦法縱橫演藝圈超過四十年。

人們還說，邁克爾斯是個性格孤僻的人，不會社交，自大，愛嫉妒別人，如果想開除某個人，就會完全不顧情面。這種人大概不能當朋友，不過在他的領導之下，《週六夜現場》做出傲人成績。《週六夜現場》是史上最長壽的節目，邁克爾斯居然有辦法在四十年間，讓一群非常自我中心的喜劇演員，年復一年願意每年暫時拋下自己的瘋狂性格二十次，與他人合作，而且每次只靠著一週的準備時間，就讓這個現場播出的節目長長久久。

今日邁克爾斯依舊擔任《週六夜現場》的執行製作。他說《週六夜現場》能夠成功，原因是他強迫大家當一個團隊。他的祕訣是讓所有人都有表達意見的機會，而且他會找願意聽別人說話的人加入。

編劇米勒告訴我：「邁克爾斯確保每個人都有露臉的機會，他會說：『已經一陣子沒鏡頭的女孩，這星期有劇本給她們演了嗎？』」

威貝爾表示：「邁克爾斯會通靈，他有辦法吸引所有人，讓每個人都想加入他。我眞心覺得這個節目能做四十年，就是因爲這個原因。我們會在每一個劇本的上方，寫上參與此次劇本的人名縮寫，邁克爾斯每次都說，名字愈多，他就愈高興。」㉛

邁克爾斯用非常誇張的方式，表達出自己的社交敏感度，而且他要演員和編劇也學他。早期的時候，如果有累癱的編劇在他辦公室痛哭，他會負責安慰。邁克爾斯很有名的一件事，就是如果有演員狀況不好，他會打斷排演，或是大家坐在一起讀劇本時，悄悄把對方帶到一旁，問是不是出了什麼事。有一次，編劇奧多諾霍非常得意自己寫出一齣非常「黃」的諷刺劇，雖然每個人都知道，那齣劇不可能通過電視台審查，不會播出，邁克爾斯還是下令排演十八次。

米勒說：「我還記得有一次我告訴邁克爾斯：『我有一個點子，有一群第一次辦睡衣派對的女孩，她們在聊性是怎麼一回事。』邁克爾斯說：『去寫吧。』他就只說了那句話而已，什麼都沒多問，接著就拿出索引卡，把我的點子排進下一次要演的內容。」那齣短劇後來在一九七六年五月八日播出，成爲《週六夜現場》史上最出名的段子。米勒表示：「那一陣子我走路有風。邁克爾斯擁有第六感超能力，有辦法讓你覺得自己是全世界最重要的人。」

《週六夜現場》最初的演員與編劇，很多都不是好相處的人。他們自己都公開承認，他們到現在都還是很愛講人閒話，鉤心鬥角，得理不饒人，然而大家一起工作的時候，他們會小心顧慮到其他人的心情。奧多諾霍把莫利斯寫的劇本丟進垃圾桶，但事後讓莫利斯相信自己是在開玩笑。莫利斯提議講孩子心情不好的故事時，奧多諾霍寫出節目的著名小段子〈死掉的小火車〉（The Little Train That Died）：「我知道我能！我知道我能！心臟病！心臟病！天啊，痛死了！」㉜此外，《週六夜現場》的團隊還會避免在公開場合吵架。貝斯告訴我：「我說了希特勒的笑話後，米勒不肯跟我說話。但重點就在那，她不說話，不會讓事情升溫成大吵大鬧。」劇組人員會批評彼此的點子，但他們很小心，難聽話不會講過頭。他們會有意見不合的地方，但每次讀劇本的時候，每個人都可以表達自己的意見，而且奇妙的是雖然他們都想擠下別人，但他們非常保護自家人。一九七〇年代與一九八〇年代擔任《週六夜現場》編劇與扮演喜劇角色「薩杜奇神父」（Father Guido Sarducci）的唐・諾維悠（Don Novello）表示：「我們每個人都喜歡別人，或至少會努力假裝喜歡別人。聽起來不可能，但我們眞的信任彼此。」

團隊要有安全感，隊友不必眞的是朋友，不過衆人的確需要社交敏感度，讓每一個人都覺得自己的心聲被聽到。今日已經是哈佛商學院教授的醫院研究人員艾蒙森告訴我：「建立安心感最好的辦法，就是從團隊領袖做起。事情聽起來可能是很小的事，但如果領袖以身作則，讓別人覺得有人在聽自己講話，事情會很不一樣。領袖可以在開會時事先宣布：『我可能漏掉事情，需要大家幫忙找出錯誤。』或『吉姆，你今天很安靜，你覺得怎麼樣？』」

艾蒙森的醫院研究顯示，安全感得分最高的醫療團隊，他們的組長願意聆聽而且顧慮他人感受。那些組長會請大家發表意見，也會講出自己的感受，而且不會打斷別人說話。他們讓焦慮或不高興的組員知道，可以告訴大家自己在擔心些什麼。那些組長會預期組員的反應，並努力包容，這就是為什麼有的團隊能夠鼓勵大家誠實說出不同意見，就算偶爾引發衝突也沒關係。營造安心感的方法，就是讓每個人都有公平機會說出心聲，並鼓勵隊友體諒他人心情。

邁克爾斯說過，自己最重要的工作是以身作則。他告訴我：「每個人進這個劇組的方式都不同，如果要讓每一人發揮最獨特的天分，我得讓每一個人都覺得我給了他們特殊待遇，也要讓其他所有人知道我看重他們。」

邁克爾斯表示：「《週六夜現場》要成功的話，我們得讓所有不同風格的劇本與表演方式互相激盪，然後融為一體。我的工作就是保護每個人獨特的風格，但又要讓大家一起合作。我希望保留每一個人進到這個劇組前的個人特色，但又得幫助大家不用銳利的性格傷到別人。如果我不這麼做，每週下戲後，大家早就殺了彼此。」

四

二〇一五年夏天，Google 亞理斯多德專案的研究人員已經請員工填完問卷、接受訪談、跑迴歸分析，做了兩年的統計數據分析。他們仔細研究數千份數據，還設計出數十種分析趨勢的軟體程式，終於是時候該向 Google 同仁揭曉他們找到的答案。

研究人員在山景城（Mountain View）總部召開會議，數千員工現身，其他數萬人則看影片串流。Google 的人力營運部（People Operations）部長拉茲洛．博克（Laszlo Bock）走上舞台，感謝大家出席：「今天我要告訴各位的重點，就是從許多方面來說，團隊『如何』（how）運作，比團隊裡『有誰』（who）重要。」

博克那天上台前跟我聊過，他說：「大家都有迷思，覺得團隊需要超級明星，然而我們的研究告訴我們沒這回事。就算團隊都只是普通人，只要教會他們正確的互動方法，他們就能做到超級明星做不到的事。此外還有其他迷思，像是管理銷售團隊與工程團隊的方式應該不一樣，或是最好的團隊什麼事都能達成共識。其他種種的迷思，還包括必須給高績效團隊很多工作，才能讓他們一直保持專注，或是一定得把團隊成員放在同一個地點辦公。

「我們做完研究後，發現這些迷思並不正確。數據顯示優秀團隊的共通點，在於讓每一個人覺得自己的聲音被聽到，成員最後是否眞的有表決權或決策權，其實並不重要。此外，工作量的多寡，以及成員是否都待在同一個地方辦公，也不會產生區別。最重要的是團隊成員必須擁有表達意見的自由，而且具備社交敏感度。」

博克上台時秀出幾張投影片，告訴聽衆「關鍵在於五件事」：

團隊必須相信自己在做重要的工作。

團隊必須覺得對自己來講，自己的工作有意義。

團隊需要清楚的目標，以及明確的職責。

團隊成員需要知道，他們可以彼此依賴。

不過最重要的是，團隊需要心理安全感。

博克表示，若要讓大家心中有安全感，團隊領導者必須帶頭示範正確行爲，例如一、不能在小組成員講話時打斷他們，因爲那會帶來打斷他人的團體規範。二、小組成員講完話之後，應該摘要他們所說的大意，讓人們知道自己剛才的話被用心聽進去。三、領袖應該承認自己不懂的地方。四、至少要讓每一個組員都發言過一次才能散會。五、領導者應該鼓勵不開心的成員說出自己沮喪的原因，並鼓勵其他組員用不批判的方式回應。六、領袖應該點出團體中的衝突，並透過公開討論解決問題。

Google 提供的小技巧洋洋灑灑，一共有數十條，不過基本上可以歸納成兩個原則：只要每個人都覺得自己可以暢所欲言，而且每個人都顧及隊友的感受，團隊就能成功。

杜貝告訴我：「領導者有很多可以提醒自己的小地方，例如開會的時候，記得不要打斷別人說話，別脫口說出：『等一下，這裡我問一個問題』。另外像是下屬心情低落時，主管有什麼反應？這些事看起來沒什麼，卻會有很大的影響。世上每一個團隊都不一樣，Google 這樣的公司告訴工程師與銷售人員，只要認爲是對的事，一定要盡力爭取，不過雖然每個人都可以表達意見，領導者必須先建立正確規範，讓不同意見具有建設性，否則就只是團隊每天鬧不和，什麼事都做不了。」

亞理斯多德專案的成員花了三個月遊走各部門，向大家解釋專案的發現，並輔導所有的組長建立更好的團隊。Google 高層還提供評估組員安全感的工具與工作表，協助主管與團隊成員改善自己的分數。

山尼克・南帝（Sagnik Nandy）是管理 Google 最大團隊的分析工程長（Google Analytics Engineering），他表示：「我是做量化研究的人，你要我相信一件事，就得給我證明的數據。亞理斯多德專案的數據讓我完全改變自己的領導方式。我們工程師喜歡排除軟體的 bug，因爲這裡動一動，那裡弄一弄，就能讓效能提升一〇%，然而我們很少排除人際關係的 bug。我們找來最優秀的人，然後就希望一切順利，有時走運，有時不走運。大部分的時候，我們不知道砸鍋或成功背後眞正的原因，亞理斯多德專案則讓我們有辦法排除人際關係的 bug，完全改變我主持會議的方式。現在我聽同仁講話的時候，特別留意自己的聽話方式，不打斷別人，鼓勵每個人發表意見。」

亞理斯多德團隊自己也深受啓發。羅佐夫斯基告訴我：「兩個月前，我們在開會，當時我犯了錯，不是什麼很嚴重的錯誤，但很糗。會後我寄了一封信給大家，解釋出錯的原因以及解決辦法。信寄出去之後，一個同事立刻回信，上面只寫著『你慘了』三個字。

「那幾個字讓我像是被澆了一桶冷水，我已經很沮喪自己犯錯，那封信更是讓我心裡很不安，不過我運用我們團隊的發現，回信告訴對方：『一大早就用**你慘了**摧毀別人的安全感不厚道！』對方回信：『我只是在測試妳的心理素質。』這句話聽在別人耳裡依舊不是好話，不過那位同事知道給我這句話就夠了。我們只用了一分三十秒彼此互動，就化解了緊張氣氛。

「用團隊合作的方式研究團隊怎麼樣才會有效率，其實是滿有趣的一件事，因為我們可以一邊研究，一邊把新發現用在自己身上。我發現只要每個人都覺得可以說出心聲，而且讓別人知道我們用心聆聽他們說話，我們會覺得每一個人都在支持自己。」

美國職場在過去二十年愈來愈重視團隊，一個人可能同時隸屬於銷售團隊、單位經理團隊、產品研發專案團隊，以及負責舉辦聖誕派對的福委團隊。企業主管以團隊的方式監督公司的獎勵制度、策略、人員聘雇，也以團隊的方式批准人資政策、找出削減成本的方法。這樣的團隊可能每天碰面，也可能在世界各地用電子郵件、視訊會議聯絡彼此。團隊很重要，不論是小公司、大集團、政府單位或學校，小組現在是最基本的自治單位。

此外，團隊究竟會成功還是失敗，其實大家都一樣。表面上看起來，投資銀行家彼此協調的方式，不同於骨科護士分配工作的方法，每個團隊有自己做事的一套，不過團隊要能順利運作，有一件事是一樣的：不論是投資銀行家或骨科護士，團隊成員都得感到心安，覺得可以彼此信任，不必擔心說真話會有後果，而且人人在乎他人的情緒與需求。

一般而言，有沒有安全感，要看團隊的領袖怎麼做，因此如果我們肩負著帶領同事、運動隊伍、教堂聚會，或是讓家人一起坐下來吃晚飯的任務，我們得好好思考自己傳遞出什麼訊息。我們是否鼓勵每一個人開口講話，還是把糖發給最會吵的孩子？我們是否以身作則，專心聆聽每個人講話？我們是否表現出同理心，知道別人在想什麼，也知道他們心中的感受，也或者我們把「領導者必須當機立斷」當成藉口，該仔細聽別人說話時卻沒仔細聽？

我們在破壞團體安全感時，其實出發點都是好的，例如爲了爭取效率，在大家吵成一團時直接打斷，快速做出決定，直接聽從最懂的人，叫其他人別再說個不停。然而雖然我們只是這次叫別人閉嘴，以後大家會覺得不要說話、明哲保身比較好，團隊就是這樣。研究一再顯示，雖然短期而言安心感會破壞效率，長期而言卻能增進生產力。

別忘了，當個人覺得有辦法掌握情勢，才有動力做事。個人組成團體時，更是一定要讓人人都心安，覺得可以暢所欲言、左右情勢。有能力獨當一面是好事，但如果你是團隊的領導者，專斷獨行是行不通的。

我們身在團體時，有時必須把控制權交給別人。團隊最重要的規範，就是個人必須願意把一定程度的控制權交給隊友，然而人們只有在彼此信任時，才會肯做這種事。團隊要成功，一定要讓每個人都有安全感。

換句話說，團隊領導者必須把控制權分出去。有的 Google 組長會在組員發言過後，在名字旁邊打勾，直到所有人得到的勾都差不多才散會。組員分享掌控權的方法，則是讓其他人明白自己確實認眞在聽，例如重複對方剛才提過的話、回應他人提出的意見，並在他人不滿或激動時，表達出我們在乎他們的感受，不能一副天下太平的樣子。我們贊同他人的判斷時，其實是在說，你在意的事也是我在意的事。我們讓其他隊員掌控談話方向時，他們就會得到安全感。

《週六夜現場》的邁克爾斯告訴我：「我最樂見的景象，就是演員照著劇本在台上精彩演出時，編劇在鏡頭前互相擊掌，一旁的人在大笑。在這種時候，台下的其他團隊已經在摩拳擦掌，知道下一次可以如何讓劇中人物更好笑。」

邁克爾斯表示：「整個團隊被同一件事激勵、想好好表現時，那是最神奇的時刻。大家彼此加油打氣，每個人都覺得自己是最重要的明星。」

3 專注

認知隧道、法航四四七號班機，以及心智模型的力量

一

失事的飛機殘骸終於尋獲，現場情形看起來，機上乘客在事件發生時，渾然不覺厄運臨頭，沒在最後一秒鐘扣上安全帶，也沒緊急收起餐盤，氧氣罩還好好收在座位上方。負責打撈殘骸的潛水員在大西洋海底，找到一整排似乎還在等待下一次啓航的完整飛機座位。

搜救人員花了近兩年時間，才找到失事飛機的黑盒子，每個人原本以爲終於可以知道空難發生的原因，然而飛航記錄器最初未能提供多少線索，因爲依照數據來看，機上儀器一切正常，電腦也沒故障，直到調查人員聽了駕駛艙對話後，才明白發生了什麼事。全球史上最大型、最精密、具備防呆自動駕駛功能的空中巴士，無聲無息沈入海底，原因不是儀器設計出了問題，而是機師一時驚惶失措。

●●●

二〇〇九年五月三十一日，法航四四七號班機自巴西里約熱內盧，航向晴朗夜空，預備前往

巴黎①，機上共有二二八人，有度蜜月的新婚夫婦、華盛頓國家歌劇院（Washington National Opera）前指揮、知名軍備控制提倡者、要上寄宿學校的十一歲男孩，還有一名機師的老婆也在機上。先前夫妻倆在柯巴卡巴納海灘（Copacabana Beach）享受了三天假期，現在機師太太坐在飛機後方的乘客座上，等著先生和其他兩名駕駛艙的同事帶大家回家②。

飛機起飛時，機師和航空交通管制中心用無線電講了幾句話，只是平日標準的起飛閒聊，沒什麼特別。飛機離開跑道四分鐘後，坐在駕駛艙右方的副機師開啟自動駕駛模式，理論上，在接下來的十個半小時，飛機會自己飛。

二十年前，從里約開飛機到巴黎非常不簡單，一九九〇年代之前，駕駛艙的自動操作功能沒那麼先進，機師必須手動計算數十種變數，包括空速、燃料耗損情形、方向、最佳飛行高度，還得自行監測亂流與目前的飛行高度，不時與航管中心討論飛行情形。這種長途飛行十分耗體力，機師必須輪班③，所有人都知道一走神就完蛋了。一九八七年，底特律一名機師因爲起飛時有太多事要顧，忘了設定輔助翼，造成一五四人喪命④。再往前推十五年，某位機師飛到邁阿密附近時，因爲一直關注起落架的指示燈故障，沒注意到飛機正在緩緩下降，最後撞進大沼澤地（Everglades）⑤，一〇一人喪命⑥。航空自動駕駛系統發明之前，每年死於空難的人數一般超過一千人，出事原因通常是機師同一時間必須有三頭六臂，或是其他人爲疏失⑦。

法航四四七號班機的失事原因令人大惑不解，因爲空中巴士A三三〇爲了減少人爲失誤，經過特別設計，大幅減少機師必須做的決定，先進到發生問題時，電腦可以自動介入，透過螢幕告知問題所在。機師只需要看電腦提示，就知道該處理什麼事。最理想的情況下，每趟旅程只需要起飛與降落時由機師手動操作八分鐘，剩下的時間可以完全交給電腦。A三三〇這樣的飛機澈底改變機師所扮演的角色，機師的任務從事先防範一切錯誤，變成飛行出狀況時負責做出反應的人。飛行變得更簡單，意外發生率下降，航空公司生產力大增，用更少的機師，就能搭載更多乘客。越洋航線一度需要一次動用六名機師，但失事的法航四四七號班機問世時，自動駕駛早已讓駕駛艙一次只需要兩名機師。

四四七號班機離開里約四小時後，穿越赤道，飛行在巴西與塞內加爾上空。大部分的乘客已經熟睡。遠方有熱帶風暴雲層，駕駛艙兩名機師看著窗外被稱為「聖艾爾摩之火」（St. Elmo's fire）的靜電不停閃耀，太太在乘客艙的機師皮埃爾─塞德里克．博南（Pierre-Cedric Bonin）詢問機長：「我把燈光調暗一點，外面的景色會更清楚，好嗎？」機長回答：「調吧。」駕駛艙後方還有一個小空間，第三名機師正在補眠，機長叫醒他，兩人調換位子，機長要小睡片刻，駕駛艙交給兩名年輕機師。飛機在高度三萬兩千英尺順利飛行，完全處於自動駕駛模式。

二十分鐘過後，亂流讓機身有點顛簸。博南用對講機告訴空服員：「最好請乘客繫上安全帶。」亂流之中，駕駛艙周圍的空氣冷卻，機身突出的三個金屬柱被冰晶塞住。那種圓柱叫皮氏管（pitot tube），可以靠空氣灌進的強度測量空速。機師已經抱怨皮氏管的結冰問題，抱怨了近一百年，不過也相安無事，因為絕大多數的機師都知道，儀表板上的空速如果突然大幅下降，大概只是管子塞住，不是速度真的有問題，不用緊張。法航四四七號班機的皮氏管凍住後，電腦接收不到空速數據，依據程式設定關閉自動駕駛模式。

警報響起。

博南說：「我來。」

同事回答：「好。」

如果此時兩名駕駛員什麼都不做，四四七號班機會繼續順利飛行，皮氏管過一陣子就會自己解凍，不過博南可能被剛才的警報聲嚇了一跳，想調整剛才的自動駕駛方向，把操縱桿往後拉了一點，造成機鼻往上，四四七號班機開始上升，一分鐘之內就爬升三千英尺⑧。

四四七號班機機鼻朝上之後，機身的空氣動力平衡改變。由於高空空氣稀薄，上升動作又干擾了原本平順流過機翼的空氣，飛機的升力開始減少。升力是飛機能飛在空中的基本力量，機翼上方的壓力小於下方壓力時，飛機自然被抬升。升力若不足，極端狀況下飛機會失速下墜，十分危險，就算讓機鼻朝上，加大馬力往上開也於事無補，不過如果才剛開始失速，很容易就能恢復速度，只要機鼻朝下，讓空氣再度順暢通過機翼就沒事，然而機鼻如果依舊朝上，失速情況就會加劇，直到飛機像一顆直直掉進井裡的石頭。

四四七號班機在稀薄大氣中上升，駕駛艙響起警示，電腦音告知：「失速！失速！失速！失速！」提醒機師機鼻方向過高。

博南的同伴問：「這是什麼警示音？」

博南回答：「嗯……那代表……速度有問題？」皮氏管依舊處於冰封狀態，儀表板上無法顯示空速。

同伴說：「小心速度。」

博南回答：「好，沒問題，我在下降。」

同伴說：「儀表顯示我們還在爬升，快點下降。」

博南說：「好。」⑨

然而博南沒有讓飛機下降。如果此時他讓機身恢復水平，四四七號班機會繼續平安飛行，然而他又把操縱桿往後拉了一點，造成機鼻進一步直指上空。

●●●

我們現代人的生活離不開自動化，自動化無所不在，例如現在大部分的新車都配備電腦，碰上大雨或結冰，電腦就會自動操控煞車，減少傳動力，一切發生在不知不覺之中，我們不會注意到電腦已經預測駕駛人會過度修正車速並預先防範。電話也是一樣，今日辦公室接進來的客戶電話，由電腦化的電話系統處理，還有就算員工人不在桌前，電子郵件也會自動進入信箱，智慧型手機甚至自動猜測使用者下一個字會輸入什麼，銀行系統也隨時依據匯率波動避險。就算不使用人造科技，人類的大腦也仰賴被稱爲「經驗法則」（heuristics）的認知自動化行爲。人類有辦法多工，一邊寫信給保母，一邊和另一半聊天，還一邊顧孩子⑩，就是靠著大腦自動處理很多事，下意識篩選需要留意身邊哪些事。

自動化讓工廠變得更安全，辦公室變得更有效率，車子更不容易發生車禍，金融體系更穩定。我們的個人與工作生產力在過去五十年增加的幅度，勝過過去兩世紀的總和，很重要的一個原因就是自動化⑪。

然而自動化普及之後，我們集中注意力的時間也跟著縮短。耶魯大學、加州大學洛杉磯分校

（UCLA）、哈佛大學、柏克萊大學、美國國家航空暨太空總署（NASA）、美國國立衛生研究院（National Institutes of Health）的研究統統發現，我們人被迫在自動化與手動之間切換時，最容易出錯⑫，如今自動化系統又在飛機、車輛及其他環境之中無所不在，一個小失誤就可能釀成悲劇⑬。在自動化的時代，操作者要把注意力放在哪裡，變得史無前例地關鍵⑭。

以失事的四四七號班機來說，博南不得不手動駕駛時的心智狀態是關鍵。沒有人知道爲什麼博南告訴另一位機師「對，應該下降」，卻依舊讓飛機繼續往上開。或許，他希望讓機身高過地平線上的暴風雲。或許，那是他聽見警報聲後下意識做出的反應，我們永遠不會知道失速警報音響起後，爲什麼博南不讓機身恢復水平，不過有明確證據顯示，當時博南正處於「認知隧道」（cognitive tunneling）。人類大腦如果被迫從放鬆的自動化狀態，突然間驚慌地集中注意力，可能出現認知隧道問題⑮。

猶他大學（University of Utah）認知心理學家大衛・史垂爾（David Strayer）解釋：「你可以把大腦關注的範圍，想像成可以散光或聚光的聚光燈，聚光燈可以收緊光束，也能讓光線四散。」人的注意力廣度由目標決定。大部分的時候，我們會有意識地選擇要讓聚光燈集中光線，或是分散光線，不過有了電腦或自動駕駛等自動化系統幫忙留意周遭時，人類的大腦就會調暗聚光燈，讓聚光燈隨意照射。我們人類的優勢就在於大腦會自動尋找開小差的機會，靠不集中注意力放鬆，把寶貴的力氣留給更重要的認知任務。

史垂爾解釋：「然而突然『砰！』的一聲，發生了緊急狀況，你接到出乎意料的郵件，或是有人在開會時拋給你重要問題，一時之間，你腦中的聚光燈被迫集中光線，但又弄不清楚光要照在哪裡，於是大腦直覺強迫聚光燈愈亮愈好，而且要照在正前方最明顯在動的東西，就算那裡不是最需要光的地方也一樣，認知隧道就是指我們的大腦這種亂照一通的現象。」

認知隧道會導致我們過度注意眼睛正前方的一切東西，心思都放在最急迫的任務上，這就是為什麼駕駛看到前方有紅燈，就會突然踩煞車⑯。這也是為什麼有的人走路不看路，孩子在哭，行人急轉彎以免被他們撞上，但他們的眼睛依舊盯著智慧型手機。我們人其實能夠避免認知隧道，學會在「放鬆」與「集中精神」之間切換，不會一下子慌了手腳，不過那需要刻意練習。此外，人一進入認知隧道後，就無法掌控自己要注意什麼，以致直接撲向最顯而易見的刺激，一時失去常識⑰。

●●●

法航四四七號班機皮氏管結凍、警報音響起，博南進入認知隧道。他的注意力在先前四小時都處於放鬆狀態，現在突然有閃爍的光線，警鈴響個不停，他的大腦尋找聚焦點，而最明顯的東西就是他眼前的監視儀表板。

空中巴士A三三〇的駕駛艙是極簡主義的傑作，盡量減少不必要的環境干擾，一共只有幾片螢幕，以及為數不多的儀表板與控制鈕⑱。每一位機師正前方最顯眼的螢幕，就是最主要的飛行顯示板。螢幕中間有一條水平橫線，上方代表天空，下方代表地面，在線上移動的小圖示是飛機。如果機身在飛行途中倒向任何一側，小圖示也會斜向一邊，機師就知道機翼並未與地面保持水平。

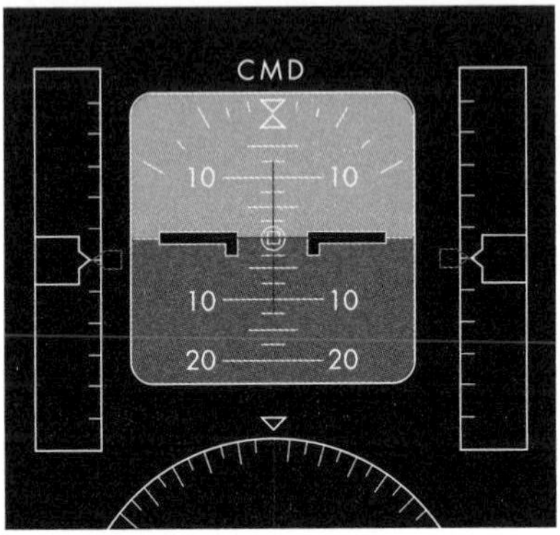

主飛行螢幕

博南聽見電腦警示音，看著儀表板，發現正前方螢幕的飛機圖示稍稍傾向右方，機師一般不會把這當成大事，因爲飛行時，飛機原本就會微微左右搖擺，很容易就能修正，然而現在自動駕駛功能關閉，博南突然之間被迫專心，他腦中的聚光燈照在傾斜的小飛機圖示上。黑盒子顯示，此時博南的注意力，放在讓眼前螢幕的機翼圖示再度保持水平，或許是因爲他忙著修正飛機右傾的問題，沒注意到自己依舊在往後拉操縱桿，抬升機鼻。

博南往後拉操縱桿時，機鼻再度抬升，此時又發生了另一次認知隧道事件，這一次是博南的同事。坐在博南左手邊的機師是大衛・羅貝爾（David Robert），他負責當「監控機師」，監督正在當「操控機師」的博南，理論上操控機師如果出狀況，監控機師必須介入，最糟的情況下，羅貝爾可以直接接掌飛機。然而警報大作之下，羅貝爾做了最自然的反應：他專注在最明顯的刺激上。羅貝爾身旁的螢幕，不斷顯示電腦提供的最新情況與指示，羅貝爾沒監控正在開飛機的機師，沒看著博南，而是看著不斷捲動的螢幕，大聲念出螢幕上顯示的文字，大喊：「穩住，回原本高度。」

羅貝爾專心看著螢幕，沒看到博南往後拉操縱桿，沒注意到操控機師在同意必須下降高度後，還讓飛機繼續朝天飛。沒有證據顯示當時羅貝爾看著儀表板，只知道他瘋狂捲動螢幕上電腦自動產生的訊息。然而就算電腦給的提示能幫上忙，沒有證據顯示當時專心看眼前小飛機圖示的博南，聽進了同事說的任何一個字。

四四七號班機爬升超過三萬五千英尺，迫近危險的最高限度，機鼻現在傾斜十二度。

羅貝爾終於不再盯著眼前的螢幕，告訴博南：「這東西說我們在爬升。」他指著儀表板大喊：「快點回原本的高度！」

博南回答：「好。」

博南往前推操縱桿，迫使機鼻下降，重力一下子減少三分之一，一陣失重感襲來。羅貝爾大吼：「慢一點！」博南可能一時慌了手腳，刺耳的警示音在響，飛機失重，同事又在大吼，他一下子又把操縱桿往後拉，機鼻不再往下，飛機繼續朝上六度，駕駛艙擴音器再度傳來警示音，幾秒鐘過後，機身開始搖晃，發生飛機嚴重失速時，強烈氣流通過機翼造成的「抖震」（buffeting）現象。

博南說：「我們……嗯……對……我們在爬升，是嗎？」

接下來十秒，博南和羅貝爾沒說話，飛機爬升超過最高建議值三萬七千五百英尺。四四七號班機必須下降，才有辦法繼續飛在空中，如果此時博南降低機鼻，一切依舊會沒事。

兩名機師死盯著螢幕時，堵住皮氏管的冰晶消失，電腦再度接收到正確空速，機上所有感應器恢復正常[19]，電腦開始播放指令，教機師解決失速問題。儀表板上顯示出所有必要指示，然而兩名機師過於慌亂，雖然救命的資訊就在眼前，卻不曉得該優先看哪一個指示。

電腦發布失速警報，刻意設計成無法忽略的尖銳高頻提示音再度響起。

羅貝爾怒吼：「媽的！」他一邊呼叫機長，一邊告訴博南：「機長人在哪？……不要碰側向控制桿。」

「好，」博南回答，「我現在要開啓 TO/GA 模式，對吧？」

失事調查人員後來判定，博南的那句話，敲響了四四七號班機上二二八名乘客的喪鐘。「TO/GA」是「起飛，繞圈」（takeoff, go around）的縮寫，飛行員用這個指令來中止降落，或是在跑道上「繞一繞」。機師抬升機鼻時，TO/GA 會讓飛機以最大動力向前衝。所有的飛行員都會練習成千上萬次一整套的 TO/GA 動作，發生緊急事故時就能派上用場。然而飛行高度低的時候，的確應該進行 TO/GA，此時地表大氣濃密，增加推力、拉抬機鼻能讓飛機飛得更快、更高，好讓機師有辦法安全中止落地。

然而如果高度是三萬八千英尺，大氣十分稀薄，TO/GA 沒用，飛機無法在那樣的高度獲得額外推力，拉抬機鼻只會加劇失重情形，唯一正確的選擇是壓低機鼻，然而博南在驚惶失措之中，犯下與認知隧道十分相像的第二個錯誤：他試圖讓大腦的聚光燈照在熟悉的事物上，開始操作先前練習過千百次的整套 TO/GA 緊急動作，落入心理學家所說的頭痛醫頭、腳痛醫腳的「反應式思考」（reactive thinking）[20]陷阱。

我們人的注意力會擺在何處，主要受反應式思考影響。在許多情境下，反應式思考有好處，例如運動員會反覆練習某些動作，比賽時就能快過競爭對手，搶先做出反應。此外，我們也靠著日常習慣、待辦事項清單與日曆提醒節省腦力，不需要決定接下來要做什麼，讓反應式的直覺自動處理就好。

反應式思考讓我們能夠搶得先機，然而反應式思考並非沒有壞處。有時我們習慣性一下子做出反應，判斷力因而被蒙蔽，變成一個刺激，一個動作，例如今日的車輛配備「巡航定速」（cruise control）或「自動煞車系統」（automatic braking systems），駕駛人不需要像從前的年代一樣，花很多力氣關注路況，心理學家史垂爾二〇〇九年時研究駕駛人的行爲是否因而改變㉑，結果發現「科技的本意是讓開車變得更安全，很多時候開車是眞的變安全，然而科技也帶來更多反應式思考，我們被突如其來的東西嚇到，像是車子打滑、突然間必須踩煞車時，我們的反應會是做出過去練習過的習慣性動作，例如猛踩踏板，或是猛轉方向盤。我們不再思考該如何處理眼前的狀況，只是單純做出反應，一旦反應錯誤，悲劇就發生了」。

●●●

四四七號班機駕駛艙內警鈴大作，高頻音不斷刺激耳膜，但兩名機師默不作聲。羅貝爾可能太過沈浸於自己的思緒，博南問他：「我現在要開啓 TO/GA 模式，對吧？」他沒回答，忙著再次呼叫還在艙房休息的機長。如果當時博南停下來想一想一個很基本的道理，大氣稀薄，失速警報音響起，此時飛機不可能安全向上，他會立刻知道應該降低機鼻，然而此時他一慌亂，做出先前練習過千百次的動作，把操縱桿往後拉，大開節流閥，四四七號班機的機鼻向上傾斜成可怕的十八度，機身往上飛，抵達圓弧頂點後就開始下墜。駕駛艙在機鼻依舊指著天，引擎依舊全速推進下，抖震得愈來愈厲害，機身快速下墜。

羅貝爾怒吼：「發生什麼事？你到底知不知道自己在幹什麼？」

博南大叫：「我無法控制這台飛機！我完全無法控制這台飛機！」

機上乘客不曉得發生什麼事，他們聽不見警示音，機師也沒有廣播㉒，大概以為機身抖動只是正常亂流現象。

機長終於進入駕駛艙。

機長問：「你們在搞什麼？」

羅貝爾大吼：「我不知道發生了什麼事。」

博南也大吼：「我們沒辦法控制這台飛機了！」

羅貝爾告訴機長：「我們失去控制，完全不曉得發生什麼事，我們什麼都試過了。」

四四七號班機以每分鐘一萬英尺速度下降㉓，機長站在羅貝爾與博南後面，大概也被眼前的景象嚇到，咒罵一聲後，接下來四十一秒都沒講話。

博南的聲音抖個不停：「我這裡有問題，我的儀表板不會亮了。」其實那句話不是真的，儀表板清清楚楚提供正確訊息，然而博南太緊張，什麼都看不到。

博南還說：「我覺得我們正在瘋狂暴衝，速度太快。」然而事實上，他們正以過慢的速度飛行。博南一邊問：「你們覺得呢？」一邊把手伸向機翼的減速板控制桿，再度讓飛機減速。

「不！」羅貝爾大吼，「不要碰減速板！」

「好。」博南聽同件的話。

羅貝爾問機長：「我們該怎麼做？您看到什麼問題？」

「我不知道，」機長說，「我們在下降。」

接下來三十五秒，三名機師試圖找出問題，機身再度下墜九千英尺。

博南問：「我在下降嗎？」其實一看儀表板就知道答案。

羅貝爾回答：「你在下降，一直往下，一直往下。」

博南說：「可是我已經一直把桿子往後拉。」

機長大吼：「不，不！」此時四四七號班機距離大西洋海面不到一萬英尺，「不要爬升！」

「操縱桿移交給我！」羅貝爾大吼：「快點給我！」

「給你。」博南終於鬆開操縱桿，「都給你，還是要 TO/GA 對吧？」

羅貝爾接手時，四四七號班機的機尾又朝著大海下墜六千英尺。

機長說：「小心，你在往上。」

羅貝爾說：「我在往上？」

機長說：「你在往上。」

博南說：「可是我們一定得往上！我們在四千英尺！」

此時四四七號班機要恢復足夠速度的唯一辦法，就是讓機鼻朝下，讓更多氣流通過機翼，然而機身距離海面太近，操作空間不足，四四七的近地警告系統開始發出提示音：「下降過速！拉起！」駕駛艙一陣慌亂。

機長告訴兩名機師：「你們在往上。」

「快點！」博南呼喊：「拉起！拉起！拉起！」

有幾秒鐘，駕駛艙沒人說話。

博南說：「這不可能。」大海就在駕駛艙窗戶旁，抬頭就能望見陣陣波浪。

博南問：「到底發生什麼事？」

兩秒後，四四七號班機重重沈入海底。

二

一九八〇年代晚期，克萊恩諮詢顧問公司（Klein Associates）的心理學家開始研究，爲什麼有的人可以臨危不亂，有的人則慌了手腳。克萊恩的任務是協助客戶分析自家公司做決策的方式。好幾家客戶想知道，爲什麼一樣是碰到焦頭爛額的時間壓力，有的員工做出好選擇，有的員工則手忙腳亂。更重要的是，他們想知道如何訓練員工擺對注意力。

克萊恩顧問公司的團隊，開始訪問必須在高壓環境下工作的專業人士，例如消防人員、軍事將領、救難人員，然而結果令人失望。消防員看到正在燃燒的樓梯，就能判斷樓梯是否依舊能承受自己的體重，也知道必須特別關注建築物哪一個部分、哪些危險徵兆要格外注意，然而請他們解釋自己是怎麼知道的時候，大家都說不太出所以然。軍人也一樣，他們有辦法指出戰場何處最可能窩藏敵人，也知道敵軍埋伏的跡象，然而如果請他們解釋自己下的決定，他們會說是憑直覺。

研究人員問不出答案，只好改從其他情境下手。家住代頓市（Dayton）的研究人員貝絲・克蘭達（Beth Crandall），開始造訪家裡附近的新生兒加護病房㉔。新生兒加護病房和其他急重症病房一樣，總是一團混亂，機器永遠在嗶嗶叫，到處都有警示音。病房裡有很多正等著出院的嬰兒，有的早產，有的在生產過程中出狀況，不過都不是什麼大問題，然而還有一些嬰兒則病情嚴重，需要時時監控。新生兒加護病房護士工作困難的地方，在於他們很難判斷哪些是病情惡化的嬰兒，哪些則是正在康復的嬰兒。有些早產兒看起來沒什麼問題，但突然間惡化，有些生病的孩子卻突然間好轉，因此護士得隨時判斷自己的注意力該放在哪裡：是要去看大哭的嬰兒？還是注意一下都沒聲音的孩子？應該相信剛出爐的檢驗報告，還是相信說孩子似乎不對勁的憂心父母？除此之外，護士必須在機器不斷顯示數據的同時做出決定，心跳監視器、自動溫度計、血壓器、脈搏血氧飽和度分析儀……各種儀器只要嬰兒情況一變，就會立刻發出警示音。新型儀器保障了病患的健康，大幅提升新生兒加護病房的生產力，現在只需要更少的護士，就能照顧更多孩子，不過不停在發出尖銳聲響的儀器，也讓新生兒加護病房變得更加複雜。研究人員克蘭達想知道，護士是如何決定哪些嬰兒需要多看兩眼，爲什麼有的護士比其他護士更知道要特別注意某些徵兆。

研究人員克蘭達訪問臨危不亂的護士，也訪問碰上緊急狀況差點崩潰的護士。最有趣的是，某幾位護士似乎會「通靈」，別人都沒發現的時候，他們卻會知道嬰兒出問題。大家什麼都沒看到，他們卻能依據很小的徵兆，預測某個嬰兒會惡化還是痊癒。那些徵兆實在小到不行，厲害的護士通常也無法回想自己是如何知道嬰兒出問題。克蘭達告訴我：「就好像他們看得見別人看不見的東西，他們的思考方式似乎跟別人不一樣。」

克蘭達首先訪問「通靈組」的護士達琳（Darlene），達琳講了自己幾年前值班的故事。那天她走過一個保溫箱，突然間多看了一眼裡頭的嬰兒。女嬰身上所有的儀器都顯示生命徵象正常，而且另一名護士也不停過來巡邏，仔細觀察後，都沒發現什麼值得注意的事，然而達琳總覺得怪怪的，女嬰的皮膚有一點斑點，並未全部呈現粉紅色，肚子好像也有一點脹脹的。此外，女嬰腳跟剛抽完血，OK繃上的血跡不是一個針孔小點，而是一團紅紅的。

就算有斑點，就算血跡比較大團，依舊不是特別不尋常或令人緊張。負責照顧女嬰的護士表示，嬰兒吃睡都正常，心跳也很強，不過達琳總覺得女嬰的皮膚和肚子不太對勁。她打開保溫箱檢查嬰兒，嬰兒醒著，達琳的碰觸讓她縮了一下，但沒哭。達琳找不出女嬰有任何異狀，但總覺得哪裡有問題。

達琳找上女嬰的主治醫師，說應該幫女嬰打抗生素。醫療團隊沒有任何依據，只有達琳的直覺，不過醫生還是同意她的判斷，下令驗血並先打抗生素。檢驗結果出爐，女嬰處於敗血症初期，敗血症是嚴重感染造成的全身致命性發炎，病情會快速惡化，要是剛才他們多等一會，女嬰大概會死，不過女嬰後來完全康復。

研究人員克蘭達表示：「很奇妙，達琳和專門負責女嬰的護士看到一樣的警訊，看到一樣的現象，但只有達琳發現問題。另一名護士則覺得，皮膚上的斑點和OK繃上的血跡都只是另一個數據，沒什麼好擔心，達琳則把種種跡象加在一起，看到事情的全貌。」㉕ 克蘭達請達琳解釋怎麼知道女嬰有問題，達琳說自己只是突然有預感，不過克蘭達又多問了幾個問題後，另一種解釋出爐了。達琳說自己想著健康嬰兒應有的樣子，然而她瞄到女嬰時，女嬰看起來不符合她心中的樣子。就這樣，達琳腦中的聚光燈開始照射女嬰的皮膚、腳跟上的血跡，以及腫脹的腹部。聚光燈照到出乎意料的細節，使得達琳心中警鈴大作。相較之下，另一名護士由於並未強烈預期自己應該看到的景象，注意力被最容易掌握的資訊吸引，大腦聚光燈只照在女嬰進食正常、心跳穩定，以及沒有大哭等最明顯的事。

和達琳一樣會「通靈」、善於找蛛絲馬跡的人士，一般有幾個共通的特質。首先，他們會在心中預期自己將看到的景象，他們對著自己說故事，告訴自己事情發生時會是怎麼一回事。這樣的人士會在腦中描述自己的經歷，而且回答問題時，不會直接給答案，喜歡講軼事。他們做白日夢的時候，通常會想像未來將發生的對話，比一般人更仔細想像自己的一天。

心理學家稱這種習慣性的預測爲「建立心智模型」（creating mental models）㉖，人類如何建立心智模型，已經成爲認知心理學最重要的研究課題。我們每一個人某種程度上都仰賴心智模型，全在有意無意間告訴自己世界如何運轉。然而雖然每個人都靠著心智模型過每一天，有些人的模型比別人清楚，他們會詳細想像即將發生的對話，以及今天等一下要做的事，因此更能選擇哪些事要注意、哪些事可以忽略。像達琳那樣的「通靈者」，他們的訣竅是隨時隨地都在告訴自己故事，不斷預測接下來會發生的事。他們會做有關於未來的白日夢，眞實世界與想像不同時，他們因而特別敏感。心智模型的理論解釋了爲什麼達琳能注意到女嬰不舒服，她習慣性想像加護病房嬰兒的正常樣貌，接著在看到不符合想像的染血ＯＫ繃、腫脹腹部與皮膚斑點後，腦中的聚光燈立刻打在保溫箱上㉗。

大腦的聚光燈必須瞬間從暗光一下子調到亮光時，一般人會出現認知隧道與反應式思考，然而如果是不停告訴自己故事、在心中建立圖像的人，他們腦中的聚光燈永遠不會有完全關掉的時候，永遠在大腦裡照來照去，等到必須把光照在眞實世界時，就不會一時被亮光閃瞎眼。

●●●

法航四四七號班機的失事調查員分析駕駛艙錄音檔，找到三名機師在飛航時都缺少強大心智模型的明確證據。

失速警報音第一次響起時，羅貝爾問：「這是什麼警示音？」

博南回答：「嗯……那代表……速度有問題？……我們……我們在爬升？」

四四七號班機陷入愈來愈深的危機時，兩名機師一直在互問問題，因爲他們心中沒有處理新資訊的心智模型。資訊愈多，他們愈搞不清楚狀況，而這也解釋了爲什麼博南一下子陷入認知隧道。他在開飛機的時候，沒在心中告訴自己故事，因此發生超乎預期的事件時，不曉得要關注哪些細節。四四七號班機失速下墜，他卻說：「我覺得我們正在瘋狂暴衝，速度太快，你們覺得呢？」

接下來，等博南終於抓到一個熟悉的心智模型——「我現在要開啓 TO/GA 模式，對吧？」——他並未尋找不符那個模型的事實。四四七號班機墜海前兩分鐘，博南說：「我在爬升，OK，所以我們在下降」，他似乎沒注意到自己的話有多自相矛盾，接著他又說：「好，我們在做 TO/GA，怎麼會繼續倒向右下方？」到了這個時候，他依舊在關注機身圖示斜向右側的事。

四四七號班機墜入汪洋大海前幾秒，博南生前倒數第二句話是：「這不可能。」直到飛機被海浪吞噬的那一刻，他依舊在試圖抓住有用的心智模型。博南最後的遺言是：

「到底發生什麼事？」

當然，不是只有四四七號班機的機師，才有一時找不到正確心智模型的問題。辦公室裡，高速公路上，人們坐在椅子上一邊滑手機、一邊一心多用時，這種事每分每秒都在發生。NASA心理研究人員史蒂芬・卡斯納（Stephen Casner）研究數十起與法航四四七號班機類似的意外事故，他表示：「這種亂七八糟的局面，百分之百是我們人類自己的問題。一開始，人類有創意、有彈性、懂得解決問題，電腦則大多數時候都很呆，只適合監視機械式、重複性的工作。然後我們讓笨笨的電腦在天上飛，又讓原本能寫小說、想出科學理論、開飛機的人類，像是一盆盆植物，整天坐在電腦螢幕前看著會發光的點。專心原本就難，這年頭要專心更難。」㉘

●●●

研究人員克蘭達訪問新生兒加護病房護士十年後，麻省理工學院的兩名經濟學家與一名社會學家，決定研究最有生產力的人士究竟是如何建立心智模型㉙，三人想辦法說服一間中型的獵人頭公司給他們看損益數據、員工行事曆，以及公司主管過去十個月寄出的十二萬五千封信。

三名研究者著手整理大量資料後，首先注意到的一件事，就是最具生產力的超級明星員工有幾個共通特質。首先，他們一般一次只接五個案子，不算太多，其他人手上則有時一次接十到十二個案子。然而忙得要死的員工賺到的錢，卻低於謹慎分配時間的超級明星。

經濟學家原本假設超級明星比較挑案子，是因爲他們只做以前做過的類似工作。高生產力來自熟能生巧，重複做相同的事可以增加速度與效率，不必每次有新工作，又要費神學習新技能。然而經濟學家更深入仔細研究後發現答案正好相反，超級明星沒選能讓原有技能派上用場的案子㉚，反而選了需要認識新同事與學習新能力的專案，而那也正是爲什麼他們一次只能接五個案子：不管是認識新朋友或學習新技能，都需要額外花費很多時間。

超級明星的另一個共通點，則是他們大量參加還在初期階段的案子，這點也令人訝異，因爲尚在創始階段的專案風險很大，不論執行者多聰明、執行得多好，新點子通常會失敗，最安全的選項是加入已經跑得很順的專案。

事實上，加入還在萌芽的專案風險雖高，卻能獲得最豐富的資訊。超級明星因爲加入尚在初期階段的專案，被加進電子郵件ＣＣ副本名單，看到原本不會看到的信。超級明星因而知道哪些年輕主管很聰明，從他們身上學到新點子，還比其他主管搶先接觸到新興市場與數位經濟。除此之外，超級明星只因爲是新專案的「開國元老」，要是成功，功勞自然記在他們頭上，後來才加入的人則沒有這種待遇㉛。

超級明星員工有志一同的地方，還包括一個特別的行爲：他們都是喋喋不休的動腦狂，不管是什麼樣的主題，總有辦法提出各式各樣的理論，例如爲什麼某些客戶的案子會成功，某些則失敗；爲什麼某個客戶高興或不高興；不同的管理風格如何影響性格不同的員工等等。超級明星甚至到了有點強迫症的程度，一天之中，老是在對自己、對同事解釋事情爲什麼是這樣。

超級明星員工永遠在講自己看到、聽到的故事。換句話說，他們比其他人更喜歡建立心智模型。他們更可能在開會時拋出點子，或是請同事幫他們做對話沙盤推演，想像推銷時的情境。超級明星會想出新產品的概念，練習銷售的辦法，還會講以前發生過哪些趣事，並且夢想著遠大的擴張計劃，幾乎隨時隨地都在建立心智模型。

麻省理工學院的研究人員馬歇爾・范・阿爾斯泰（Marshall Van Alstyne）表示：「這樣的人會不斷爲自己剛剛看到的事，提出一個又一個的解釋。他們會在你眼前重建對話，一個一個分析，接著又要你挑戰他們的理論，不斷在想辦法拼湊與連結資訊。」

麻省理工學院的研究人員，最後算出超級明星因爲被ＣＣ到資訊豐富的電子郵件，再加上不斷提出心智模型，每年因而平均多賺一萬美元獎金。超級明星一次只接五個案子，但由於他們的思考模式生產力較高，績效超越接件量多達兩、三倍的同事。

其他數十份研究也有類似結論：懂得管理注意力、習慣建立清楚心智模型的人士，一般成績較好，賺比較多錢。此外，研究還顯示任何人都能養成建立心智模型的習慣，只要隨時隨地把周遭的事當成故事告訴自己，就會更知道注意力該擺在哪裡。我們可以從小地方做起，例如一邊開車，一邊想像接下來的會議長什麼樣子，強迫自己想像會議將如何開場，老闆點到自己時要提出哪些重點，同事可能又會有哪些反對意見。建立心智模型甚至可能救命，例如前文提到的加護病房「通靈」護士，就是靠著告訴自己健康的嬰兒看起來是什麼樣子，才能一走進病房立刻察覺不對勁的地方。

如果想讓自己工作時更注意小細節，請養成想像的習慣，仔細想想自己坐在辦公桌前會看到什麼、要做些什麼。如此一來，當現實偏離心中的想像，我們就會更容易注意到不一樣的小地方。如果想努力多聽孩子說話，那就在心中想像晚上吃飯時，他們會對你說些什麼。一邊過生活，一邊在腦中描述自己的生活，大腦就更能解讀實際發生的事。如果要努力讓自己專心，那就在腦中想像自己要做的事，細節愈多愈好。大腦中有詳細的劇本時，就更能掌握眼前的情勢。

許多企業表示，說故事在各式各樣的情境都很重要，每一間公司都想要會說故事的人，應徵者是否會脫穎而出，要看說故事的功力。電玩大廠ＥＡ公司（Electronic Arts）副總裁安迪・畢凌（Andy Billings）告訴我：「把自己經歷過的事描述成某種故事的人，就是我們要找的人。這樣的人直覺就知道如何把點連在一起，而且也懂得這世界是如何運行，這樣的人才每間公司都想爭取。」

三

法航四四七號班機沈進海底一年後，在一個天氣晴朗的早上，澳洲航空（Qantas Airways）的三十二號班機自新加坡出發，預計八小時後抵達雪梨㉜。

澳航三十二號班機配備的自動駕駛系統，和失事的法航班機一樣，不過這次的機師很不同。機長理查・強皮恩・迪克雷斯皮尼（Richard Champion de Crespigny）在登機之前，不斷訓練組員建立心智模型。

迪克雷斯皮尼機長搭車從費爾蒙酒店（Fairmont）前往新加坡樟宜機場時，抽問自己的副機師：「想一下發生問題時我們要做的第一件事。萬一引擎故障，第一個要看哪裡？」接著每位機師輪流講出自己負責看哪些地方。迪克雷斯皮尼機長每一次登機前，都會和組員進行這個對話，每一位副機師都知道自己該做的事。機長會出題，像是發生緊急事件時，眼睛應該看哪個螢幕，警報聲響起時手要放在哪裡，頭應該要轉到左邊還是看著前方。迪克雷斯皮尼機長是粗壯的澳洲大漢，個性像大膽的鱷魚先生（Crocodile Dundee）外加嚇人的喬治・巴頓上將（General Patton），他告訴我：「現代的飛機有二十五萬個感應器，有時電腦會不知道哪些數據是多餘的，哪些眞的需要關注，那就是爲什麼還需要我們人類機師。我們的工作是設想可能發生的事，而不是找出已經發生的事。」

迪克雷斯皮尼機長要機組人員預先設想緊急狀況後，還會重申一條基本原則：「你們如果不同意我的決定，覺得我忽略掉什麼東西，每一個人都有責任告訴我。」

迪克雷斯皮尼機長指著一名副機師：「馬克（Mark），如果你看見每個人都低著頭，我要你抬起頭。如果我們全都抬著頭，你要負責往下看。飛行免不了出錯，你們每個人都有責任抓錯。」

機組人員進入駕駛艙，四百四十名乘客也依序登機，不過今天有一點特別。迪克雷斯皮尼機長和其他澳航機師一樣，每年都要接受飛行技術評鑑，因此當天駕駛艙除了原定的機組人員，還有兩名駕駛經驗最豐富的機師負責當觀察員。澳航的評鑑不是馬虎的例行公事，要是迪克雷斯皮尼機長今天表現不好，可能就得提早退休。

機師各就各位後，其中一位觀察員坐在駕駛艙正中央，但依照標準作業程序，通常是二副坐在那裡。迪克雷斯皮尼機長皺眉，他原本以爲觀察員會坐旁邊，不會卡在中間礙事。在他心中，他已經事先想好駕駛艙座位應該如何安排。

迪克雷斯皮尼機長質問觀察員：「你是想坐哪裡？」

觀察員說：「我要坐你和麥特（Matt）中間。」

迪克雷斯皮尼機長說：「不行，你會擋到我的組員。」駕駛艙內鴉雀無聲，機長和觀察員不該起衝突。

觀察員告訴迪克雷斯皮尼機長：「理查，要是我坐馬克的位子，我就看不到你，那要怎麼做評鑑？」

迪克雷斯皮尼機長回答：「那是你的事，我要我的組員坐在一起，我要馬克坐你的位子。」另一位觀察員出來做和事老：「理查，別這樣。」

迪克雷斯皮尼機長說：「我要指揮一架飛機，我要我的組員好好幹活。」評鑑員說：「理查，這樣吧，萬一有事，我當你的二副。」

迪克雷斯皮尼機長有些猶豫。他覺得座位不該那樣安排，但也想讓組員知道，大家可以質疑他的決策，他會認真聽進去。這個道理和 Google 與《週六夜現場》是一樣的，團隊必須勇於提出批評，不必害怕遭受懲罰。迪克雷斯皮尼機長想鼓勵大家提出不同意見。

迪克雷斯皮尼機長最後告訴評鑑員：「那就這樣吧。」（迪克雷斯皮尼機長向我解釋：「評鑑員說他來當二副之後，就符合了我心中的人員配置。」）㉝迪克雷斯皮尼機長重新面對儀表板，澳航三十二號班機駛離登機口。

飛機在跑道上加速，直上雲霄，高度抵達兩千英尺時，迪克雷斯皮尼機長開啓自動駕駛模式。天空萬里無雲，一切順利。

飛機抵達高度七千四百英尺，迪克雷斯皮尼機長正準備指示副駕駛關閉機艙的安全帶指示燈，卻突然聽見「轟」的一聲。迪克雷斯皮尼機長心想，大概只是一陣高壓空氣通過引擎的聲音，然而接著飛機又「轟」了一聲，而且比剛才大聲，像是有幾千顆彈珠打在機殼上。

迪克雷斯皮尼機長的儀表板開始閃紅光，駕駛艙響起警示音。調查人員事後發現，澳航三十二號班機當時左引擎漏油，起火燃燒，造成渦輪機組盤自傳動軸脫落，碎成三片後打中引擎，引擎因而毀損。比較大的兩塊碎片接著又打穿飛機左翼，其中一個洞大到人可以穿過去。其他數百個小碎片則像榴霰彈一樣炸開，切斷電線、數條燃料油管、一個燃油箱，以及液壓泵。機翼底側看起來像被機關槍掃射過。

三十二號班機的左翼裂成一片片長條金屬，在風中呼嘯，機身開始搖晃。迪克雷斯皮尼機長依據這類緊急狀況的標準程序，降低飛行速度，然而他按鈕後，飛機的自動推力系統沒反應，電腦螢幕不斷出現警示，二號引擎失火，三號引擎毀損，一號和四號引擎完全無數據。燃料泵出問題，液壓、氣壓、電力系統幾乎全部無法操作，飛機左翼正在大量漏油。這次的事件後來被列爲現代航空史上最嚴重的空中機械事故災難。

迪克雷斯皮尼機長呼叫新加坡航管中心：「澳航三十二號班機二號引擎故障，方向一五〇，高度維持在七千四百英尺，我們隨時報告最新狀況，下一次是五分鐘後。」

此時距離三十二號班機第一次出現「轟」的聲響，不到十秒鐘。迪克雷斯皮尼機長開始進行標準滅火程序，切斷左翼動力，飛機暫時停止搖晃。駕駛艙內，警報聲不斷響起，所有人員保持安靜。

不巧的是，乘客的座位螢幕恰巧在播機尾監視器照到的受損左翼，驚惶失措的乘客指著螢幕，衝到窗戶旁。

駕駛艙人員開始利落的依據電腦提示處理問題。迪克雷斯皮尼機長看著自己的螢幕，發現機上二十二個主要系統中，二十一個毀損或完全失去作用，仍在運作的引擎快速崩壞，負責控制左翼的液壓系統失靈，幾分鐘內，三十二號班機只剩最微弱的推力，僅能微幅改變方向，沒有人知道機身還能撐多久。

副駕駛自操縱桿上抬起頭：「我認爲我們應該掉頭。」若要掉頭回新加坡機場，就得改變機身方向，這個動作太危險，然而不掉頭的話，他們每一秒鐘都在更遠離機場。

迪克雷斯皮尼機長通報塔台他們要回機場，接著緩緩用一個大弧轉動機身。他告訴空中管制中心：「請求爬升至一萬英尺。」

幾名副機師同時大吼：「不行！」

衆人立刻解釋，此時爬升可能讓引擎負荷不了，而且改變高度會加劇漏油情形，最好穩穩保持低空飛行。

迪克雷斯皮尼機長的飛行經驗超過一萬五千小時，而且在數十台模擬機上演練過這類災難，早已在心中想像過千百次這種情形，也想好怎麼處理。在他的想像中，他要爬升高度，增加調度機身的選項，他的所有直覺都告訴他，應該往上飛，然而每一個心智模型都有漏洞，組員的任務就是找出機長的漏洞。

迪克雷斯皮尼機長告訴塔台：「澳航三十二號班機放棄爬升至一萬英尺，維持七千四百英尺高度。」

接下來二十分鐘，三十二號班機的駕駛艙人員要處理愈來愈多的警示音與緊急狀況。電腦一個步驟、一個步驟告知該如何處理每一個問題，然而三十二號班機毀損的地方太多，電腦指示每秒鐘像瀑布一樣大量湧出，沒人知道該優先進行哪一個步驟。迪克雷斯皮尼機長感覺自己正在進入認知隧道，其中一個電腦指示告訴機師要傳輸機翼之間的燃料，以平衡飛機重量，副機師伸手要執行螢幕指示，迪克雷斯皮尼機長大喊：「別動！要是把完好機翼的燃料傳送到漏油的左翼，會發生什麼事？」十年前，一架多倫多班機因爲不小心把燃料輸送到漏油的引擎，差點墜毀。三十二號班機上的機師團隊同意不要管輸送燃料的電腦指示。

迪克雷斯皮尼機長跌坐在椅子上，試著想像機身目前的毀損情形，選項一分一秒減少。迪克雷斯皮尼機長試著把所有的機身毀損情形拼湊起來，在心中描繪出目前的情況，他和其他機師在這場危機發生的過程中，不斷在腦中建立三十二號班機的心智模型，然而放眼望去，到處都是儀表板警示，又有新警報，又有另一個系統失靈，又有更多閃爍的光線。迪克雷斯皮尼機長深呼吸，手離開操縱桿，雙手放在大腿上。

迪克雷斯皮尼機長告訴其他機師：「我們來簡化一下事情，現在不能輸送燃油，也不能拋掉燃油。完好的儲油槽在機尾，傳送槽沒有作用。

「所以不要管幫浦，不要管其他八個儲油槽，不要管總燃油量。我們不應該繼續關注故障的地方，應該把注意力放在還剩哪些能用。」

一名副機師立刻列出尙未故障的部分：八個液壓泵還有兩個能用，左翼沒電力，但還有些許動力。此外，機輪完整，迪克雷斯皮尼機長應該至少有一次減速機會。

迪克雷斯皮尼機長人生開的第一架飛機是塞斯納（Cessna），那是一種玩家喜愛的單引擎、幾乎無電腦配備的機種。當然，相較於空中巴士，塞斯納只是玩具，然而每一架飛機都有相同的基本配備，都有燃料系統、飛行控制桿與起落架。迪克雷斯皮尼機長心中想著：**要是把這架飛機想像成一台塞斯納？如果這是一台塞斯納，我會怎麼做**？

NASA心理研究人員芭芭拉・布利恩（Barbara Burian）告訴我，她研究澳航三十二號班機事件時發現：「迪克雷斯皮尼機長自己決定要讓哪一個心智模型派上用場，而不是忙著回應電腦後，心態瞬間改變，不再依賴指示，自己決定注意力要放在哪裡。」

布利恩表示：「我們資訊過載時，自己通常不會發現，而危險就危險在這裡，因此優秀的機師會在心中事先設想各種情境，多次演練『萬一……的話，就怎麼做』。發生緊急事件時，事先想好的模型就能派上用場。」㉞

令人惋惜的是，法航四四七號班機的駕駛艙從未出現那一個心態轉換的瞬間——**要是把這架飛機想像成一台塞斯納**？法航機師在事情無法挽回之前，一直沒抓到可以解釋眼前危機的新心智模型。迪克雷斯皮尼機長不一樣，他心中原有的模型無法解決層出不窮的新緊急事件時，他決定換成別的模型，把眼前的飛機想像成塞斯納，進而知道哪些問題要處理，哪些問題不用管。

迪克雷斯皮尼機長要其他機師計算需要多少跑道，接著在心中想像自己即將迫降一台超大型的塞斯納。他告訴我：「那樣想像之後，事情就簡單了。我的腦中想著最基本的事，我所要做的

事只有一件，我要讓飛機降落。」㉟

組員報告，如果一切順利，他們將需要三千九百公尺的跑道，而新加坡樟宜機場最長的跑道是四千公尺，萬一超過，草地和沙丘會卡住機輪。

迪克雷斯皮尼機長說：「來吧。」

三十二號班機開始朝新加坡樟宜機場下降。高度兩千英尺時，原本盯著儀表板的迪克雷斯皮尼機長抬頭看著遠方跑道。一千英尺時，駕駛艙的失速警示音大作：「注意速度！注意速度！注意速度！」迪克雷斯皮尼機長的眼神在跑道和速度儀上切換，在心中看見塞斯納的機翼，輕輕開啓節流閥，微幅加速，失速警報聲停止。接著，迪克雷斯皮尼機長微幅抬升機鼻，因爲他心中的圖像叫他那麼做。

副駕駛通知塔台：「滅火預備。」

塔台回應：「收到，緊急救援已待命。」

澳航三十二號班機以每秒十四英尺速度下降，起落架能承受的標準最大速度每秒僅十二英尺，然而此時別無選擇。

「五十，」電腦音響起，「四十，」迪克雷斯皮尼機長往後微拉操縱桿，「三十……二十。」電子警示音再度大作：「失速！失速！失速！」迪克雷斯皮尼機長告訴自己，飛機沒失速，不用管警示音，他腦中的塞斯納繼續朝著跑道前進，預備降落，就像他以前做過的千百次一樣。空中巴士後輪著地，迪克雷斯皮尼機長向前推操縱桿，迫使前輪碰觸跑道，他只有一次減速機會，所以操縱桿一次推到底。三十二號班機快速滑過機場跑道前一千公尺，穿越兩千公尺標記，迪克雷斯皮尼機長感覺飛機正在減速，眼看跑道盡頭就在擋風玻璃前，沙丘愈來愈大，愈來愈近，金屬機身嘎滋作響，機輪在跑道上留下長條煞車痕，接著機身開始變慢，晃動，最後在跑道剩一百公尺時停住。

事後調查人員判定，澳航三十二號班機是史上毀損最嚴重還安全降落的空中巴士Ａ三八○。無數的機師後來會在駕駛模擬器上，重現迪克雷斯皮尼機長當時的情境，但無人過關㊱。

澳航三十二號班機終於停下後，空服長啓動機上廣播系統：「各位女士，各位先生，歡迎來到新加坡，現在是當地時間十一月四日星期四上午十一點五十五分，相信各位會同意，這是史上近期最美好的降落。」迪克雷斯皮尼機長成爲英雄，今日三十二號班機事故依舊是飛航學校與心理學的教學範例，被當成發生最嚴重的緊急事故時，如何讓心智模型派上用場、不讓情況失控的最佳例子。

資訊爆量、不斷湧現時，心智模型給了我們鷹架，讓我們知道注意力該擺在哪裡，進而做出決策，而不只是手忙腳亂的回應。法航四四七號機師缺乏強大的心智模型，悲劇發生時，不曉得該救哪裡的火，迪克雷斯皮尼機長與副駕駛則在踏上飛機之前，就在告訴自己故事，而且不斷測試與修正故事。災難眞的發生時，他們不慌不忙，早有心理準備。

飛機駕駛艙發生的事，看似與我們一般人的日常生活沒有太大關係，不過請想一想自己平日面對的壓力。如果開會時，執行長突然問你意見，你的大腦要一瞬間從默默聽話，變成主動提出建議，一個不小心，認知隧道可能讓你說出追悔莫及的話。又例如你同時在和好幾個人講話，手上一次處理好幾件事，突然收到重要電子郵件時，可能沒仔細想好要說什麼，就靠著反應式思考回信。

所以要怎麼辦?如果想把注意力放在最重要的事,不被一天之中一定會冒出來的電子郵件或有人跑來講話干擾,弄得應接不暇,請養成對自己說故事的習慣。如果我們在心中告訴自己目前正在發生什麼事,老闆突然拋問題,或是突然出現緊急郵件,只有一分鐘可以回應,大腦的聚光燈老早就把光線照在該照的東西上,可以不慌不忙。

生產力要高,就要掌控自己的注意力,我們必須在心中建構好由自己當家作主的心智模型。開車上班時,強迫自己想像接下來一天會發生的事。開會或吃午餐時,向自己描述當下看到什麼,解釋那是怎麼一回事。我們可以找其他人聽我們的理論並指出漏洞,養成強迫自己預測的習慣。如果我們有小孩,就預期小孩晚飯時會說什麼,接著就會發現孩子少說了什麼,或是他們是否說出應該特別留意的話。

迪克雷斯皮尼機長告訴我:「動腦這件事無法外包出去。電腦會出錯,檢查表總有疏漏,然而什麼東西都可以當機,人不能當機。我們得做很多決策,自己決定注意力要放在哪裡。關鍵在於強迫自己思考,開始思考後,就成功一半了。」

4 目標

聰明目標、登月目標，以及贖罪日戰爭

一

一九七二年十月，以色列最聰明的四十四歲將領艾里．齊拉（Eli Zeira）被提拔爲軍事情報局局長（Directorate of Military Intelligence），軍情局的任務是萬一敵人攻擊以色列，得事先警告國家領導人①。

齊拉升上局長時，一九六七年的六日戰爭（Six-Day War）已經過去五年。以色列在那場戰爭中靠著驚人的先發制人，奪下西奈半島與戈蘭高地（Golan Heights）等原本屬於埃及、敘利亞、約旦的領土，展現出傲人的軍事實力，讓國土擴大不止一倍，狠狠修理敵國，不過以色列的國民也就此陷入高度焦慮，不曉得敵人什麼時候會報復。

以色列的焦慮並非空穴來風。六日戰爭後，埃及與敘利亞軍事將領不斷威脅要奪回失去的領土，阿拉伯領袖也誓言要把以色列這個猶太國家趕進海裡。對手的敵意一天天升高，以色列議員希望靠著定期發布發生軍事攻擊的可能性，讓民衆別那麼恐慌。

議員的用意良好，然而軍情局的預測老是自相矛盾又不完整，不同人會把風險評估在不同等

級。分析人員這一週這麼說，下一週又那麼說，每週都提供完全不一樣的預測，有時議員被警告要提高戒備，但一整個星期什麼事都沒發生。議員沒事就被請去開會，說可能打起來，但也沒人能確定是否眞的會開戰。軍事單位會接到上頭要他們迎戰的命令，接著又被取消命令，從頭到尾都不曉得是怎麼一回事。

反反覆覆之間，以色列的政治人物和民衆不耐煩的情緒日益升高。以色列國防軍（Israeli Defense Forces）的地面軍隊中，八〇%是後備軍人，成千上萬的人民隨時緊張政府一聲令下之後，就得拋家棄子衝進前線。民衆想知道是不是眞的又要打仗，以及如果眞的開打，他們會在多久之前接獲通知。

上頭升齊拉爲軍事情報局局長，就是希望他能解決全國得不到正確情報的問題。齊拉原本是傘兵，政治手腕純熟，一下子就在軍隊竄升，還當過六日戰爭英雄摩西．達揚（Moshe Dayan）數年的副手。齊拉接掌軍情局後，告訴以色列國會自己的任務很簡單，他會提供決策者「盡量清楚的精確評估」②，只有眞的要開打了才提出警告。

齊拉下令，以後軍事人員分析阿拉伯世界的意圖時，必須依據嚴格的公式，他本人親自制訂被稱爲「概念」（the concept）的情勢評估標準，主張以色列在六日戰爭憑藉著優異的空戰實力、長程飛彈與戰略優勢，狠狠羞辱敵人，因此敵國要等到空軍實力有辦法保護自家地面部隊，擁有足以攻擊以色列台拉維夫的飛彈後，才可能再度攻擊以色列。齊拉說，阿拉伯領袖必須能阻擋以色列的戰機，而且取得飛毛腿飛彈，才可能眞的開戰，要不然就只是沒事放狠話而已③。

齊拉上任六個月後，就碰上測試開戰理論的機會。一九七三年春天，大量埃及軍隊在蘇彝士

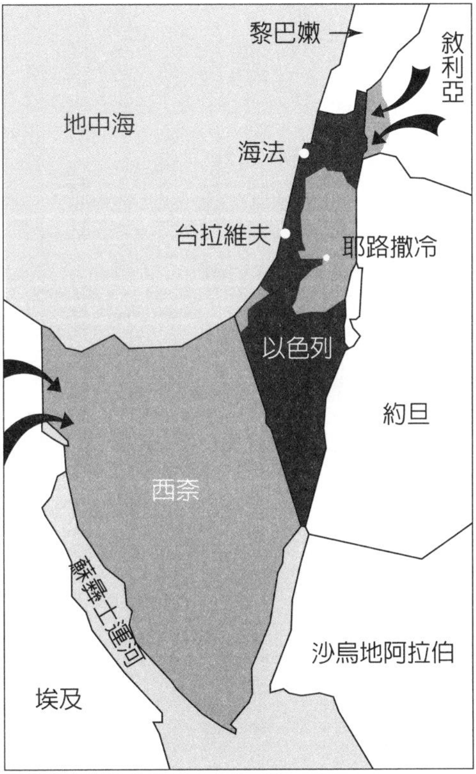

運河集結，也就是埃及與以色列西奈半島控制區的邊界。以色列間諜警告國內，埃及將於五月中展開侵略計劃。

四月十八日那天，以色列總理果爾達．梅厄（Golda Meir）召集高級顧問舉行閉門會議。參謀總長與俗稱「莫薩德」（Mossad）的情報特務局局長都表示，埃及這次眞的可能攻擊，以色列必須做好防範措施。

梅厄總理轉頭問齊拉的看法。齊拉持相反意見，他說埃及依舊缺乏強大空軍，也沒有足以攻擊台拉維夫的飛彈，所以他不同意參謀總長與情報特務局局長的看法，埃及的領導人只不過是在自家國人面前裝腔作勢，實際發動侵略攻擊的可能性「相當低」。

梅厄總理最後決定站在參謀總長與莫薩德局長那一方，命令軍隊備戰。接下來一個月，以色列士兵沿著蘇彝士運河，築起長達一百六十多公里的城牆、前哨站與炮台，並在與敘利亞相鄰的戈蘭高地舉行飛彈與坦克演習。以色列砸下數百萬美元，命令成千上萬的士兵不得休假，然而埃及一直沒開戰。梅厄政府懊悔自己反應過度，很快就改變官方說法。那一年七月，以色列國防部長達揚告訴《時代》（*Time*）雜誌接下來十年都不可能發生戰爭④。歷史學者亞伯拉罕・羅比諾維奇（Abraham Rabinovich）寫道，這次的事件讓齊拉「聲譽鵲起，自信大增」。

羅比諾維奇寫道：「齊拉身旁的人一直發出開戰警訊，然而以色列的命運懸於一線時，齊拉在危機中始終保持冷靜，認爲開戰的可能性不只是低，還是『非常低』。他說自己的任務就是幫全國降血壓。除非眞的有必要，不會驚動人民。要不是他，以色列的後備軍人每一兩個月就會被動員一次，帶來經濟與士氣上的重大損失。」

一九七三年夏天來臨時，齊拉成爲全以色列最具影響力的領導人物，他的任務依舊是減少不必要的焦慮，讓衆人看到有條不紊的評估方法可以避免胡亂猜測。以色列人民希望不必再時時刻刻擔心開戰，而齊拉給了人民想要的東西，在政壇上一步登天的時機指日可待。

二

請想像一下，現在有人請你塡寫問卷，勾選在多大程度上同意題目中的四十二句話，例如：

我認為條理分明是重要的人格特質。
建立有條不紊的做事方法讓我的人生更美好。
我喜歡不按牌理出牌的朋友。
我喜歡和看法跟我很不一樣的人來往。
我的個人空間通常很凌亂。
有人猶豫不決時，我很不想聽這種人說話。

馬里蘭大學（University of Maryland）的研究團隊在一九九四年第一次公布這個測驗，測驗內容後來變成標準的性格測驗題目。乍看之下，那些問題想找出填答者多偏好秩序、多能忍受不同觀點。研究人員的確發現，這個測驗能找出受試者的決斷力與自信程度，而相關特質又與一個人的一生能否成功有關。有決心、目標明確的人一般比較努力，做事速度快，婚姻持久，與朋友的交情也深，而且通常薪水較高。

不過馬里蘭大學問卷真正的目的，並非找出受試者井井有條的程度，而是想知道他們的「認知閉合需求」程度（need for cognitive closure）⑤，心理學上這個詞彙的定義是「相較於困惑與模稜兩可，希望能自信判斷一件事的程度」⑥。多數人填答這個測驗時，答案一半一半，有時偏好人生有秩序，有時偏好混亂，例如他們說自己喜歡秩序，但坦承桌子一團亂。此外，人們討厭猶豫不決的人，但身邊還是會有不太可靠的朋友。不過雖然一般人沒那麼絕對，兩成左右的填答人偏好個人秩序、決斷力與可預測性的程度高於平均，而且他們的成就大都高於其他人。這樣的人一般厭惡變來變去的朋友，也討厭模稜兩可的情境，情感上高度需要「認知閉合」。

渴望「認知閉合」在許多情境下會帶來競爭優勢，有這種性格的人比較可能自律，也比較可能被同伴視爲領袖，直覺就想做出判斷，而且做出判斷後堅持下去，不會瞻前顧後，猶豫不決。最優秀的西洋棋高手一般有高度的認知閉合需求，有辦法在高壓下依舊專注於解決問題，不會一直回想過去的錯誤。我們每一個人都渴望某種程度的認知閉合，有決斷力是好事，因爲我們得用一定程度的秩序管理自己才可能成功。此外，做完一個決定，接著又做下一個決定，不斷下決定會讓我們感到自己有生產力，覺得事情有進展。

認知閉合需求高很好，但也有附帶風險。當我們靠做決定滿足情感需求、靠著感覺有生產力使自己安心，就更可能倉促下決定，而且做出不明智的決定後也不願意重新考慮。二〇〇三年《政治心理學》（*Political Psychology*）期刊一篇論文寫道：「認知閉合需求導致人在下判斷時產生偏見」⑦，讓人剛愎自用，仰賴權威，不願與他人合作。研究此一現象的亞理・克魯藍斯基（Arie Kruglanski）與唐娜・韋斯特（Donna Webster）在一九九六年寫道，認知閉合需求高的個人「可能展現不耐煩與衝動的個性，證據尚不完整就跳到結論，聽不進別人的話，不願意考慮不同觀點」。⑧

換句話說，想要有決斷力很好，但剛愎自用不好。如果匆忙做決定只是爲了讓自己感覺有進展，很容易走錯路。

研究人員指出，認知閉合需求會導致人們想要「抓住」（seize）目標，還想要「凍住」（freeze）目標，一旦選定目標後就不肯罷手⑨。決斷力強的人只要某個選項還算可以接受，就會直覺想

「抓住」那個選項。有時這種衝動是好事，因爲有了這種衝動，人才有辦法快點做事，不會一直猶豫，最後一事無成。

有衝動很好，但太衝動不好，不能一抓住目標就不肯放手，不能爲了感受到有進度而犧牲常識。《政治心理學》期刊的研究人員寫道：「認知閉合需求高的人一旦認定某件事，就算出現相反資訊，也不願意重新考慮或無視於新資訊。」換句話說，過度想要有生產力時，就算眼前出現要我們停下的警告標誌，我們也會視而不見。

有時說一就是一、說二就是二的感覺太過美好，我們明知自己正在犯下錯誤，依舊嘴硬，不肯改變主張⑩。

●●●

一九七三年十月一日，也就是齊拉預測開戰的可能性「非常低」的六個月後、贖罪日戰爭正式開打五天前，以色列的年輕情報員班雅明．席曼—托夫（Binyamin Siman-Tov）通知台拉維夫的長官，大量埃及軍隊晚間在西奈集結，邊界滿是埃及船隻，預備將武器送至運河對岸的造橋材料都運到了，守在前線的士兵沒見過那麼大型的軍事準備。

齊拉已經在一週前接獲多份類似報告，但沒放在心上，依舊告訴下屬，埃及的戰機與飛彈都不足以打敗以色列，所以不用緊張。齊拉在心中緊抓著自己的評估標準不放，況且他還有其他事要關切。他心心念念之事，就是改造軍情局文化，他要改變軍方處理威脅分析報告的方式，讓軍情局不再每天吵個沒完，因此他宣布局內將依據情報的準確度考核情報人員。烏里．巴爾—喬瑟夫（Uri Bar-Joseph）與羅比諾維奇兩位史學家寫道：齊拉與副手「沒耐性反反覆覆討論，他們覺得那些都是『屁話』」。齊拉「如果覺得情報員沒準備好就來開會，便會羞辱他們。人們不止一次聽到他說，宣稱一九七三年春天就會開戰的人員，一個都別想升官」。⑪軍情局雖然依舊容忍內部辯論，「然而一旦某個說法成形，大家都緊守著那個說法，沒有人可以在組織之外發表不同意見。」⑫

齊拉說軍情局應該做出榜樣，他的任務就是提供答案，而不是讓大家曠日廢時討論個沒完。曾有下屬憂心埃及軍近日的動員情形，向齊拉請求調動幾名後備軍人分析最新情況，結果接到電話：「約爾（Yoel），你聽好了，軍情局的任務是安撫全國神經，而不是讓民眾緊張到發瘋。」動員的請求被否決。

一九七三年十月二日與三日，到處都是埃及軍集結的景象，而且敘利亞邊界也有動員情形。憂心的梅厄總理再度下令召開會議，齊拉的部門再次表示沒理由擔心，埃及與敘利亞的空軍依舊不堪一擊，也沒有能夠威脅台拉維夫的飛彈。六個月前不同意齊拉說法的軍事專家，這次變成應聲蟲。一位將軍告訴總理：「可見的未來沒有具體危險」。梅厄總理後來在回憶錄裡寫道，她在開會前很憂心，但軍情局的評估讓她鬆了一口氣，她覺得自己在全國需要休生養息時選對人了。

情報員席曼—托夫發出警訊七十二小時過後，以色列的情報人員得知蘇聯緊急動用飛機，將蘇聯顧問及家眷載離敘利亞與埃及。電話竊聽顯示，俄國家屬被命令立刻前往機場。空照圖也顯示蘇彝士運河一帶，以及敘利亞控制下的戈蘭高地區域，集結了比先前更大量的坦克車、大炮與對空防禦武器。

十月五日星期五早上，也就是情報員席曼—托夫發出警告四天後，包括齊拉在內的以色列高級軍事將領，在國防部長達揚的辦公室集合。先前在六日戰爭立功的達揚非常頭疼，埃及在蘇彝士運河部署了一千一百座大炮，空中偵測也顯示大批軍隊已經集結完畢。達揚斥責：「你們沒把阿拉伯人當一回事。」國防軍的參謀總長也覺得大家過於輕忽警訊，那天稍早，已經下達一九六七年以來最高級別的軍事警戒令。

儘管種種證據擺在眼前，齊拉依舊有一套敵軍為何動員的解釋，他說埃及是在防備以色列入侵。埃及沒有新戰機，也沒有飛毛腿飛彈，阿拉伯領袖知道攻擊以色列根本是在自殺。齊拉說：「我不覺得埃及人或敘利亞人會開戰。」

眾人移往梅厄總理辦公室開會，梅厄總理要大家報告最新情形。參謀總長知道在猶太最神聖的節日調動後備軍人，將引發民眾強烈抨擊，因此他說：「我依舊認為他們不會攻擊，但我們沒有確切資訊。」

齊拉跟在後面發言，提出埃及與敘利亞人會攻擊以色列「根本是無稽之談」。就連蘇聯撤離顧問一事，齊拉都有一套合理解釋：「或許俄國人覺得阿拉伯人會展開攻擊，是因為他們太不了解阿拉伯人。」雖然齊拉這樣解釋，以色列人非常了解自己的鄰居。稍後以色列將領向內閣簡報時，齊拉依舊重申「開戰的可能性非常低」。大軍集結只是埃及人想保護自己，或是他們在進行軍事演習，阿拉伯領袖沒那麼不理性。

齊拉抓著自己的解釋不放，不願重新考慮開戰的可能性，一心認為「埃及與敘利亞清楚自己贏不了，所以不會展開攻擊」，堅守自己定下的不讓以色列恐慌的目標。

隔天一早，贖罪日戰爭揭開序幕。

天還沒亮，情報特務局局長通知衆人，極爲可靠的埃及內線告訴他，埃及將在傍晚展開攻擊。梅厄總理接到電話，國防部長達揚接到電話，參謀總長也接到電話。所有人在天亮時衝進辦公室，開戰機率一下子反轉。

對戰事一無所知的以色列民衆展開贖罪日祈禱，街上一片靜悄悄，所有人攜家帶眷聚集在家中或猶太會堂，早上十點，也就是敵軍在以色列邊境集結整整六天後，以色列軍方終於發布調動部分後備軍人的命令。會堂裡，主持儀式的拉比緊急念出必須到軍隊報到的信衆名單。埃及與敘利亞已經籌劃聯合進攻數月，坦克車與大炮也已經排好陣勢數週，但這還是以色列民衆第一次聽到國難當頭。以色列邊境現在站著超過十五萬敵軍，預備好從兩個方向分頭進攻，另外還有五十萬士兵等著發動第二波攻勢。數十年後，當時的機密文件解密，其實埃及總統一直以爲以色列知道他要進攻。怎麼可能不知道？所有的士兵和武器都搬到邊境了。

梅厄總理在中午召開緊急內閣會議。《以色列時報》（*The Times of Israel*）描述當時的場景：「總理面色蒼白，目光低垂，平日梳理整齊的頭髮亂糟糟的，看起來一夜沒闔眼……她詳細報告過去幾天發生的事件，包括阿拉伯人在邊境集結的軍隊突然看起來不對勁，蘇聯緊急自埃及與敘利亞撤離顧問家屬，空照圖顯示了種種跡象，不過軍情局認爲儘管有種種證據，開戰的可能性依舊不高。」梅厄總理最後宣布結論：以色列最快將在六小時內就會被入侵。

《以色列時報》寫道：「各部會首長不敢相信自己的耳朵，先前沒有任何人告訴他們阿拉伯人正在動員，而且多年來他們一直被告知，就算是在最糟糕的情況，軍情單位也至少會在戰爭爆發

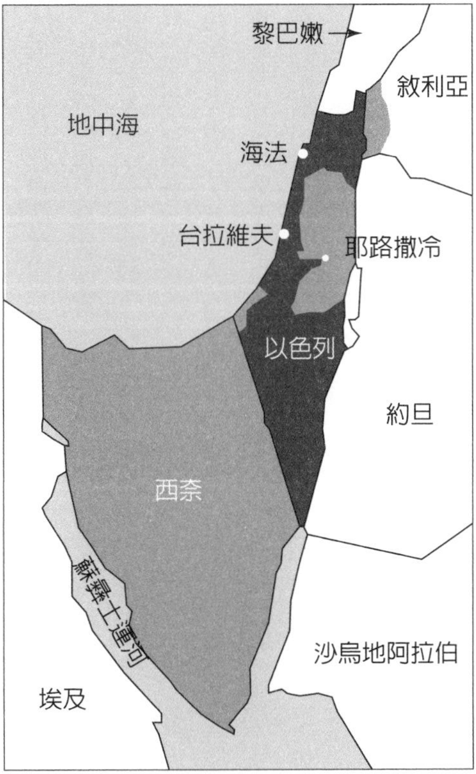

四十八小時前，提出必須動員後備軍人的警告。」⑬然而現在他們卻聽到六小時內以色列就得兩面作戰，而且目前只動員了部分後備軍人，今天又是節日，不曉得能多快召集士兵到前線。

眞正的開戰時刻，甚至比梅厄總理預期的還快。內閣召開會議兩小時後，一萬顆埃及炮彈落至西奈半島，下午四點，兩萬三千名埃及前鋒軍穿越蘇彝士運河。日落時，敵軍與以色列領土只離三點二公里，五百名以色列士兵被殺，而且敵人馬上就要抵達亞美特城（Yamit）、亞伏夏隆城（Avshalom），以及一座以色列

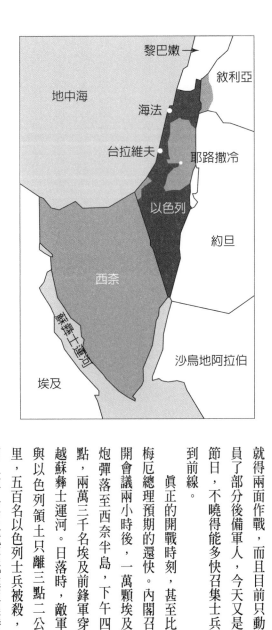

空軍基地。敘利亞也在同一時間展開攻擊，帶著士兵、飛機、坦克車入侵戈蘭高地。

接下來二十四小時，以色列還在忙著調動軍隊，埃及與敘利亞繼續深入西奈半島與戈蘭高地，十萬名敵軍進入以色列。以色列花了三天才止住埃及攻勢，接著再花兩天組織阻擋敘利亞的力量，優異軍備發揮作用，敘利亞軍隊被趕出以色列邊界，一千五百台坦克被迫拋下一千台。幾天後，以色列國防軍開始炮轟敘利亞首都大馬士革郊區。

當時的埃及總統艾爾．沙達特（Anwar Sadat）爲進一步占領西奈半島，冒險深入半島兩處重要戰略地點，最後賭輸，以色列軍迫使埃及軍後退。十月十五日，也就是埃及展開攻擊九天後，以色列穿越蘇彝士運河，開始反攻埃及本土。埃及部署在運河周圍的第三軍，一週內被以色列切斷補給後援，北方的第二軍也幾乎被團團包圍，眼看戰爭就要輸了，沙達特總統下令停火，美國與蘇聯領袖也施壓要以色列收手，雙方在十月底停戰，贖罪日戰爭最後在一九七四年一月十八日正式結束。以色列成功趕跑入侵的敵人，但損失慘重，死傷超過一萬人，埃及與敘利亞方面也估計損失三萬人⑭。

以色列報紙在戰爭一週年紀念日寫道：「我們的某些東西在去年贖罪日被摧毀，國家的確得救，然而我們的信念有了裂痕，信任被摧毀，心被狠狠插了一刀，整個世代幾乎成爲失落的一代。」⑮

歷史學者庫馬拉斯瓦麥（P. R. Kumaraswamy）後來也寫道：「即便過了二十五年，贖罪日戰爭依舊是以色列史上最慘痛的時期。」⑯時至今日，以色列人民心中的創傷依舊未能癒合。

齊拉的原始目標是讓民衆不必再焦慮，政府官員也跟著他的意見走，然而由於他們急著提供信心十足的答案，急著表現出決斷力，急著不給模稜兩可的訊息，反而害得以色列差點亡國。

三

十五年後，在世界的另一頭，全球最大的企業奇異公司（General Electric）正在煩惱非常不一樣的目標。高層請來南加州大學（University of Southern California）的組織心理學家，想知道爲什麼公司幾間工廠效率低落。

一九八〇年代晚期，奇異公司是全美總市值第二的公司，僅次於艾克森美孚石油（Exxon），旗下事業無所不包，包括燈泡、飛機引擎、冰箱、鐵路，並持有ＮＢＣ電視網股份，等於是《歡樂酒店》（*Cheers*）、《天才老爹》（*The Cosby Show*）、《洛城法網》（*L.A. Law*）等數百萬家庭準時收看的熱門節目背後的老闆。奇異員工超過二十二萬，人數超過美國許多城市的人口。奇異的主管最喜歡對外誇耀，他們會那麼成功，都是因爲善於選擇目標[17]。

一九四〇年代，奇異公司正式採用後來成爲全球典範的目標設定法。一九六〇年代，每一位奇異員工都得在給經理的信上，寫下自己一整年的目標。哈佛商學院史學家在二〇一一年寫道：「簡單來講，『給經理的信』就是每位員工得寫一封信給上司，報告自己接下來有哪些目標，還要寫出自己將依據哪些標準達成目標。主管會和員工討論並修改內容，通過之後，那封信就成爲工作契約。」[18]

到了一九八〇年代，這套目標設定法進一步成爲「ＳＭＡＲＴ目標」（SMART goals），每一位奇異部門的主管每一季都得說出自己的ＳＭＡＲＴ目標，那些目標必須明確（Specific）、有辦法

SMART目標

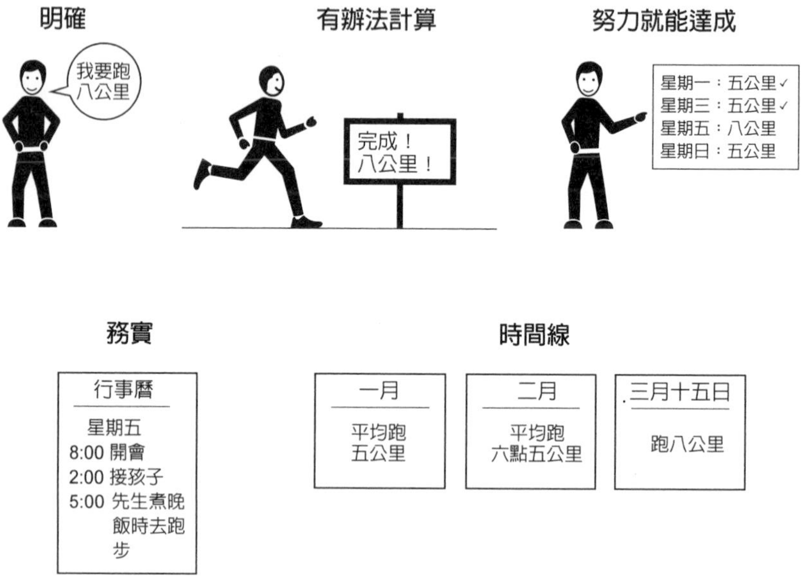

計算（Measurable）、可能達成（Achievable）、務實（Realistic），而且設定好什麼時間要完成什麼事情（Timeline）。換句話說，部門主管定出的目標必須可行，而且能寫成具體計劃。

目標如果不符合五個SMART標準，就得一遍又一遍修正，直到上頭批准爲止。二〇〇七年退休的奇異人資長威廉・康納提（William Conaty）表示：「重點是目標要具體。我們的經理嘴邊總是掛著『具體細節是什麼？』『時間怎麼安排？』『向我證明這件事可行』。SMART法能夠成功的原因，在於弄清楚那幾件事之後，差不多就知道該怎麼做。」

奇異公司SMART文化十分興盛，上下一心，中階經理利用公司提供的SMART圖表提出每月目標，並用SMART工作表將個人的目標化爲行動計劃。此外，奇異的SMART目標背後有一套完整的科學依據。

一九七〇年代，心理學教授艾德溫・洛克（Edwin Locke）與蓋瑞・萊森姆（Gary Latham）做實驗找出最佳的目標設定法，協助奇異公司擬定SMART標準⑲。萊森姆一九七五年的實驗，是請某大企業四十五位最有經驗、生產力最高的打字員打一段文字，找出他們的打字速度⑳。幾位打字員知道自己平日是全公司最厲害的人，不過從未實際計算過自己有多快。研究人員發現，每位打字員平均每小時可以打九十五行字。

接下來，研究人員依據每位打字員先前的成績，給每個人明確的目標，例如一小時要進步到打九十八行字，研究人員還教打字員快速得知自己每小時打字速度的方法，並且還和每位打字員先聊過，確認目標有可能達成、需不需要協助，不行的話再調整，每個人時間表不一樣。研究人員與打字人員的對話並不長，一個人可能只有十五分鐘，不過聊完之後，每位打字員都會清楚知道自己接下來的任務，也知道如何計算自己是否達標。換句話說，每一位打字員都拿到自己專屬的SMART目標。

實驗結果出來之前，有的研究人員猜想打字員的績效不會因此受到影響，畢竟他們全都是有多年經驗的專業人士，過去二十年間每天都打八小時字，光是聊個十五分鐘，不至於影響打字速度。

然而一星期後，研究人員再度計算打字速度，結果平均每位打字員一小時可打一〇三行字，再過一星期甚至變成一一二行，大部分的打字員遠遠超過原本設定的目標。研究人員擔心，打字員想在他們面前表現，所以才進步那麼多，因此三個月後再度悄悄計算每一個人的打字速度，結果發現還是和實驗時一樣快，有的打字員甚至又更超前了。

二〇〇六年，洛克與萊森姆在目標設定研究回顧中寫道：「四百份左右的實驗室與田野研究都顯示，相較於簡單、模糊、抽象的目標，例如要人『盡全力去做』，不易辦到的明確目標更能帶來高績效。」除此之外，SMART式的目標通常能激發員工自己也不知道的潛能，因爲SMART迫使人們把模糊的願望化爲具體計劃。要讓目標明確，而且還要證明可行的話，就得找出必要步驟。如果執行一陣子發現太好高騖遠，就要修正目標。此外，光有良好目標還不夠，還要定出時間表與評估標準，按表操課。

萊森姆告訴我：「把目標分解成SMART元素時，讓人從光是希望某件事能成眞，變成不得不找出實際的辦法。」㉑

奇異執行長傑克．威爾許（Jack Welch）一向對外表示，奇異股價能在八年間飆漲成三倍以上，就是因爲堅持執行SMART目標，然而強迫定出明確目標，不代表奇異所有的部門就此順利運轉，有的部門雖然設定了SMART目標，依舊沒有優異表現，或是有時獲利，有時又賠錢，看似在成長，突然間又衰退。到了一九八〇年代晚期，奇異在北卡羅萊納州的核電設備廠，以及麻州的噴射發動機廠，開始讓奇異高層擔心不已，兩個部門原本是公司的金雞母，如今卻落後其他部門。

高層原本還以爲，這兩個部門只是目標定得不夠好，一遍又一遍要求工廠經理重寫更爲詳細的目標備忘錄，所有的經理努力提出很詳細、很明確、很實際的目標，完全符合每一條SMART標準。

然而利潤還是一直下滑。

奇異的內部顧問於是組隊造訪位於北卡羅萊納州威明頓（Wilmington）的核電設備廠，請那裡的人員介紹自己每週、每月、每季的目標，例如一名主管解釋，他的SMART目標是防止反核人士在員工進廠時騷擾他們，因爲他覺得大家的士氣受到打擊。那位主管提出蓋圍欄的SMART計劃，目標明確又合理（圍欄要長十五公尺、高二點七公尺），有時間表（二月前要完成），而且也可能達成（已經請好包商）。

走訪完核電設備廠後，顧問團拜訪麻州林恩（Lynn）的噴射發動機廠，也與員工訪談，例如行政助理告訴他們，自己的SMART目標是訂購工廠的辦公文具。助理給顧問團看自己的SMART表，上面有明確、可衡量的目標（「訂購釘書機、筆、桌曆」，「六月前要完成」），而且那個目標實際可行，也有時間線（「二月一日下訂單，三月十五日詢問進度」）。

顧問團發現，兩座工廠的SMART目標都十分明確，但也十分瑣碎。員工花了無數小時確保目標符合每一條SMART規範，但沒有花時間先確定那些目標值得做。核電廠警衛寫下極度詳細的防竊目標備忘錄，也定出計劃。顧問布萊恩．巴特勒（Brian Butler）指出：「核電廠警衛的目標簡單來講，就是在每個人每次進出工廠時都要搜查隨身物品，造成出入大排長龍。那個做法或許眞能防賊，但也嚴重破壞工廠生產力，因爲每個人知道排隊要排很久，還沒到下班時間，就提早收拾東西走人。」顧問團發現，就連工廠的資深主管也落入陷阱，過度執著於定出可行但瑣碎的計劃，目光放在不重要的短期目標，未能著眼於大方向。

顧問詢問員工，公司這麼重視SMART目標，他們有什麼感覺。顧問原本以爲大家會抱怨繁瑣的官僚制度很煩人，他們也想要有大目標，但是每天都被要求重寫SMART目標，然而員工都說自己很喜歡SMART制度。負責訂購辦公室文具的行政助理說，完成目標讓她很有成就感，有時工作早已完成，她還是會寫一份SMART備忘錄，放進標著「完成」的文件夾，完成目標讓她心情很好。

研究SMART等目標架構法的人員表示，這種情形並不罕見。目標制度雖然有用，人們希望完成目標的欲望，有時卻反而會破壞生產力。洛克與萊森姆在一九九〇年寫道：SMART型的目標「可能導致認知隧道，讓人把力氣都放在立刻就能見到成效的目標」。㉒實驗顯示，有SMART目標的人容易緊抓著最簡單的工作不放，過度執著於完成專案，而且一旦設定目標後，就不肯更動優先順序。萊森姆表示：「你的心態會變成快點畫掉待辦清單上的事項，不去問自己做的事有沒有意義。」㉓

奇異高層找出問題後，依舊不曉得該如何幫助自己的工廠，一九八九年時向南加大商學院院長史蒂夫．柯爾（Steve Kerr）求助㉔。柯爾是目標設定心理學的專家，他訪問核電設備廠員工後發現，「很多員工士氣低落，他們選擇核能這份工作是因爲想讓世界更美好，然而發生三哩島（Three Mile Island）與車諾比（Chernobyl）等輻射外洩的事件後，這個產業天天被民衆抗議，在媒體上被修理得很慘。」工廠員工和主管告訴柯爾，設定短期的可行目標，是工作上少數能讓他們心情好起來的事。

柯爾教授認爲，改善核電設備廠績效的唯一辦法，就是讓員工不再把全部的心力都放在短期目標，恰巧奇異正在幫高階主管舉辦一系列「合力促進會議」（Work-Outs），鼓勵大家把目標放遠，定出長期計劃㉕，柯爾擴大適用範圍，讓核電設備廠的一般員工也能參加相關活動。

「合力促進會議」的原則很簡單，員工可以提出任何他們覺得公司應該追求的目標，什麼都可以，不需要符合ＳＭＡＲＴ表，也不需要寫備忘錄。柯爾教授告訴我：「原則就是什麼都行。」員工提出建議後，經理必須快速核准或否決每一條建議，通常是當場就決定。柯爾教授表示：「我們希望營造出說ＹＥＳ的環境。如果能先協助大家找出大目標，詳細的執行計劃以後再說，就能鼓勵宏大一點的思考。萬一員工提出的點子有點普通，經理還是應該說ＹＥＳ，因為就算沒比目前已經在做的事好多少，那個提議是大家一起提的，績效會好很多。」㉖柯爾教授的方法是只在所有人都同意一個目標之後，才開始正式找出如何讓那個目標可行又符合ＳＭＡＲＴ標準㉗。

在奇異麻州引擎廠的合力促進會議上，一名員工告訴主管，他們不該外包磨床的防護罩製造，自己做可以節省一半成本，接著那名員工又拿出一張畫滿藍圖的牛皮紙。那個提案一點都不「ＳＭＡＲＴ」，大家不曉得是否可行，也不知道要採取什麼標準，不過工廠最高階的主管看了看藍圖，拍板定案：「我想我們就試試看。」

麻州引擎廠接著用專業手法重畫提議者的藍圖，定出ＳＭＡＲＴ目標，四個月後生產出第一個原型，成本只要一萬六千美元，比外包便宜八成以上。麻州引擎廠那一年因為合力促進會議上的一個點子，就省下二十萬美元。工廠組長比爾．狄茂（Bill DiMaio）表示：「每一位員工都像打了強心針，躍躍欲試，搞不好提出下一個好點子的人就是自己。」㉘

柯爾教授接著協助奇異把合力促進計劃推廣到全公司，至一九九四年，每一位員工都至少參加過一次相關講座，其他公司的主管看到奇異的利潤與生產力有所提升，也開始模仿，至一九九五年，已有數百家公司執行自家版本的合力促進計劃。柯爾教授在一九九四年全職加入奇異，最終擔任奇異的「學習長」。

柯爾表示：「合力促進會成功，是因爲平衡了立刻看到成效的心理需求，以及用遠見思考的自由。兩者必須平衡，因爲人會回應四周的環境，如果一直被要求立即帶來成效，我們的腦袋只會想著可能做到的目標，不可能有遠大的夢想。」

合力促進很有效，但也並非完美無缺。開相關會議得花掉每個人一整天的時間，大家都參加，工作進度就會被拖累，一個部門或一間廠房一年頂多只能進行一兩次合力促進活動。除此之外，雖然開完合力促進會議後，大家都會很興奮、很想帶來改變，但通常只有短期效果，過了一個星期後，每個人又變回老樣子。

柯爾團隊想帶來永久的長期視野，可是究竟要怎麼做，才能讓員工隨時隨地都有遠見？

四

一九九三年，已經擔任奇異執行長十二年的威爾許造訪東京，參觀醫療檢驗設備廠時，聽到日本鐵路系統的故事㉙。

日本在一九五〇年代，尙處於二戰過後的百廢待舉，急著提振國內經濟。日本有很大一部分人口住在東京與大阪，兩座城市之間僅隔著一條約五一五公里的鐵路。每一天，數十萬人往返東京與大阪，兩地大部分的工業原料都靠鐵路運輸，然而日本崎嶇多山，鐵路系統又很落後，短短的五一五公里，一坐就要二十小時，因此一九五五年時，日本國鐵長對全日本最優秀的工程師下挑戰書，要他們發明出更快的火車㉚。

六個月過後，工程團隊揭曉新火車的模型，每小時時速可達一〇四公里！以當時的技術來說，一〇四公里已經是全球最快的客車速度，但是日本國鐵長說還不夠快，他想要時速一九三公里㉛。

工程師向國鐵長解釋，他的目標不切實際，要是時速高達一九三公里，轉彎時離心力會讓火車脫軌。時速一一二公里比較實際，或許還可以想辦法提高到一二〇公里，再快的話，火車車體承受不了。

國鐵長問：爲什麼火車需要轉彎？

工程師回答：因爲東京和大阪之間有很多山。

爲什麼不挖隧道？

因爲如果挖那麼長的隧道，成本等同東京的二戰重建費用。

三個月後，工程師又揭曉新模型，這次的引擎每小時可跑一二〇公里。鐵路長說不行，時速一二〇公里還不足以振興整個國家，一點點的進步，只會帶來一點點的經濟成長。如果要重新打造日本的運輸系統，鐵路的每一個細節都要重新設計。

接下來兩年，工程師實驗各種新招，像是讓每節車廂都自帶動力，還設計出可以降低摩擦力的傳動裝置。此外，他們發現新型車廂太重，原本的鐵軌承受不了，因此鐵軌也得強化，打造出更耐久的鐵軌材質後，火車時速又能加快零點八公里。大大小小的幾百個進步，每一個都讓火車又多快一點點。

一九六四年，全球第一台子彈列車「東海道新幹線」從東京出發，一路呼嘯而過，穿越打通山脈的隧道，首航只花了三小時五十八分鐘就抵達大阪，平均時速一九三公里。數百位民衆不睡，守在大阪等著列車抵達。很快的，其他路線的子彈列車開始穿梭於日本各個城市，日本的經濟一下子振興起來。二〇一四年的研究指出，日本當時能一路成長到一九八〇年代，子彈列車是大功臣㉜。日本爲世界帶來子彈列車技術的十年內，法國、德國、澳洲也展開高速鐵路計劃，全球的工業設計爲之一新。

奇異執行長威爾許聽完子彈列車的故事後，覺得有如神啓，回美國後告訴柯爾教授，奇異需要的就是類似願景，整間企業要動起來勇於築夢。奇異要更上一層樓的話，每一名主管，每一個部門，除了要按時完成明確的可行目標，也得定出難如登天的「登月目標」（stretch goal，又譯「延展性目標」），野心要大到至少主管一開始不曉得要如何達成目標。執行長下令，每一個人都得擁有「子彈列車思考」㉝。

威爾許在一九九三年寫了一封股東信，信上說：「如果是在三、四年前，登月目標在奇異如果不被恥笑，至少也會被偷笑，因爲等於是痴人說夢，然而如果立刻知道該怎麼做，就不叫登月目標。」

威爾許自日本回美國六個月後，奇異每一個部門都提出登月目標，例如飛機引擎部門宣布要讓不良率減少二五％。老實講，部門經理偷偷算過，那個目標是小菜一碟，他們找到的引擎瑕疵都很小，大都是外觀上的問題，例如線有點對不準，或是不重要的小刮痕。要是引擎本身有什麼大問題，早在出廠前都會被修正，所以只要雇用認眞一點的員工，不費吹灰之力就能減少外觀問題。

威爾許說，好，目標就定成減少瑕疵。

只不過不是減少二五％，而是七〇％。

經理說，太荒謬了，引擎是非常精細的東西，每一台都重達五噸，而且零件超過一萬個，不可能減少七成錯誤。

威爾許說，你們有三年時間。

部門經理開始驚慌，但接著定下心來，開始分析過去十二個月記錄有案的每一個錯誤。他們很快就發現，光是雇用細心的工人還不夠，要減少七成錯誤的唯一辦法，就是讓每一位員工都是品管員，每一個人都得負責抓錯，然而工廠員工的機械知識，大都不足以抓出每一個小問題，於是經理決定，唯一的辦法就是大規模重新訓練員工。

然而重新訓練員工還不夠。訓練九個月之後，錯誤率只減少一半，因此經理開始雇用有技術背景的員工，原本就懂引擎的人，比較容易找出被漏掉的問題。奇異的北卡羅萊納州德罕（Durham）ＣＦ６引擎廠決定，找到正確員工最好的辦法，就是只雇用有ＦＡＡ引擎製造證照的人，然而這種員工原本就搶手，別的工廠也想要。爲了吸引這樣的人才，德罕廠的經理招募員工時表示，奇異給人更多自主權，大家可以自由排班，自由組隊，然而如果要讓員工自由安排，工廠就得拋棄原本的集中式管理，由小組自行管理自己的工作流程[34]。

威爾許給了飛機製造部門減少七成錯誤的登月目標，這個目標實在太大，唯一的辦法就是幾乎什麼都要改，包括(a)員工訓練方式；(b)員工聘雇方式；(c)工廠的管理制度。德罕廠的經理終於搞定的時候，原本的組織圖已經面目全非，所有人的工作職責重新調整，面試新人的方式也完全改變，因爲工廠現在需要更能團隊合作、頭腦更靈活的人。換句話說，威爾許的登月目標引發了連鎖反應，德罕廠得以用前所未有的方式製造引擎。到了一九九九年，每台引擎的瑕疵率下降七成五，而且工廠創記錄連續三十八個月不曾延遲交貨，每年製造成本持續減少一〇%，從來沒有SMART目標能創下這樣的佳績[35]。

大量的學術研究探討了登月型目標的影響力，最後得出的結論很一致：人們不得不追逐過於雄心壯志、看似不可能完成的目標時，將帶來不可思議的創新與生產力。例如一九九七年摩托羅拉（Motorola）的研究發現，全公司都進行登月目標後，新產品的研發時間只要先前的十分之一[36]。探討3M公司的研究發現，登月目標帶來了思高膠帶（Scotch tape）與新雪麗保溫材料（Thinsulate）等新發明[37]。登月目標還讓聯合太平洋鐵路（Union Pacific）、德州儀器（Texas Instruments），以及華盛頓特區與洛杉磯的公立學校，全都煥然一新。許多減掉驚人體重還成爲馬拉松選手的人士，也是因爲有遠大目標而脫胎換骨。

二〇一一年的《管理學會刊》（*Academy of Management Review*）指出，登月目標「讓人無法自滿於過去的成就，不得不採取新思維，一起向上提升，把目標放在嶄新的未來。組織精神爲之一振，帶動全體一起實驗，一起創新，一起多方研究，一起用玩心學習新事物」[38]。

登月目標十分神奇，然而有一點絕對不能忘記。研究顯示大膽的目標可以帶來創新，但同時也會帶來驚惶失措，目標要是眞的過大，大家會覺得做了也沒用。團隊究竟會出現不可思議的成效，也或者士氣會瓦解，常在一線之間。登月目標如果真要讓公司登月，通常還得搭配腳踏實地的ＳＭＡＲＴ方案。

爲什麼同時需要登月目標與ＳＭＡＲＴ目標？因爲光是有大膽的計劃，我們會驚惶失措。登月目標通常讓人不知從何著手，要讓登月不只是個夢，還得靠有紀律的鋼鐵意志，把遙遠的目標化爲一連串可能做到的短期目標。知道如何擬定ＳＭＡＲＴ目標的人士，通常很熟悉把大目標分解成小目標的組織文化，因此碰上看似過於龐大的任務時，也知道該怎麼做。「登月任務」與「ＳＭＡＲＴ思維」加在一起，可以讓人連摘星星都沒問題。

舉例來說，杜克大學（Duke University）曾用校隊做過實驗，研究人員先是請運動員在一聲令下後，必須想辦法在十秒內跑完兩百公尺。受試者如果光是看著遠方的終點線，會覺得這個目標過於荒謬，世上沒有人能在十秒內跑完兩百公尺，最後的實驗結果是平均十秒跑完五九點六公尺。

幾天後，同一群運動員又被請到操場上，不過這次終點線擺在一百公尺之外而已。十秒鐘要跑完一百公尺依舊是太大膽的目標，不過也不是完全不可能，二〇〇九年超級運動員尤塞恩・柏特（Usain Bolt）創下的一百公尺世界記錄是九點五八秒。這一次，校隊運動員平均在十秒內跑完六三點一公尺。研究人員寫道：「以田徑標準來看，這已經是很大的進步」。

研究人員認爲，兩次的差別在於目標距離較短時，雖然依舊很不容易達成，有經驗的跑者會知道如何運用平日練習的心智模型，想辦法達成目標。換句話說，較短的距離，讓運動員有辦法把運動場上的登月目標拆成ＳＭＡＲＴ步驟。研究人員寫道：「我們找的受試者平日都在接受田徑訓練」[39]，因此遇上十秒鐘得跑一百公尺的目標時，他們知道如何想辦法。受試者會參考其他短跑經驗，把十秒百米拆成更小的目標，起跑後先全力衝刺，接著力求跟其他人保持一樣速度，剩最後幾秒再次全力以赴。相較之下，運動員被要求十秒就得跑兩百公尺時，他們沒有變魔術的方法，不可能把目標拆成可行的ＳＭＡＲＴ小步驟，純粹是痴人說夢。

滑鐵盧大學（University of Waterloo）[40]與墨爾本大學（University of Melbourne）[41]等機構做出的實驗結果很類似，登月目標的確可以帶來不可思議的新氣象，但前提是執行者得有辦法把目標拆成具體的小計劃。

我們的日常生活也是一樣，以待辦事項爲例，卡爾頓大學（Carleton University）的心理學家提莫西．皮裘（Timothy Pychyl）告訴我：「如果我們正確使用待辦清單，列出待辦事項是好事。有的人會說：『我喜歡寫下可以輕易畫掉的事項，因爲畫、畫、畫讓我感到愉快。』那種做法是錯誤的清單使用法，只能讓人心情好，無法增加生產力。」

很多待辦清單的問題，在於如果寫下數個短期目標，我們事實上是在享受每完成一件小事所帶來的滿足感，等於是在鼓勵前文提到的「認知閉合需求」，此時我們不問目標是否正確，只想抓住目標不放，結果就是把無數小時浪費在回覆不重要的電子郵件，沒把時間花在動腦寫下有遠見的重要備忘錄，因爲清空收件匣的感覺太棒[42]。

這樣說來，待辦事項應該全是登月目標？也不對，大家都知道，光是寫下大目標，無法保證自己就能做到，研究還發現萬一清單上都是做不太到的事，人們會氣餒，乾脆就算了。

簡單來講，我們要做的事，就是選擇一個目標，接著拆成具體的短期目標，問一問自己接下

目標設定流程表

這次的登月目標是什麼？
跑馬拉松

↓

明確子目標是什麼？
不間斷跑十一公里

↓

怎麼樣算成功？
每天跑兩圈公園，不能用走的

↓

這件事有可能辦到嗎？
有可能，只要我一星期跑三次的話

↓

這件事能配合現實生活嗎？
如果星期一、三、五都早點起床，就可能辦到

↓

時間進度怎麼定？
本週跑五公里，下週跑六公里，
下下週跑七公里……

來一天、一週、一個月眞的能做到的進度是什麼？明天與接下來三星期，我能跑多少公里？如果目標很宏大，我能列出哪些明確的短期步驟？時間要定多長才可能辦到？我有可能在接下來六個月或一年開店嗎？我要如何確認自己一直照著進度走？心理學把小小的野心步驟稱爲「近程目標」（proximal goals），研究也一再顯示如果把登月計劃拆成一個個近程目標，大目標將更

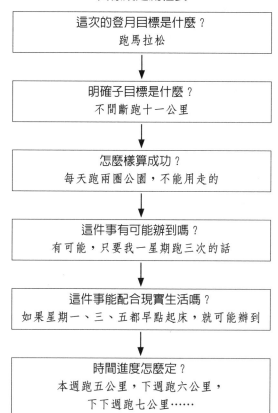

可能成眞。

舉例來說，心理學家皮裘擬定待辦事項清單時，先寫下登月目標，像是在最上方寫上：「做可以解釋目標／神經介面的研究」，接下來寫下實際要做的小事，例如：具體事項：「下載研究經費申請表。時間：明天之前要完成」。

皮裘表示：「那樣一來，我永遠都在告訴自己接下來的步驟，也順道提醒自己大目標是什麼，不會一直做簡單的小事，眞正重要的步驟卻拖著不肯做。」

簡言之，我們既需要登月目標，也需要SMART目標。如果不想叫「登月」或「SMART」，想取別的名字也行。此外，近程目標是否符合每一條SMART標準也不重要，重點是得有一個大野心，然後還得有一套擬定具體計劃的方法，接著一一畫掉清單上的待辦事項後，就離夢想愈來愈近了。目光要同時放在英明睿智的大方向，也要放在SMART型的小目標上。

柯爾教授告訴我：「我當時不曉得我們在奇異做的事，將影響世界上其他人。」奇異公司的SMART與登月目標，不斷登上學術研究與心理學教科書，還被美國各地的企業爭相模仿㊸。柯爾表示：「我們證明了光是用不同的方式看待目標，就能改變行爲。一旦掌握住箇中訣竅，就能所向無敵。」

五

贖罪日戰爭結束二十七天後，以色列國會成立全國調查委員會，調查爲什麼整個國家對這次的戰爭如此缺乏準備。委員會開了一百四十場會議，聽取五十八人證詞，梅厄總理、國防部長達揚、軍事情報局局長齊拉全部被傳喚。

調查人員最後的結論是「贖罪日戰爭開打前幾天，軍情局接獲無數警訊」[44]，沒理由讓以色列落入毫無防備的窘境。齊拉等軍情局人員無視於明顯的危險訊號，力勸其他首長不要遵從直覺。調查人員指出，軍情局沒有叛國的意思，但由於齊拉及其下屬過於堅決，過度執著於不願造成國人不必要的恐慌，他們忘記自己最重要的目標是保障以色列的安全。

政府公布調查報告一週後，梅厄總理辭職。原本是人民英雄的達揚從此不斷被輿論攻擊，直到六年後去世。齊拉也被解職，被迫離開公職生涯。

齊拉對於贖罪日戰爭的誤判，讓人再次看到設定目標沒那麼簡單，目標會影響心態。事實上，齊拉說服以色列領袖忽視明顯的戰爭警訊時，同時完美運用了登月目標與ＳＭＡＲＴ目標。他的大目標很清楚，他要讓以色列人民免於恐懼，而且他要終止究竟會不會開打的爭論。齊拉把這些大目標拆成小目標，找出明確、可測量、可達成、又實際的近程目標，而且一切都照著時間表走，一步一步重新打造自己的機構，做到洛克與萊森姆等心理學家建議大家做的一切事情，既完成大目標，也完成小目標。

以色列未能預期到敵人即將展開攻擊的最大原因，在於即便齊拉做了一切，但他太急於立功，一旦有了答案就抓著不放，不願重新思考其他可能性，也不准別人有異議。齊拉讓我們看到，就算有了登月目標和ＳＭＡＲＴ目標，還是不夠。我們除了必須有雄心壯志與精密計劃，還得不時跳脫平日的思考，想一想大目標是否依舊具有意義。換句話說，即便有了天衣無縫的計劃，**我們還是得不斷用腦袋反覆思考**。

二〇一三年十月六日，齊拉在贖罪日戰爭四十週年紀念日上，在一群台拉維夫的國防學者面前發表演說。當時他已高齡八十五歲，上台時步履蹣跚，聲音顫抖地念出講稿。齊拉說，他今天是來幫自己辯解，錯誤已經造成，但贖罪日戰爭不是他一個人的錯，現在每個人都知道自己得更小心，不能過度自信，那場戰爭所有人都有錯㊺。

觀眾席裡，齊拉先前的同僚站起來攻擊他：「你在編故事！你這個騙子！」㊻

齊拉回應：「這裡不是軍事法庭。」贖罪日戰爭不是單單一個人的錯誤，當時沒有人願意正視戰爭可能全面爆發的駭人未來。

齊拉靜默幾秒鐘，接著坦承自己當年的確犯了錯，他的錯是忽視看似不會發生的事，他理應深入研究每一種可能性，但他沒有。

齊拉告訴聽眾：「我通常會在口袋裡放一張小紙條，上頭寫著：『萬一不是這樣？』」那張紙條是齊拉的法寶，他用那張紙條提醒自己想要有決斷力、想要快點完成事情，有時反而不是好事，得問問更宏大的問題。

齊拉說，然而贖罪日戰爭開打前幾天，「我沒看小紙條，我錯就是錯在那件事。」

5 管理他人

用「精實」與「敏捷」思考偵破綁架案，以及放手讓人們去做的信任文化

一

星期六早上，陽光燦爛，遠處幾個孩子在踢足球，六十三歲的法蘭克．簡森（Frank Janssen）剛騎完單車回家，進屋就有人敲門。他往窗外望了一眼，一個女人拿著寫字板站在外頭，後頭還跟著兩個穿襯衫卡其褲的男人。做民調？來傳教？簡森不曉得這幾個人想幹什麼，只想立刻打發他們走①。

然而門一開，陌生男子強行進入，先是把簡森壓到牆上，接著又推倒在地，一個人掏槍抵住他的臉，另一個人拿出電擊棒，電到他動彈不得。兩人綑綁住他的雙手，塞進門口停著的銀色日產汽車（Nissan）後座，一左一右護衛，女人則坐在前座乘客座。簡森能動之後，用力推開身旁綁匪，但一下子被塞進座位下方，再次被電擊。綁匪用毯子蓋住簡森，車子朝西經過正在踢球的孩子，接著就上高速公路，消失在南下幹線。*

簡森太太約在一小時後到家，心中奇怪怎麼大門沒關，屋內卻沒人。先生的腳踏車放在車庫

旁，可能出去散步嗎？一小時後，簡森太太還是不見丈夫人影，開始擔心起來，在玄關東翻西找，看看先生有沒有留下紙條，卻見到門邊有幾滴血。跑出去一看，外頭血跡斑斑，簡森太太驚惶失措，打電話給女兒，女兒要媽媽報警。

簡森太太告訴警方先生是國防公司顧問，很快的，警車包圍現場，拉起黃色封鎖線。一群聯邦調查局探員跳下休旅車，開始採集指紋，照下草坪印痕。接下來兩天，探員逐一追查簡森手機的通聯記錄，也找上簡森的鄰居同事問話，但毫無頭緒。

二〇一四年四月七日半夜，也就是綁票案發生三天後，簡森太太的手機不停振動，一個不認識的號碼傳來數封簡訊，區碼是紐約市。

簡訊上寫著：**妳老公在我們手上，被載到加州，如果敢找警察，我們會把他分裝成六箱還給妳，再一個個找到妳的家人，帶到義大利慢慢折磨到死。不准報警，否則我們隨時開車拜訪妳的家人，殺光所有人，再丟手榴彈進妳家窗戶。**

簡訊除了威脅不准報警，還提到簡森的女兒，以及一個叫凱文．梅爾頓（Kelvin Melton）的人，突然間事情有了眉目。簡森的女兒科琳（Colleen）是維克弗斯特（Wake Forest）一帶的助理檢察官，幾年前曾起訴血幫（Bloods）大老梅爾頓，梅爾頓因爲持致命武器傷人，終身得待在牢裡。調查人員猜想，血幫綁走簡森是爲了報復他女兒，他女兒害老大被關。

幾個小時內，警方調閱簡訊通聯記錄，看看那支電話是否與幫派成員有關。警方找出區碼雖然顯示爲紐約市，其實發送自喬治亞州，然而這是在大賣場沃爾瑪（Walmart）用現金購買的一次性手機，買的人並未留下資料。調查人員無法從通聯記錄與收據找出手機主人身分，也不曉得那個人目前身處何方。

兩天後，又有不明號碼傳來簡訊，這次是亞特蘭大的區碼，上頭寫著：**送妳兩張妳老公的照片，如果明天之前沒說出我的東西在哪，我會開始折磨科琳爸爸。**照片中簡森被綁在椅子上。調查人員不曉得綁匪說的「東西」是指什麼，此外簡訊還要求了其他事，像是帶一包香菸給人在牢裡的黑幫老大梅爾頓，以及**傑夫（Jefe）要他的東西，而且他需要立刻有新手機，我們才能完事，如果他不馬上回，他們的人我們很麻煩。**警方不知道「傑夫」是不是指梅爾頓，還是指其他人，還有究竟爲什麼梅爾頓要人帶香菸給他，他自己在波克監獄（Polk Correctional Institution）就買得到。簡訊愈傳愈多封，提到的人名都不知道是指誰。**他知道你在玩他，告訴他法蘭農（franno）在我們手上，最好告訴我東西在哪，錢拿來，不然兩天內我就殺掉這些人。**調查人員一頭霧水，「傑夫」是誰？「法蘭農」又是誰？而且綁匪說要殺掉「這些人」，但目前只知道簡森一人被綁架。如果要報復起訴老大的助理檢察官，爲什麼要寄一堆不清不楚的簡訊？爲什麼沒要求贖金？聯邦調查局的探員覺得綁匪似乎沒有綁票計劃，也弄不清楚自己在幹什麼。

聯邦調查局請 Google 協助調查發生綁票案時，誰曾經搜尋簡森的地址。Google 回報有人用 T-Mobile 公司的可拋式手機查詢關鍵字「科琳簡森地址」，不過搜尋引擎提供的是科琳小時候的家

＊聯邦調查局看過本章摘要，該局的回應請見本章註譯。我曾多次致電與寄掛號信給簡森家人，不過並未得到回應。法院卷宗、訪談及其他資料提到的本案詳情請見註譯。本書寫成時，本案提及的可能犯罪活動尚未宣判，非確定之事實。進一步的細節以及嫌疑犯律師的回應，請見本章註譯。

裡地址，因此調查局有了新理論：綁匪其實是要報復科琳起訴梅爾頓，原本想綁科琳，卻意外綁到她父親。

這次寄來簡訊的綁匪手機，和先前的喬治亞手機一樣，也是拋棄式手機，不過這次調查人員前往手機公司時，運氣比較好，得知簡訊寄自亞特蘭大，而且那支手機最近接過另一個號碼B的電話，號碼B最近又和號碼C通過簡訊，警方查出號碼C是血幫成員的手機，打過近一百通電話給梅爾頓的女兒②。

調查人員開始懷疑這起綁票案的主使者是梅爾頓本人③。聯邦調查局打電話給波克監獄，請獄卒搜索梅爾頓的牢房，不過梅爾頓一看到警衛靠近，就堵住門，把自己的手機摔成碎片，得花好幾天才能救回資料。

聯邦調查局無法強迫梅爾頓合作，他已經被判處終身監禁，再多一條罪名也沒差，此外，手機救回來的資料也未能提供進一步的線索。調查人員花很多工夫查看手機店的監視影像，也調閱簡森住家附近的街道監視器，依舊沒什麼頭緒。聯邦調查局手上有數百條線索，有無數的點，但就是無法把點連在一起。

焦頭爛額之中，幾名探員把希望放在調查局最新的電腦系統「哨兵」（Sentinel），說不定那套複雜的軟體，有辦法提供眾人忽略的線索，不過其他人沒那麼樂觀。聯邦調查局早在十多年前，就開始運用新科技，號稱強大的新型工具將可協助破案，然而大部分的時候都徒勞無功。有一次調查局花了一億七千萬美元，結果只得到一用就會當機的搜尋引擎，最後乾脆在二〇〇五年放棄。二〇一〇年時，調查局再度放棄另一個系統，因為稽核人員得知，光是找出系統不能用的原因，就得再花數百萬美元。簡森被綁架的前幾年，調查局依舊在用非常過時的資料庫，大部分的探員懶得把調查時蒐集到的大量資料放進新系統，跟數十年前的老前輩一樣，乾脆回頭用紙本檔案和索引卡④。

二〇一二年，調查局再接再厲推出哨兵系統⑤。簡單來講，這個系統可以自動分類管理探員每天蒐集到的數萬條小線索、證據與證詞，還可以連線到其他執法單位的分析引擎與數據庫，協助找出犯罪模式。哨兵軟體的開發負責人是華爾街一名年輕人，年輕人說服聯邦調查局，只要向豐田汽車（Toyota）等企業學習「精實生產」（lean manufacturing）與「敏捷開發」（agile programming）⑥的精神，只需要幾名軟體工程師，就能在兩年內讓哨兵系統上線，後來還真的做到。

簡森被綁架時，哨兵系統已經上線，負責偵辦案件的探員，沒人對這套系統有信心，但眼看時間一分一秒過去，死馬當活馬醫也好。一名探員輸進偵查資訊，等著看哨兵系統會不會提供什麼有用線索。

二

瑞克・馬德里（Rick Madrid）戴著反光太陽眼鏡，穿著鐵娘子重金屬樂團（Iron Maiden）T恤、剪得破破爛爛的牛仔褲，準備到通用汽車（General Motors）的加州費利蒙廠面試。依據馬德里的說法，在一九八四年那個年代，那種都是洞的褲子是「北加州最強大的春藥」⑦，不過面試總是要尊重面試官，因此馬德里特別梳理鬍子，還搽了體香劑，但人總是要有底線，馬德里沒用袖子蓋住刺青⑧。

馬德里對費利蒙那間惡名昭彰的汽車工廠熟得很⑨，不管是地方上的人，還是全美國的人，大家都知道那是全世界最糟糕的汽車工廠，而且廠房兩年前關門大吉之前，馬德里一直在那裡工作，二十七年的時間，一天八小時拿著鐵錘，負責把輪胎框敲進正確位置。馬德里是聯合汽車工會（United Auto Workers, UAW）的忠實鼓吹者，平日還負責供應同事「神奇的螺絲起子雞尾酒」。馬德里混合高度數的伏特加與柳橙汁，倒進塑膠杯，卡進車架，車架被送到生產線每一站時，那一站的工人就可以喝上幾口。輸送帶跑得很順，酒幾乎不會灑出來，不過馬德里扔進後車廂的冰塊包，常把新車襯裡弄得歪七扭八，但倒楣的是以後買到那輛車的人，與他無關。馬德里說：「工作是打擾我休息的事，我是去賺錢的，我工作的品質怎麼樣，我不在乎，通用汽車也不在乎，公司只想用最快的速度生產出最多的車。」

不過馬德里在想，這次回老東家面試，事情大概會有點不同。通用這次會重啓費利蒙廠，是因爲他們最近跟日本人合作。對日本豐田來說，費利蒙廠讓他們能在美國本土生產汽車，這是進軍美國市場的大好機會。通用汽車那一方，則想趁機學習鼎鼎有名的「豐田生產方式」（Toyota Production System）。據說日本人靠著那套方式，用非常低廉的成本⑩，就製造出相當高品質的車。豐田和通用都覺得合作是好事，不過有一個問題：通用和工會有過協議，如果重新開廠，至少必須回聘八〇%兩年前被解聘的員工。就這樣，馬德里的朋友一個個出現，跑到更名爲「新聯合汽車製造公司」（New United Motor Manufacturing, Inc., NUMMI）的老東家面試。

馬德里覺得自己是太優秀的員工，雖然他一邊工作，一邊喝酒，老實講，跟同事的荒唐事跡比起來，喝點酒算不了什麼。沒錯，他有時會喝醉，跑到工廠存放雪佛蘭（Chevy）座椅的倉庫做愛，不過他才不像其他同事，一邊裝煞車踏板，一邊吸古柯鹼，也沒拿消音器的管子抽大麻。妓女在工會規定的休息時間準時出現在工廠攬客時，他也不像其他同事，在停車場的露營車上來一發。馬德里甚至從來不曾蓄意破壞自己製造的汽車，哪像同事會把威士忌空瓶放進車門板，或是故意弄鬆螺絲，讓賣出去的車子一直發出哐哐哐的聲響。

在通用汽車的年代，費利蒙廠因爲工人種種激烈反抗行爲，最後不得不關門大吉。工人只要覺得某個小手段可以增強工會力量，就會不惜一切。所有的工人都知道，只要生產線還在跑，不管在工廠搞什麼，沒人會被處罰。對公司來說，什麼都不重要，重要的是生產絕不能停下。工人有時會發現輸送帶上的組裝有問題，但不會動手處理，只用蠟筆或便利貼在上頭做個記號，看看是誰要去處理。等全部組裝完畢後，有問題的車會被拖到後面拆開，再修正錯誤。有一次，一名工人心臟病發作，摔進生產線，但所有人等組裝中的車子轟隆隆經過後才去救人，每一個人都知道，自家工廠的鐵律是天塌下來都不能停下生產線。

馬德里第一次的面試地點是一間小會議室，他的面前坐著一名工會代表、兩名豐田日本主管，以及一名通用經理。大家寒暄一番，確認馬德里的背景，請他算一些基本數學，回答一些組裝問題，看他懂不懂汽車製造。面試官問：你打不打算在工作時喝酒？馬德里說：噢，不會的，我戒酒了。面試一下子結束，不過馬德里起身離開時，日本面試官請他留步，問他先前在費利蒙廠工作時，他不喜歡哪些地方。

馬德里向來是個有話直說的人，他告訴面試官，他討厭明知道生產線上的車子有問題，還是得當作沒看到，繼續組裝，但裝好也沒用，最後還是得把車子全部拆開處理問題。此外，他也不喜歡上頭的人老是無視他的建議，有一次來了新的輪胎組裝機，他建議把控制鈕裝在另一邊，加快生產速度，甚至還自己畫好圖，向工程師解釋點子，但等他吃完午餐回來，新機器已經裝好，控制鈕還是在原本的位置。馬德里告訴面試官：「我得在左側操作機器，但所有的控制鈕卻裝在右側，感謝上帝那名工程師沒跑去造橋。」

馬德里告訴面試官，費利蒙廠在通用汽車的管理下，員工只是機器裡的小螺絲釘，「他們叫你做什麼，你做就對了。」沒人問他的意見，也沒人在乎他的想法。

馬德里把這些年來的怨言，一股腦統統倒給面試官，一路開車回家時，他很想殺了自己，他真的需要這份工作，剛才真該閉上大嘴巴。

幾天後，馬德里接到電話，日本主管感謝他有話直說，他被錄取了！不過首先他得到日本受訓兩週，學習豐田生產方式。十六天後，馬德里和其他二十幾名工人飛抵日本，第一站首先參觀位於豐田市郊區的高岡汽車廠。新聯合汽車製造公司的每一位員工，以後幾乎都會走一遍馬德里這次的行程。馬德里走進日本工廠，看見熟悉的生產線，也聽見熟悉的氣壓機嘶嘶聲，心想：幹嘛費這麼多工夫出錢讓我飛越半個地球受訓，這裡不是跟美國工廠一模一樣嗎？接待人員帶著大家簡單參觀一圈、做了一點講解後，馬德里走進廠房自由參觀，看著一名日本工人用氣動式螺絲起子，把螺絲釘一個一個裝進車門板。馬德里知道，接下來那些螺絲釘會被埋在一層又一層的金屬板塑料之下，組裝方式和加州的汽車廠一樣，只不過這裡的告示牌寫日文，還有廁所比美國乾淨很多。

日本工人又拿起一根螺絲釘，用氣動式螺絲起子鎖進門板，結果嘎吱一聲。哈！洞沒對準，螺絲卡到板子，這種事很常發生。馬德里等著那個日本人在門板上標出問題，等整部車都組裝好之後，再拖到後面修理，就跟他們在通用汽車廠一樣。最後會有人負責拆開門，修理問題，然後再把門裝回去，之後那輛車就不會完美密合，買到的倒楣鬼一開始不會發現，但幾年過後，車門就會開始晃動，倒楣鬼會開著一輛破車。

然而出乎馬德里意料，日本廠的螺絲起子發出尖銳聲響後，剛才沒對準的工人拉下頭上一條線，黃燈開始閃爍，接著工人解下門板上沒裝好的螺絲，抓起另一種工具，開始磨平洞的邊緣。一名經理走了過來，站在工人後方，開始問問題，但那名工人沒聽經理在講什麼，還叫他去做不曉得什麼事，然後又抓起另一種工具修理剛才弄壞的洞。輸送帶依舊在跑，但那名工人還沒修好，等到有問題的車門即將出站，整個裝配線全都停下來，馬德里不曉得眼前發生了什麼事。

現場出現另一個位階顯然更高的人，但那個人沒有大吼大叫，而是像手術房的護士一樣，托著新螺絲釘和零件走了進來，剛才失誤的工人還在不停對上司下命令。如果是在費利蒙，那個工人早就倒大楣了，但是在這裡，居然沒人對他大發雷霆，也沒有人焦慮地對著他碎碎念。生產線上其他工人，只是靜靜待在原地等候，檢查一下自己剛才組裝的零件，一點都不覺得發生了什麼大事。失誤的工人磨好洞，把新螺絲釘裝進門板，然後再次拉下頭上的線，組裝線再度以正常速度前進，每個人繼續做自己該做的事。

馬德里說：「我不敢相信自己的眼睛，在費利蒙，我親眼見到有人摔進生產線，但沒人停下生產線。多年來，公司不斷告誡我們，不管發生什麼事，絕對不能停下生產。」據說組裝線只要一停下，公司一分鐘就會損失一萬五千美元，「但是在豐田，品質比錢重要。」

馬德里說：「在那一刻，我突然覺得或許這次行得通。我們可以靠著學習那些傢伙的做事方法，跟他們競爭。一顆螺絲釘，一顆螺絲釘改變了我的態度，我覺得終於可以爲了自己的工作感到自豪。」

馬德里繼續在日本受訓，每一天都有驚奇，他看到一個工人工作到一半，告訴主管自己想到一種可以裝輪胎柱的新工具，主管走進加工車間，十五分鐘後就帶著模型回來，接著那名工人和主管一整天都在討論那種工具要如何設計，隔天早上新工具已經在每位工人的位置上等著大家。

負責訓練馬德里的人員解釋，在美國被稱爲「精實生產」的豐田生產方式，基本精神是讓最低階的人員做決定。生產過程不免出錯，組裝線上的工人會是第一個看見問題的人，理應授權他們找出解決辦法。

負責訓練豐田第一批西方員工的約翰·舒克（John Shook）告訴我：「組織裡的每一個人，都有權當公司裡某件事的最高權威。如果我是裝消音器的人，是櫃台人員，是工友，我比任何人都懂排氣系統，懂接待貴賓，懂辦公室打掃。如果公司不利用每一個人的專業知識，根本是天大的浪費。豐田討厭浪費，豐田善加利用每一個人的專長。」

豐田汽車第一次向通用汽車提出自己的管理哲學時，簡直笑掉美國人的大牙，美國人覺得這群日本人有夠天眞。那一套或許在日本行得通，在加州你就走著瞧吧。費利蒙廠的工人才不在乎什麼貢獻所長，那群懶鬼只想偷雞摸狗。

訓練員舒克表示：「雖然通用汽車說我們那一套行不通，我們答應合作的唯一條件，就是試試看我們的方法。我們的基本理念是沒有人每天來上班的目的，就是爲了搞砸事情，如果給員工可以成功的環境，他們就會成功。」

舒克表示：「我們沒告訴美國人，如果我們無法找到輸出豐田生產方式的辦法，那就死定了。豐田會成功，不是靠拉繩子，也不是靠自己做工具，而是靠工廠**文化**。如果我們無法輸出信任的文化，我們將無計可施，因此我們把日本母公司所有人都派到美國，祈禱事情會順利進行。」

●●●

一九九四年，史丹佛商學院教授詹姆士．貝倫（James Baron）與麥可．韓南（Michael Hannan）開始研究，怎麼樣才能讓一間公司充滿信任感。多年來，兩位教授都告訴學生，公司文化如同策略一樣，都很重要。公司會不會成功，要看公司怎麼對待員工。要是員工沒有信任感，不管產品多棒，不管顧客多忠誠，公司一定會倒。

不過每一年都會有學生問：教授，你們的證據呢？

貝倫和韓南教授**相信**自己的理論是正確的，不過老實講，他們拿不出太多可以佐證的數據。兩位教授都是社會學出身，他們可以告訴學生公司文化很重要，文化可以讓員工開心，吸引人才，還能鼓勵員工在工作與生活之中取得平衡，不過很少有研究證實公司文化會影響公司賺多少錢。兩位教授爲了證明自己的說法，在一九九四展開一項多年期研究計劃[11]。

首先，兩位教授必須決定要鎖定哪一個產業。那個產業必須有可以長期追蹤的大量新公司，恰巧當時矽谷的新科技公司有如雨後春筍般大量出現，所以兩位教授覺得研究矽谷是個好主意。當時網際網路才剛問世，大部分的美國人覺得@是鍵盤上不必要的鍵。Google也還不存在，大家只知道 google 是一個數字，而且應該拼成 googol 才對。

目前在耶魯教書的貝倫教授表示：「我們兩個人原本對科技不是特別感興趣，也不曉得我們研究的公司，有一天會變成影響全世界的公司，我們只是需要研究新創公司，而當時矽谷幾乎每天早上都會冒出新公司。我們會買《聖荷西信使新聞報》（*San Jose Mercury News*），翻開每一頁，只要看到新公司，就請研究團隊找出電話號碼或郵寄地址，看看那間公司的執行長願不願意回答問卷。」⑫ 就這樣，貝倫和韓南教授「一九九四年到一九九五年開始做的研究，不知不覺中成爲經濟與科技業起飛時，最完整的矽谷高科技公司資料庫，公司史、公司架構、人資政策，一應俱全」。那項研究計劃最後做了十五年，一共研究近兩百家公司⑬。

兩位教授的問卷，幾乎檢視了每一個可能影響新創公司文化的變量，包括員工的招募與面試方式、薪資結構、由誰決定升官或炒人魷魚。兩個人看著大學中輟生搖身一變成爲億萬富翁，也看著意氣風發的高階主管墜入人生谷底。

最終兩位教授蒐集到足夠資料⑭，歸納出大部分的公司可以分爲五種類型⑮，第一類是「明星式」的企業文化，這種公司會請一流大學的畢業生，或是自其他大公司挖角，而且給員工很大的自主權。這種公司的辦公室員工餐廳很棒，薪水也很敢給。創投特別喜歡明星型公司，因爲一般認爲把錢交給最好的團隊最安全。

第二種類型的企業是「工程師型」的公司，公司充滿工程師文化，沒有衆多亮眼的明星，由一群工程師撐場。問題該怎麼解決、要雇用誰，都由工程師心態主導。貝倫教授表示：「在一般人的刻板印象，所謂的矽谷新創公司，就是一群電腦前擺著激浪汽水（Mountain Dew）的無名程

明星文化

工程師文化

式設計師。他們很年輕，很有野心，有一天也許會變成下一個世代的明星，不過目前他們的主要任務是解決技術問題。」工程師文化是一種強大的企業文化，可以讓公司快速成長。貝倫教授表示：「想想臉書（Facebook）拓展得有多快就能懂這種文化。大家的背景和思維很相像時，每個人都知道事情該怎麼做，步調很一致。」[16]

第三種與第四種類型的公司則採取「科層體制」或「獨裁法」。科層體制的文化由人數眾多的中階經理決定，主管定出詳細的職責描述、組織圖、員工手冊。每一件事都有規定，還有很多組織儀式，例如每週舉辦全體員工都

科層文化

獨裁文化

得參加的會議，而且公司會定期灌輸組織價值觀。獨裁文化很像科層體制，只不過所有的規定、職責描述、組織圖，都是在展現創始人或執行長的意志與目標。貝倫教授指出：「某位獨裁型的執行長告訴我們，他公司的文化模型就是『**你努力工作，照著我說的話去做，我就給你薪水**』。」[17]

最後一種類別是「承諾型」的文化，承諾型的文化可說是一種重新出土的文化，屬於從前一個人可以一輩子只爲一家公司開心工作的年代。貝倫教授表示：「承諾型的執行長會說：『**我想打造那種人們只有在退休或去世時才會離開的公司**。』那種公司不一定非常古板，只不過它們的價值觀是做事要慢慢來，穩健的成長比較好。」矽谷主管告訴貝倫教授，他們覺得承諾型的公司已經過時，那是家長式的統治，美國的製造業及其他產業今天會變成這種樣子，都是承諾型的文化害的。承諾型的公司不願意解雇員工，靠人資找人，其他新創公司則用白花花的鈔票挖角工程師與銷售人員。貝倫教授表示：「承諾型的執行長認爲，第一要務是建立正確文化，而不是設計出最好的產品。」

接下來十年，貝倫和韓南教授密切追蹤哪些新創公司成功，哪些失敗。他們研究的公司，有大約一半撐了十年以上，有幾間則成爲全球最成功的企業[18]。兩位教授原先的目標是找出是否有某種企業文化

承諾文化

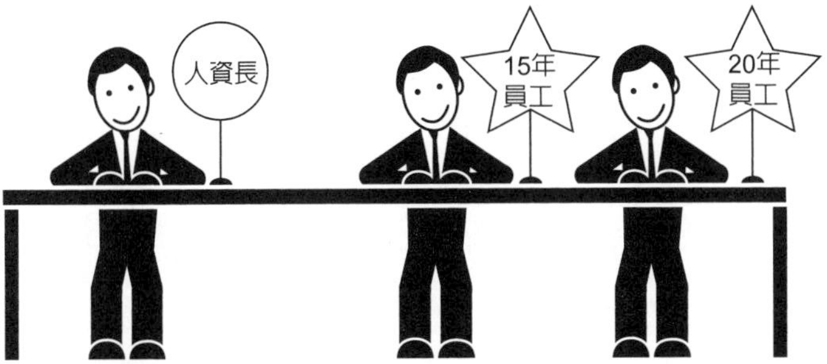

與成功特別相關，不過他們沒想到公司文化會帶來如此巨大的影響[19]。二〇〇二年的《加州管理評論》（*California Management Review*）期刊指出：「就算是在步調快速的矽谷高科技世界，一間公司會如何發展、有什麼樣的表現，與創始人的聘雇模型密不可分。」「即使考量進其他可能影響新科技公司成敗的因素，例如公司成立年數、公司大小、創投資本、高層人事異動，以及景氣等等」[20]，公司文化造成的影響依舊十分明顯。

明星型的公司正如貝倫和韓南教授所料，成爲最大贏家。讓最聰明的人齊聚一堂，的確可以帶來巨大影響力與財富，不過出乎意料的是，明星型的公司失敗率也特別高，最後能上市的比例，低於其他所有組別，而且通常會出現人事問題。待過明星型的公司就知道，這種公司的員工最會明爭暗鬥，每個人都想當**最大**的明星。

貝倫和韓南教授看著數據，赫然發現最不暴起暴落的文化，居然是承諾型的文化，承諾型的文化幾乎每一個管理項目都打敗其他類型的公司。貝倫教授表示：「我們研究的承諾型公司沒有任何一家失敗，沒有**半家**！眞是不可思議！而且還最快上市，獲利情形最好，中階經理不多，通常沒有冗員問題。挑人慢慢挑的結果，就是找到有方向的人。」承諾型公司的員工比較不常內鬥，因爲每個人爲了公司而努力，不計較個人利害。承諾型的公司也比其他所有類別的公司懂自己的客戶，因此市場風向轉變時，較早洞燭機先。貝倫和韓南教授寫道：「雖然在一九九五年左右，矽谷人都說承諾那一套行不通了，然而以我們蒐集到的樣本來說，承諾型的文化很成功。」

貝倫教授告訴我：「創投家喜歡明星型公司，因爲如果一次投資很多家公司，只要碰上幾家特別成功的公司就能獲利。然而如果你是創業的人，一切都賭在一家公司上，數據說最好還是建立承諾型的文化。」

承諾型的公司之所以成功，原因似乎是因爲員工、管理者、顧客之間有信任感。碰到難關時，每個人願意更努力工作，也更願意一起突破。每個產業總有起起落落的時刻，大部分的承諾型公司除非是迫不得已，不會裁員，而且花很多錢訓練員工，員工的團隊精神與心理安全感特別高。承諾型的公司或許員工餐廳不時髦，卻會給予慷慨的產假，還提供日托服務，允許大家在家上班。這樣的員工方案或許一開始成本高，但公司做到的承諾，卻讓員工覺得錢不是最重要的事，對手開再高的薪水挖角也沒用。此外，客戶也會對這種公司忠誠，因爲都是老朋友了。換句話說，承諾型的公司少了商業世界最昂貴的隱藏成本：員工帶著客戶自立門戶，或是帶著技術投奔對手。

貝倫教授表示：「好員工永遠是最難獲得的資產，團結一心是強大的競爭優勢。」㉑

馬德里回加州的第一件事，就是告訴每一個人自己在日本的所見所聞。他談到日本工廠那種可以停下生產線的「安燈」（andon）繩子，而且是主管聽工人的話，不是工人聽主管的話。馬德里告訴大家，他還看到就因爲一個技師覺得需要更多時間重新組裝門板螺絲釘，組裝線就那樣停下來，以後工廠給新聯合汽車製造公司管，一切都會變得不一樣。

馬德里的工人朋友半信半疑，他們以前也聽說過這種故事，像是通用汽車就常說自己重視員工的意見，然而員工要是眞的建議哪裡可以改善，主管就說你可以閉嘴了。新費利蒙廠重新開張之前，所有的工人都確保自己的工會證尙未過期，還開會討論萬一管理階層又是一群吸血鬼，要怎麼對抗那群毒蛇。大家投票的結果是成立「新聯合汽車製造公司停工基金」，罷工的時候就能派上用場。工會還要求新工廠提供正式的工人申訴管道，新費利蒙廠立刻答應。

新費利蒙廠的管理階層接下來還宣布裁員政策，工會協議上寫著：「新聯合汽車製造公司知道工作保障對員工福祉來說非常重要，除非經濟情勢危及公司的永續經營，否則公司絕不任意裁員。」㉒新費利蒙廠還說，景氣太差的話，他們會砍主管的薪水，不會解雇員工。工人過多時，公司會提供輔導，改派擦地板、修機器或是員工餐廳的工作，保住大家的飯碗㉓。員工只要有抱怨，或是有建議，不管多不可能，不管多昂貴，公司都會想辦法執行，或是貼出公告解釋爲什麼不能那麼做。大家如果想改變工廠配置或工作流程，由每個團隊自己決定。不管是誰，只要看到問題，隨時可以停下組裝線。新費利蒙廠做出創舉，因爲從來沒有美國汽車公司公開承諾不裁員，還說自己會處理工人的抱怨。

新費利蒙廠的工人不是很相信公司的說法，畢竟工廠還沒開，給承諾當然簡單，不過還是勉強答應與新公司合作。一九八四年十二月十日，重新運轉的新費利蒙廠開始製造雪佛蘭 Nova 車款。

這次馬德里被派到負責用鋼板裁切出引擎蓋與車門的團隊，他立刻發現工廠的確出現新氣象，原本會跑到倉庫鬼混的人，現在都管好自己的腳，而且也不明目張膽喝酒了。停車場也不再出現妓女的露營車，大家怕得要死，什麼都不敢做，萬一丟掉新工作就不好了。然而，畏首畏尾也不好，因爲沒人拉安燈的繩子，也沒有人提出建議，大家都知道停工一分鐘，公司就會損失一萬五千美元，還是不要亂來比較好，免得被開除。

費利蒙廠重新開工一個月後，新聯合汽車製造公司當時的總裁豐田鐵郎到工廠巡視，他的祖父就是一九三三年成立豐田汽車的創始人。豐田總裁巡視的時候，看見一個工人在裝尾燈，卡進去的角度不對，怎麼樣都裝不上去。豐田走過去，看著工人制服上繡的名字，說：「喬，請拉線。」

喬說：「老闆，我可以搞定的。」

「喬，請拉線。」

喬從來沒拉過安燈，他的部門也沒拉過。自從工廠重新開張以來，大家一共只拉過兩、三次線，其中一次還是不小心拉到。

「老闆，我可以搞定的。」喬瘋狂的想要把尾燈塞進正確位置。

喬的組長就站在旁邊，還有組長的上司也在一旁，自從大老闆走進工廠後，他就一直跟在後頭。喬往上瞄了一眼，發現全工廠位階最高的六名主管，正在和自己大眼瞪小眼。

「喬，請拉繩子。」總裁往前走了一步，抓著喬的手，兩個人一起拉下安燈的繩子。燈光開始閃爍，組裝中的車子因爲尾燈沒裝好，在喬這一站停下。喬渾身發抖，得用雙手才握得住鐵橇。尾燈終於卡進去，喬戰戰兢兢瞄了衆主管一眼，然後伸出手再次拉下安燈的繩子，重新啓動裝配線。

豐田對著喬鞠躬，說起日文。

豐田的隨員幫忙翻譯：「喬，請原諒我，是我不好，我沒有讓你的主管明白，有問題的時候應該協助你拉下繩子。你是這座工廠最重要的人，只有你能讓每一部車完美，我向你保證，我會盡我一切所能，不讓你再對公司失望。」

午休的時候，工廠每一個人都聽到喬的故事，隔天安燈被拉了十幾次，隔週被拉了二十幾次。一個月後，工廠平均一天拉了近一百次安燈。

安燈、員工的建議與豐田總裁的道歉爲什麼重要？因爲這三件事讓員工知道，公司的命運掌握在他們手裡。工會駐廠代表約爾．史密斯（Joel Smith）表示：「新公司眞的努力讓員工覺得自己是這個大家庭的一分子，雖然有時公司必須提醒員工公司的誠意，不一定每個人都同意公司的決定，但最終我們願意爲了所有人的成功而努力。」

史密斯表示：「如果每個工人隨隨便便就拉下繩子，工廠很快就會破產。」新工廠的工人依舊知道每停工一分鐘，公司就會損失數千美元，「而且每個人隨時愛拉就可以拉，不會被處罰，工人如果想搞鬼，公司會因此破產。

「然而公司把是否會破產的責任交到員工手上時，員工自然出現責任感。就算是最菜的工人，也不想看著新聯合汽車破產，管理階層當然也不希望看到破產局面，所有人都在同一艘船上。」新費利蒙廠把選擇權交到工人手上，工人突然有了工作的動力，如同本書第一章提到的猜大小遊戲實驗，以及美國海軍陸戰隊的研究結果，員工覺得公司的命運由自己掌握時，一下子就積極起來。

新費利蒙廠的實驗立刻傳開，幾年後，哈佛商學院教授造訪重新開張的工廠，發現在以前通用汽車獨資管理的年代，員工原本每分鐘只工作四十五秒，現在則平均工作五十七秒。到了一九八六年，「新費利蒙廠一躍成爲通用汽車生產力最高的廠房，超越過去的自己整整一倍以上。」曠工率從先前的二五%，降到三%，而且酗酒、吸毒、嫖妓、蓄意破壞新車的行爲消失，也很少人需要正式的申訴管道。哈佛研究人員寫道，雖然費利蒙廠的「員工平均而言大豐田的日本廠十歲，也比較不熟悉豐田生產方式」，但他們的生產力和日本廠一樣高㉔。一九八五年，《汽車與車主》（*Car and Driver*）雜誌的封面故事是「不可能的事發生了」（Hell Freezes Over），大力讚揚全世界最糟的汽車廠重新開張後，雖然用了同一批員工，卻搖身一變成爲最具生產力的工廠。

費利蒙廠重新開張四年後，汽車產業面臨不景氣，股市崩盤，失業率飆升，民眾不買車。管理階層算了算，新廠必須減產四成才能撐過去。工會代表史密斯回憶：「每個人都在謠傳要裁員了。」然而費利蒙廠沒裁員，只讓高層六十五名主管減薪，裝備線工人改分發工友或造景工作，負責清理烤漆室的通風管等等，公司守住了不開除的承諾。

史密斯表示：「那次之後，工人對公司死心塌地。三十年間，新聯合汽車製造公司一共歷經四次銷售暴跌，但沒有一次裁員。每次景氣再度好轉時，每個人都比先前更努力工作。」

馬德里整整組裝四十年車子，一九九二年退休。三年後，史密森尼學會（Smithsonian）在美國國家歷史博物館（National Museum of American History）舉辦「人類發展史展覽」（A Palace of Progress），展出馬德里的員工證和帽子。策展人員寫道，新費利蒙廠是傳奇，這間工廠證明了員工與管理階層可以爲了共同的理念奮鬥，一起同心協力，每個人都是公司的主人㉕。

商學院與企業主管今日依舊會以新費利蒙廠爲例，證明重承諾的公司文化將屹立不搖。新聯合汽車製造公司成立以來，「精實生產」的原則深入美國商業世界每一個角落，矽谷、好萊塢、健康照護產業都採取類似精神。馬德里表示：「我眞的很慶幸自己在退休之前，最後的汽車工人生活是在費利蒙廠度過。從前的我落魄失意，覺得人生沒啥意義，被社會當成透明人，最後卻能親眼見證 J. D. Power 調查機構把費利蒙廠列爲品質第一的工廠。」

J. D. Power 說費利蒙廠品質第一後，費利蒙廠員工開了慶祝派對。馬德里說：「我站出來發言，宣布我們是全世界他媽一級棒的汽車員工。不只是工人有功，也不只是管理階層有功，我們所有人一起努力時，我們是最棒的，我們爲了彼此努力。」㉖

三

法蘭克・簡森被綁架六年前，聯邦調查局找上三十四歲的華爾街主管查德・富格漢（Chad Fulgham），問他有沒有興趣研發調查局的辦案系統。富格漢從來沒和執法單位合作過，他的專長是替雷曼兄弟（Lehman Brothers）、摩根大通（JPMorgan Chase）等投資銀行研發大型電腦網路，做夢也沒想到聯邦調查局會在二〇〇八年打電話給自己。

聯邦官員一直想改善調查局的辦案系統，早在一九九七年，聯邦調查局高層就向國會保證，自己將推出經過大改造的哨兵系統，強大的新工具串聯起數十個內部資料庫與分析引擎後，將可協助探員把個別案件拼在一起，然而十一年後調查局找上富格漢時，已經花了三億零五百萬美元的哨兵系統，依舊在建置當中[27]。政府找來外部人士研究究竟爲什麼要花這麼久的時間，結果專家說調查局的官僚文化太嚴重，每個部門各有盤算，光是要讓哨兵系統重新上軌道，就得再花數千萬美元。

聯邦調查局打電話給富格漢，看有沒有比較便宜的辦法。富格漢告訴我：「其實我從小一直幻想替聯邦調查局或中情局（CIA）工作，所以當調查局找上我，而且還是請我解決那麼龐大的麻煩時，簡直是美夢成眞。」

雖然天上掉下夢幻工作，富格漢首先得說服調查局採取他學自費利蒙廠的管理風格。過去二十年間，費利蒙廠的成功改造案例舉世皆知，非汽車產業的主管也紛紛模仿豐田生產方式[28]。二〇〇一年，一群電腦工程師聚集在猶他州一間滑雪小屋，依據豐田精實生產的精神，寫下主張軟體應該如何設計的〈敏捷軟體開發宣言〉（Manifesto for Agile Software Development）[29]。敏捷開發法的精神強調互助合作、不斷測試、快速疊代，由最靠近問題的人下決策，一下子就讓軟體開發改頭換面，成爲今日眾多科技公司的標準做法[30]。

在電影產業，「皮克斯法」（Pixar method）也仿效豐田的管理方式，把關鍵決定交給最初階的動畫師。皮克斯高層二〇〇八年被請去接手迪士尼動畫工作室，來了一場「豐田演講」。皮克斯共同創始人艾德．卡特姆（Ed Catmull）回憶：「豐田汽車公司把權力交給自己的員工，組裝線如果出問題，由現場的工人自己決定該如何處理。我向大家強調，所有的迪士尼員工都可以自行想辦法解決問題，不需要等任何人批准。如果不授權員工自己處理問題，找一群聰明人來上班，究竟有什麼意義？」㉛

醫院也有所謂的「精實健康照護」（lean healthcare），由護士等醫療人員自行做決定，不用什麼事都要等醫生。採取精實管理哲學的維吉尼亞梅森醫療中心（Virginia Mason Medical Center）董事長二〇〇五年寫道：「精實健康照護是一種文化，任何人只要發現事情不對勁，都有義務也有權力喊『停下來』。」㉜

每個產業的精實生產方式版本不一，不過基本精神都一樣，都是由最靠近問題的人員做決定，靠著讓團隊自行管理自己，自己決定要怎麼做事，鼓勵合作的精神，建立承諾與信任的文化。

富格漢主張，聯邦調查局也必須採取精實法的精神，才可能讓採用新科技的辦案系統發揮功效。高層必須下放決策權，讓低階軟體工程師或菜鳥探員等前線人員，自己做關鍵決定。先前調查局的主管彼此不信任，內部終日忙著爭權奪利，每次有新系統，局內所做的第一件事，就是幫每一個軟體決定好數千種規格明細。委員會定出洋洋灑灑數百頁的資料庫規定，如果要做任何重大修改，都得先經過無數高層批准，整套辦案系統被疊床架屋的官僚體系壓得無法運作，軟體開發團隊會花好幾個月設計一個程式，等終於設計出來，才被告知計劃已經取消。就算沒被取消，最後也通常派不上用場。富格漢請調查局讓他看哨兵系統目前研發到哪裡，工程師帶他到電腦螢幕前，請他輸入幾個關鍵字，例如罪犯的假名與案件發生地點。

輸入之後，工程師說：「十五分鐘後，就會看到先前的相關案件。」

富格漢說：「你要我告訴一群拿槍的人，電腦要十五分鐘才能幫上忙？」

二〇一〇年的聯邦督察長報告指出，哨兵系統還得再花六年與三億九千六百萬美元才能上線[33]。富格漢告訴調查局局長，要是能讓他授權大家，不需要原本預估的四百多人，只需要三十人就夠了，而且只需要一年多的時間，以及零頭的兩千萬美元。很快的，富格漢召集一群軟體工程師，與調查局探員組成團隊，在調查局的華盛頓特區總部地下室開始動工。富格漢告訴他們，唯一的規定就是每個人都得提出建議。要是覺得計劃走錯方向，不管是誰都能喊暫停，接著由最靠近問題的人員負責想出解決辦法。

富格漢認爲，哨兵系統不能用的主因，在於聯邦調查局和許多大型機構一樣，都想要事先計劃好每一件事[34]，然而沒有彈性，就不可能設計出好軟體，因爲沒有人知道問題和新技術什麼時候會冒出來。眞要講的話，沒有人知道哨兵系統上線之後，探員會如何運用這套系統，也沒人曉得犯罪防治科技出現新進展時，哨兵系統要如何跟著配合，因此與其事先用厚如磚頭的規格書規定好每一個界面、每一項功能，還不如讓哨兵系統隨時配合探員的需求做調整。富格漢認爲哨兵系統要有彈性的話，唯一的辦法就是放手讓開發者做事，不要想靠著高層控制這套系統[35]。

富格漢團隊做的第一件事，就是想出一千多種哨兵系統可以做的事，例如輸入被害人的證詞、追蹤證據，或是查詢調查局資料庫，看看線索之間是否有模式。想好需求後，再倒過來推想需要什麼樣的軟體。每天早上，富格漢團隊都會站著開會，站著腳會痠，所以大家會速戰速決。開會的時候，大家回顧前一天做了什麼，以及接下來二十四小時要做什麼。有問題的時候，最靠近那個問題或相關程式碼的人，要當問題的專家，不過所有的軟體工程師與探員不管職位高低，都可以提出建議。有一次，軟體工程師和外勤探員腦力激盪之後，建議用熱門報稅軟體 TurboTax 當範本。TurboTax 幫使用者把數千頁的複雜稅法，濃縮成幾個基本問題，只要回答問題，就知道要繳多少稅。富格漢表示：「簡單來講，就是我們要設計出『調查執法人員的傻瓜手冊』，太聰明的點子！」

富格漢的團隊希望讓 TurboTax 的點子過關。如果是調查局先前的做法，可能要花上六個月。首先，開發人員得寫出數十份備忘錄，凡是提到 TurboTax，或是暗示程式設計師想要簡化聯邦規章的段落，遣詞用字都要特別小心。要是用簡潔易懂的英文解釋哨兵系統可以怎麼用，萬一被企業律師或記者抓到把柄，就吃不完兜著走。不過富格漢不管這一套，這次軟體工程師與探員星期一提出點子，星期三就做出原型，接著星期五的時候，每個人都同意朝這個方向做下去。富格漢說：「感覺像是政府打了類固醇，力氣大增。」

富格漢團隊每兩週都會向高層主管示範成果，接著主管會提供意見，不過局長禁止主管插手，沒有人可以要求任何事，只能提供建議。建議會被分類，接著交給最相關的人員評估。漸漸的，哨兵團隊放膽去做，讓哨兵系統除了是登錄系統，還可以協助探員比較案件，找出趨勢與潛在的危險。新的哨兵系統強大到可以同時搜尋數百萬樁調查，找出探員漏掉的模式。富格漢接手十六個月後，哨兵軟體就成功上線。聯邦調查局寫道：「二〇一二年七月部署的哨兵應用是調查局的轉捩點。」光是第一個月，就有三萬名探員用過哨兵，人們開始覺得這個系統可以幫忙破案㊱。

如同下放權力的決策流程讓費利蒙廠動起來，精實生產與敏捷開發也讓聯邦調查局原本被官僚體制打敗的基層軟體設計師，開始勇於創新，提出沒人想過的解決方案，因爲他們現在知道，就算偶爾異想天開也不會被處罰。

〈敏捷軟體開發宣言〉起草者傑夫．薩瑟蘭（Jeff Sutherland）在二〇一四年的哨兵系統開發研究中表示：「哨兵系統讓聯邦調查局內部得以相互溝通，分享資訊，澈底改變局內辦案方式。」㊲

哨兵系統最重要的影響是改變聯邦調查局的領導**方式**。調查局現任科技長傑夫．強森（Jeff Johnson）告訴我：「哨兵系統讓我看到，只要放手讓人們做事，他們就會發揮無限潛能。調查局的探員開始對自己的工作充滿熱情，近期的北卡羅萊納綁票案、人質救援與恐怖攻擊調查都一再顯示，關鍵在於讓探員自己下判斷。」

強森也承認：「老實講，聯邦調查局這麼大，要下放權力很難，九一一恐怖攻擊之前，局內就有這個問題，大家覺得獨立思考沒什麼好處，不過哨兵系統的開發過程證明，放手讓人們去做，的確會有驚人效果。」

四

承辦簡森綁票案的探員，把自己找到的資訊輸進哨兵系統，系統軟體與資料庫開始搜尋模式與線索。探員輸進調查局蒐集到的手機號碼、辦案人員登門拜訪過的地址，以及監聽電話中綁架者使用的化名，此外還有曾到監獄探訪黑幫老大梅爾頓的人名、簡森住家附近監視器拍到的車牌號碼，以及歹徒購買可拋式手機的店家信用卡交易資料。

探員把所有的線索輸進哨兵系統後，系統找出一個巧合的地方：寄照片給簡森太太的手機，曾打電話到喬治亞的奧斯特爾（Austell），奧斯特爾是亞特蘭大郊區一個小城鎮，聯邦調查局的電腦搜尋數百萬筆其他案件的資料後，發現另一起案件也與奧斯特爾有關。

一年前的二〇一三年三月，曾有線人告訴聯邦調查局，某棟位於奧斯特爾的公寓是罪犯藏身的安全屋，還提到某個正在坐牢的黑幫老大，對「起訴他的女檢察官下了追殺令」。聯邦調查局認為那個不知名的黑幫老大，就是此次綁架簡森的嫌疑犯梅爾頓。

簡森被綁架前，聯邦調查局沒人知道線人一年前提供的線報是什麼意思，也沒有人繼續追查那件事。那次與線人接洽的探員，甚至沒被分派到此次偵辦簡森案的團隊，不過這下子哨兵系統提供了線索：梅爾頓符合線人描述的正在計畫綁票案的黑幫老大，而且線人提到的公寓位於奧斯特爾，正好是歹徒曾撥打電話的地址。

調查局必須派人查看那棟公寓。

奧斯特爾的公寓值得調查，然而麻煩的是，偵辦人員手上有數十條線索要追，要追蹤梅爾頓的手下，還要追蹤探過監的人，以及追查梅爾頓可能涉案的眾多前女友。線索實在太多，沒那麼多人力，調查局得排出優先順序，然而沒人知道追查一年前的線索會不會是浪費時間。

哨兵系統近幾年的表現，讓聯邦調查局產生信心，主管開始願意在局內採取敏捷管理法，讓最靠近線索的探員自行判斷該如何調查。調查局局長羅伯特・穆勒（Robert Mueller）還開始推動「策略管理系統」（Strategy Management System）、「領導力培養計劃」（Leadership Development Program）、「策略執行團隊」（Strategic Execution Teams），並在二〇一三年告訴國會，新措施的目的是「在調查局內部推動文化思維的典範轉移」㊳，鼓勵基層探員自行決定該追查哪一條線索，不必苦苦等候上頭決定。如果探員覺得其他人忽視某條線索，可以自己展開調查，拉下執法部門的「安燈」。調查局科技長強森表示：「這是調查局非常關鍵的轉變，案子該怎麼辦，應該交給最靠近現場的人。」哨兵系統不是新氣象唯一的功臣，不過哨兵系統的確增加了局內願意採行敏捷哲學的意願。富格漢告訴我：「聯邦調查局的基本心態現在夠敏捷，哨兵系統是重要推手。」

偵辦簡森案的調查人員手上有數十條可以追查的線索，不過基層探員被鼓勵自己判斷要先查哪一條，因此兩名年輕調查人員決定造訪一年前線人提到的公寓。

兩人抵達時，發現一個叫提安娜．布魯克斯（Tianna Brooks）的女人目前住在裡頭，但人不在，只留下兩名沒人照顧的幼子。兩名探員打電話給兒童保護單位，孩子被社工安置，接著探員詢問鄰居布魯克斯的下落，沒人知道她去了哪，不過有人提到最近兩個住附近的男子來找她。探員找到那兩個人，兩人都聲稱自己不曉得布魯克斯的事，也沒聽過什麼綁票案。

晚間十一點三十三分，有人撥通聯邦調查局監聽的電話。

一個女人說：「那些人抓走我的孩子！」

前往奧斯特爾調查的探員得知消息後，更加強硬地盤問兩名嫌疑犯：他們最近去過布魯克斯的房子，調查局又攔截到疑似爲布魯克斯的驚慌女子電話，所謂的孩子被人抓走，大概是指調查局找到她的孩子。

換句話說，兩名嫌疑犯最近找過簡森綁票案的關係人。

他們還有什麼要說的？

其中一人提到亞特蘭大有一間公寓。

兩名探員立刻打電話給綁架案指揮中心，還差幾分鐘就要午夜十二點時，SWAT特種部隊的車隊抵達嫌疑犯提到的亞特蘭大公寓，特種部隊跳下車，跑過一片破舊建築物，在其中一棟停下，衝破鐵門，椅子上兩名持槍男子措手不及。屋內有繩索、鏟子和一瓶漂白水，持槍男子的手機上還有討論如何棄屍的簡訊。有人吩咐他們：「弄瓶漂白水，看是扔到牆上，或是在更衣室弄。」

全副武裝的警員闖進臥室，打開所有門，發現昏迷的簡森被綁在更衣室一張椅子上，臉上是被槍敲擊留下的血跡。警方救出簡森，歹徒被制伏在地，雙手銬在背後。救護車緊急送簡森到醫院，簡森的妻子見到丈夫後開始啜泣。過去一週，簡森生死不明，不過人找到後，只有一些淤青和割傷，兩天後就平安出院。

聯邦調查局的電腦系統串起蛛絲馬跡，讓看似無關的舊線報指出簡森的綁架者，案子順利偵破，不過簡森能夠獲救，也是因爲數百名辛苦的調查人員日夜不停地追蹤無數線索。敏捷管理讓**基層探員**自行決定哪條線索最重要，也功不可沒。

富格漢告訴我：「調查局探員現在辦案時，開始聽從自己的直覺，新證據出現時，隨時改變偵查方向。不過，若要讓人們聽從自己的直覺，管理階層得授權，組織的制度必須讓人相信，可以自己選擇最好的做法，就算不一定會有結果，老闆也會支持。調查局最後之所以接受敏捷管理，就是肇因於此，我們得提供探員一個不綁手綁腳的環境。」

費利蒙汽車廠、精實生產、敏捷開發等管理哲學，背後的基本精神是：只要員工相信自己有權決定事情，而且也相信同事團結一心，所有人就會變聰明。「一切操之在我」的感覺會帶來動力，不過如果要讓動力帶來新想法與新創意，還得讓人們知道自己的意見不會被忽視，而且犯錯沒關係，每一個人都會支持他們。

讓每個人自己做決定，可以讓人人都成爲專家，然而如果沒有信任，如果費利蒙廠的工人不相信管理階層會爲員工設想，如果聯邦調查局不讓程式設計師自己解決問題，如果探員害怕被責罵，不能勇敢遵從自己的直覺，組織將無法利用每一位成員的專長。當人們可以停下裝配線，當人們能讓大型軟體專案轉向，當人們可以聽從直覺，他們就會扛起讓組織成功的責任。

承諾的文化與信任不是萬靈丹，無法保證產品一定大賣，也無法保證有線索就一定能抓到犯人，然而承諾與信任是好點子能夠萌芽的最佳環境。

組織如果不肯放手讓員工做事、由少數幾個人抓權，背後通常有種種合理考量，例如費利蒙廠只要出幾個心生不滿的工人，隨便拉安燈，公司就會破產。程式設計師如果搞錯方向，聯邦調查局就會花大錢，卻得到不能用的電腦系統，而且探員的直覺未必正確，然而自動自發與承諾文化帶來的好處，最終超過成本。組織會犯的最大錯誤，就是永遠不准員工有機會犯錯。

簡森獲救幾週後，寄感謝函給救他的調查局探員：「在那個奇蹟的一刻，一名美國士兵用堅定的聲音告訴我：『簡森先生，我們來帶你回家』，那是我這輩子最開心、最鬆了一口氣、最自由的一刻。雖然我經歷了一場噩夢，我現在能夠舒舒服服待在家中寫這封信，都要感謝許多美好的人所做的許多美好的努力。」簡森說被綁架是他人生中的不幸事件，但彰顯出聯邦調查局光輝的承諾文化。

6 決策

靠貝氏心理學預測未來，成爲撲克大贏家

一

電視機前，無數觀衆盯著安妮，荷官也看著安妮，等著她做決定。二〇〇四年的撲克冠軍錦標賽（Tournament of Champions）正在進行淘汰賽，最後的贏家可以帶走兩百萬美元，其他人一毛都拿不到①。九名全球最厲害的撲克玩家齊聚一堂，不耐煩地等著全場唯一的女性安妮．杜克（Annie Duke）開口說話。

桌上堆著四十五萬美元籌碼②，荷官尚未發下任何公共牌，而安妮手上有一對十。她今天牌運不錯，因此這一局下了大注，現在必須決定是否全押，其他人都蓋牌了，只剩綽號「化石人」的格雷戈．瑞梅爾（Greg Raymer, the FossilMan）和她一決高下。瑞梅爾是身材圓滾滾的康乃狄克州人，出現在公衆場合時，總有獨特造型，口袋裡裝著樹皮化石，太陽眼鏡上是反光的蜥蜴全息圖。

安妮不曉得化石人手上有什麼牌，從剛才的局勢判斷，安妮還以爲自己這一局要贏了③，然而化石人籌碼全下，打亂了安妮的計劃。化石人是在唬牌嗎？剛才一直在引誘她下大注，現在要

通殺？還是說化石人其實牌沒那麼好，只不過在嚇嚇她，認爲她一定不敢賭那麼大？

所有人盯著安妮，安妮不曉得下一步該怎麼走。她可以蓋牌，但蓋牌的話，就得和剛才下注的數萬美元說再見，那些錢可是她先前辛辛苦苦玩了整整九小時才累積出來。

還是說也跟著化石人下注，籌碼全下？可是全押的話，要是這一局輸了，就永遠出局。但是話又說回來，要是贏了，就能在錦標賽中領先，孩子的學費、家裡的房貸，統統有著落。晚上再也不必擔心令人想到就胃痛的難堪離婚，以及前途未卜的人生。

安妮又看了一眼桌上堆得像小山的籌碼，覺得喉嚨很不舒服。安妮有恐慌症，有時嚴重到把自己鎖在公寓足不出戶。二十年前，她在哥倫比亞大學念二年級的時候，曾經焦慮到自己走進醫院要求住院，整整兩週後才出院。

四十五秒鐘過去，安妮依舊沒想好如何下注。「我很抱歉，我知道我拖太久了，但眞的太難決定。」

安妮看著自己的兩張十，想著目前知道什麼、不知道什麼。安妮喜歡撲克，撲克讓她感到踏實。玩撲克的訣竅是想像各種可能的情境，算出哪一個情境最可能成眞，接著做出預測。數字讓安妮覺得自己可以掌控未來，雖然無法百分之百確定會發生什麼事，但錯的機率是多少、對的機率是多少，清清楚楚擺在眼前，牌桌讓安妮心中一片祥和。

然而安妮的平靜情緒，這下子被化石人破壞了，化石人下的賭注，完全不符合安妮心中想像出的任何情境，這下子她無法評估機率，腦袋當機。

「我眞的很抱歉，」安妮說，「請再給我一點時間。」

●●●

安妮小的時候，每天下午母親會坐在餐桌旁，桌上是一包香菸、一瓶威士忌、一副牌。母親自己和自己玩牌，酒喝光、菸灰缸滿了之後，就搖搖晃晃倒在沙發上睡覺。

安妮的父親是新罕布夏州聖保羅學校（St. Paul's School）的英文老師，那是一所高級寄宿學校，學生全是參議員或企業執行長的小孩。安妮一家人住在連著宿舍的屋子，每次安妮的爸媽又在吵女的酗酒、男的沒錢，安妮猜想同學都聽到了。安妮覺得自己在學校裡格格不入。她太窮，沒辦法跟班上的有錢人家小孩出去玩。她太聰明，沒辦法跟人緣好的女孩做朋友。她太焦慮，沒辦法和嬉皮一起混。她對數學和自然太感興趣，不適合參加學生自治會。安妮覺得，要是自己能預測哪些同學人緣會變好、哪些會變差，她就能避開明爭暗鬥。要是能預測父母何時會吵架、媽媽何時會喝醉，她就知道什麼時候才能帶同學回家。

安妮告訴我：「父母有酗酒問題的小孩，會花很多時間猜測接下來會發生什麼事。你不知道吃不吃得到晚餐，也不知道何時才能上床睡覺，這種小孩皮永遠繃得很緊，等著什麼時候該倒大楣。」

安妮中學畢業後，進入哥倫比亞大學，愛上心理學，心理學的課程把人類行爲化約爲好懂的規則與社會規範，告訴安妮一切她想知道的事。老師告訴大家，人格分爲哪幾種類型，以及人爲什麼會焦慮，還提到家有酗酒父母會造成什麼影響。安妮開始了解爲什麼自己會恐慌症發作，爲什麼她有時會無法下床，每天都在害怕生活隨時會出現不好的事。

安妮念書的時候，認知科學正在改造長期被詬病缺乏科學方法的心理學。心理學家與經濟學家攜手合作，一起破解人類的行爲是怎麼一回事，其中最令人振奮、最後還榮獲諾貝爾獎的研究想知道人們是如何做決策④。爲什麼養小孩很辛苦，還要花錢，人們依舊決定生孩子？養孩子可以享受到親情，心中有滿足感，但那種東西虛無飄渺又難以計算，爲什麼還是有人肯生？私立學校很貴，公立學校免費，爲什麼有的人決定把孩子送進私立學校？爲什麼有的人遊戲人間多年，最後卻決定結婚？

我們人所做的許多重大決定，其實是在預測未來。我們送孩子上私立學校，其實是在賭今天花的學費，日後會帶來美好人生。我們決定生小孩，其實是在預測爲人父母的快樂，將超過無眠夜晚帶來的痛苦。我們選擇結婚，嗯，雖然聽起來不太浪漫，但我們結婚是因爲算計過後，覺得大概不會再出現更好的人。直接和目前的男女朋友定下來的好處，勝過繼續等待其他更好的人選。我們能不能做出好決定，靠的其實是預測未來的能力。

心理學家與經濟學家想知道，人每天會碰到無數影響未來的選擇，每個選擇都很複雜，我們卻通常有辦法做決定，我們是怎麼辦到的？還有，爲什麼有的人更能設想未來，很聰明，知道要幫自己選什麼？爲什麼有的人就是可以做出更好的選擇？

安妮大學畢業後，到賓州大學（University of Pennsylvania）念認知心理學博士班，每天忙著找研究贊助和發表論文，努力五年後，發表了好幾篇論文，得過很多獎，眼看還有幾個月就要畢業，好幾間大學請她發表教職申請演講，如果表現不錯，這輩子大概篤定能在名牌大學教書。

安妮搭火車前往曼哈頓，預備隔天到紐約大學（New York University）做第一場演講。已經整整焦慮一星期的她，把晚餐吐出來，吐完後等了一小時，才喝下一杯水，但立刻又吐出來。安妮無法讓自己不焦慮，她一直想著自己選錯人生道路了，她不想當教授，她選學術，只是因爲這條路感覺最安全、最可以預測。安妮打電話給紐約大學，說演講必須延期，未婚夫飛到曼哈頓帶她回費城，回家後安妮住進醫院，幾週後出院，但焦慮依舊折磨著她。安妮一出院，立刻就回賓州大學教課，她撐過那堂課，但緊張與焦慮讓她差點中途昏倒，安妮決定自己無法再教書，無法發表教職申請演講，根本不該當教授。

安妮把研究資料塞進汽車行李廂，寄了一封信告訴教授，她要暫時離開一陣子，然後一路往西開。安妮的未婚夫在蒙大拿比靈斯（Billings）找到一間開價一萬一千美元的房子，安妮看到後判定，就算才一萬一，那棟房子完全不値那個價，不過她已經精疲力竭，什麼都做不了。她把研究資料塞進櫃子，坐在沙發上，她唯一要做的事，就是別再用腦。

幾週後，安妮的哥哥霍華．列德（Howard Lederer）打電話過來，邀妹妹到拉斯維加斯度假。霍華是職業撲克選手，過去幾年，每到春天都會帶安妮到金磚賭場酒店（Golden Nugget），他在賭桌旁參加錦標賽時，安妮會在游泳池畔休息。安妮要是無聊了，就去看看哥哥比得怎麼樣，或是自己也玩個幾局。不過今年霍華打電話過來時，安妮說自己病了，去不了。

霍華覺得妹妹不對勁。安妮愛死拉斯維加斯，從來不會說不去。

霍華勸妹妹：「至少參加一下新居附近的撲克賽，不要整天待在家裡。」

安妮當時已經和未婚夫結婚，她請先生看看地方上有沒有撲克比賽，結果發現比靈斯有一個叫水晶廳（Crystal Lounge）的地方，退休的農場主人、建築工人、保險員每天下午會在地下室打牌，安妮第一次去，就愛上那個煙味瀰漫的沈悶地牢。幾天後又去，帶著贏來的五十塊美金回家。安妮告訴我：「在那裡玩撲克，是在算我熱愛的數學，以及運用我在研究所學過的一切認知科學知識。我看著每一個人是如何唬牌，如何拿到好牌後藏起心中的興奮，玩牌的人會出現我以前在學校花無數小時探討的各種行爲。每天晚上，我打電話給哥哥，告訴他我當天玩牌發生什麼事，哥哥會告訴我，我錯在哪裡，別人是怎麼看出我的破綻，下次去應該怎麼做才對。」安妮一開始不是很會玩牌，但贏的次數足以玩下去，而且她發現自己上牌桌的時候，從來不胃痛。

很快的，安妮像上班一樣，星期一到星期五下午三點都會準時去水晶廳報到，然後一直待到半夜。她會記筆記，測試各種玩牌策略。哥哥寄兩千四百塊美元給她當賭本，贏到的獎金一半要分他。第一個月，安妮給哥哥分紅後，皮包依舊多了兩千六百五十美元。隔年春天，哥哥再度邀請她到拉斯維加斯，這次安妮開十四小時的車，繳了錦標賽入場費，第一天就贏了三萬美元籌碼。

安妮念研究所的時候，一整年也賺不到三萬美元。她了解撲克，至少比很多對手了解。安妮知道輸了不一定是輸，一切都是實驗。她告訴我：「普通玩家和高手的差別就在這。你還是普通玩家時，你會盡一切努力了解規則，渴望確定性，但高手會利用普通玩家的渴望，渴望讓普通玩家的行爲變得很好預測。

「要當高手的話，我們得把賭博想成是自己在無聲問其他玩家問題。你願意現在蓋牌嗎？你想加注嗎？我要逼你到什麼程度，你才會開始衝動行事？得出答案後，我們的預測能力就會勝過其他人，玩撲克其實是在用籌碼比別人更快蒐集到資訊。」

錦標賽第二天，安妮手中有九萬五千美元籌碼，排名二十六，打敗數百位專業選手，連玩牌經驗數十年的行家都不是她的對手。三個月後，安妮和先生搬到拉斯維加斯，打電話給賓州大學教授說自己不回去了。

●●●

整整一分鐘過去，安妮手上依舊是一對十。如果化石人的牌比她好，例如有一對Q，安妮不蓋牌的話，大概篤定出局，但如果這一回合她贏了，她會變成同桌籌碼最多的人。

安妮腦中浮現的各種機率都告訴她一件事：她應該跟注。然而每一次安妮靠下注問化石人問題，對方的回答都高度合乎邏輯，不露任何口風。這一回合安妮不斷加注，化石人也毫不猶豫跟進。

安妮很清楚，化石人知道這一局都賭到這分上，她很難在這個時候收手，而且她和同桌的選手不一樣，不是名列撲克名人堂的老手，這還是她第一次在百萬電視觀眾面前玩撲克⑤。化石人甚至還可能知道，安妮擔心自己不屬於這裡，她會受邀，只是因爲電視製作人希望牌桌旁有個女性點綴一下。

安妮突然發現，這一局她完全想錯了。化石人這一局一直表現得像是有一手好牌，是因爲他眞的有一手好牌，安妮想太多了——也或者她以爲自己想太多。安妮實在無法確定答案是什麼⑥。

安妮看著自己的一對十，看著桌上的四十五萬美元，最後選擇蓋牌，化石人收走籌碼。安妮不曉得蓋牌這個選擇究竟是對是錯，因爲化石人不必向任何人揭曉自己的底牌。另一名玩家湊過來在安妮耳邊說：妳完全想錯了，剛才如果跟注，妳就贏了。

又過了幾回合，這一回合安妮蓋牌，有一張十、一張九的化石人再次籌碼全下，很聰明、很正確的一步，不過荷官再次發牌時，公共牌對他不利。就算是最聰明的撲克玩家，也有被手氣不佳打敗的時刻。機率可以幫忙預測可能性，但不保證未來。化石人就這樣出局，他離場的時候，靠過來告訴安妮：「我知道先前那一局對妳來說眞的很難，剛才我手上是兩張K，妳蓋牌是對的。」

化石人的幾句話，讓安妮不再胃痛。自從那一局蓋牌後，她就一直無法專心玩牌，一直在質疑自己剛才蓋牌究竟對不對，現在她的自信又回來了。

誰不想擁有料事如神的能力？要是我們仔細去想所有無法預測的事，我們會被嚇死。孩子生出來會健康嗎？還是有問題？我和未婚妻十年後還相愛嗎？我的孩子需要上私立學校嗎，還是地方上的公立學校就夠好？我們人必須預測未來才有辦法做出好選擇，然而問題在於預測是一種很不精確的事，預測通常會讓我們驚惶失措，因爲我們得正視自己其實所知不多。做出好選擇的訣竅，在於習慣事情充滿不確定性。

我們得學著與不確定性共處，不過還是可以學著對抗不確定性。如果能以一定的正確度計算自己知道什麼、不知道什麼，就有辦法讓模糊的未來變得清晰一點。

安妮還沒被錦標賽淘汰，還有籌碼。荷官再次發牌給每一位選手，另一局又開始了。

二

二〇一一年，美國聯邦國家情報辦公室（Office of the Director of National Intelligence）出資請幾所大學參與計劃，目標是「大幅提升情報預測的準確度與速度」⑦。由各所大學自行招募外交專家團隊，請那些團隊預測未來，接著研究人員研究誰的預測最準確，以及最重要的是他們如何做到神機妙算。政府希望研究結果做出來後，可以提升中情局人員的預測能力。

參與此次計劃的大學大都採取標準做法，從教授、研究生、國際政治研究人員及其他專家中找人，請他們回答沒人知道答案的問題，接著觀察他們如何回答題目，例如北韓今年底是否會再度參加武器談判？公民綱領黨（Civic Platform）是否會穩坐波蘭國會最大黨？大部分的大學認爲找出五花八門的預測方式，將可協助中情局找到新鮮點子⑧。

賓州大學與柏克萊加大（University of California–Berkeley）則採取與眾不同的做法。兩校的心理學家、統計學家、政治科學家組成聯合團隊，用政府經費找出能否訓練一般人成爲預測分析師。兩校聯合執行「優秀判斷計劃」（the Good Judgment Project, GJP）⑨，沒招募專家，而是找來數千名各行各業的民眾，例如律師、家庭主婦、碩士生、愛看報的人，請他們參加教人思考未來的線上預測課程，接著請他們和專家一起回答相同的外交問題⑩。

優秀判斷計劃花了兩年時間提供訓練課程，蒐集人們是如何做預測的數據，追蹤哪些民眾預測能力變強，以及一般人接受到不同類型的教材時，預測能力發生哪些變化。優秀判斷計劃最後發表研究結果：如果教一般人靠研究與統計技巧思考未來，只需要短期訓練，就能提升預測準確度。最令人想不到的研究發現是教人們用機率思考的課程，尤其能提升預測未來的能力⑪。

優秀判斷計劃提供的機率思考課程，教大家想著未來時，不要想「未來會發生什麼事」，而要想「未來可能發生哪幾件事」，把明天想成好幾種可能的結果，每一種結果成真的機率不同。負責監督優秀判斷計劃的賓州大學計算機教授萊爾・昂格（Lyle Ungar）表示：「大部分的人想著未來時很馬虎，他們會說：『我們今年大概會去夏威夷度假。』那句話是什麼意思？有五一％的可能性會去？還是九〇％？如果機票不能退，究竟是五一％還是九〇％就很重要了。」優秀判斷計劃的機率訓練課程教民眾化「直覺」為「統計估計」。

舉個例子來說，課程練習請大家分析法國總統尼古拉・薩科吉（Nicolas Sarkozy）連任的可能性。教材告訴大家，估計薩科吉連任的可能性時，至少應該考慮到三件事，第一件事是現任者的優勢。先前的法國總統數據顯示，現任總統平均可以拿到六七％的選票，而薩科吉是現任總統。這樣說來，薩科吉連任的可能性是六七％。

然而，還要考慮其他變數。薩科吉近日很不討法國選民歡心，民意調查說他的支持率很低，所以他連任的可能性其實是二五％。這樣看來，有七五％的機率薩科吉會輪。此外，法國景氣不太好，經濟學者猜測以國內的經濟表現來看，薩科吉只會拿下四五％的選票。

換句話說，預測薩科吉是否會連任時，要考量三種可能的未來：薩科吉可能拿到六七％、二五％或四五％的選票。六七％的話，他會輕鬆獲勝。二五％的話會大輸。四五％的話，結果如何很難說。要怎麼把這三種結果放進同一個預測？訓練教材解釋：「只需要平均現任者的機率、民眾支持率與經濟成長率就可以了。如果不曉得哪個變數比較重要，就當成一樣重要，加權比例一

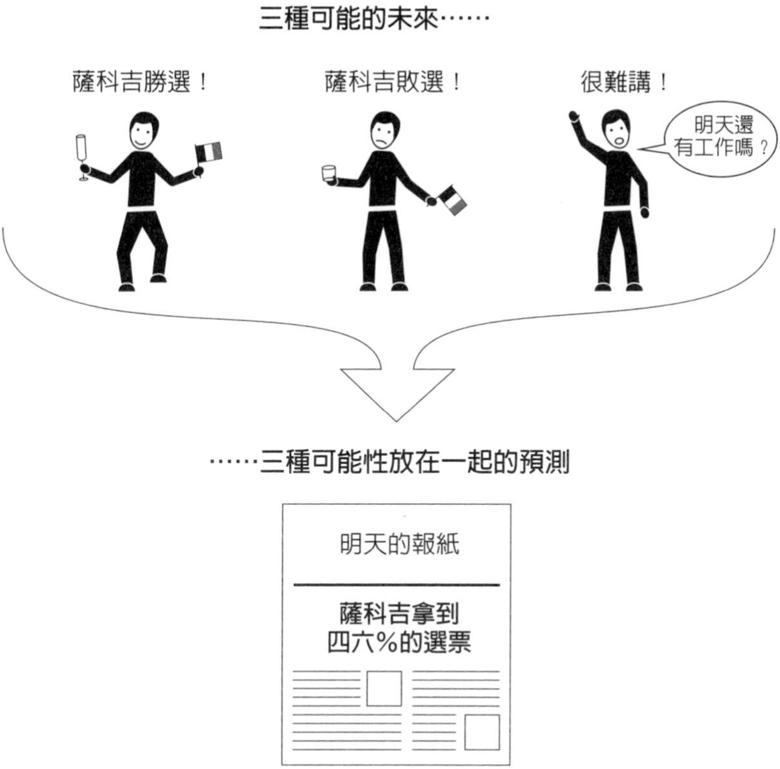
三種可能的未來……
薩科吉勝選！
薩科吉敗選！
很難講！
明天還有工作嗎？
……三種可能性放在一起的預測
明天的報紙
薩科吉拿到四六%的選票

樣，所以計算方式是〔(67% + 25% + 45%)/3〕= 大約 46% 的連任可能性。」

九個月過後，薩科吉拿到四八．四%的選票，對手法蘭索瓦．歐蘭德（François Hollande）成爲新任法國總統。

前述經過簡化的練習，就是最基本的機率思考法：把幾種可能的未來放在一起預測。如果是更複雜的問題，專家通常會用機率分布圖講解。舉例來說，如果要猜測薩科吉的政黨將拿下多少國會席次，專家會把可能的結果畫成曲線，一個軸是薩科吉的政黨拿下的國會席次，一個軸是薩科吉連任的可能性：

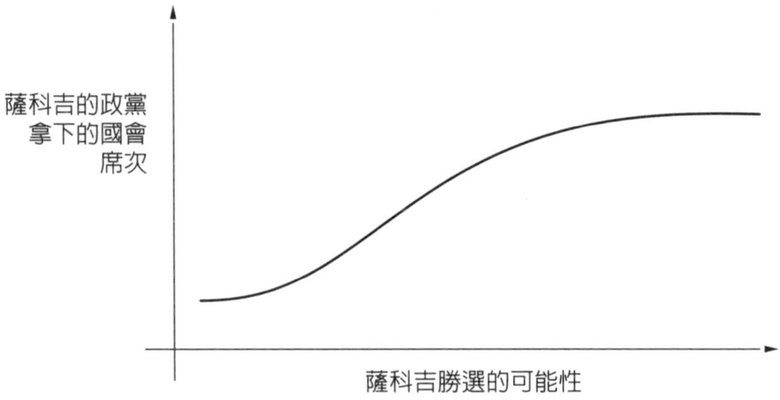

實際的選舉結果是薩科吉敗選，他的人民運動聯盟黨（Union pour un Mouvement Populaire, UMP）也慘遭滑鐵盧，只拿下一九四個席次。

優秀判斷計劃的訓練課程，教民衆各種組合機率與比較未來的方法，不過基本概念是一樣的：未來不是一件事，而是好幾種互相抵觸的可能性加在一起，最後由其中一種可能性出線。我們可以把各種可能性放在一起，預測最可能發生哪種情境。

所謂的概率思考，就是在腦中想著數種相互衝突的可能結果，接著評估它們發生的相對可能性。優秀判斷計劃主持人芭芭拉．梅勒斯（Barbara Mellers）表示：「一般人不習慣思考好幾種未來，我們只活在一種現實裡，所以我們強迫自己把未來想成好幾種可能性的時候，有的人會感到不安，因爲也得想著希望不會成眞的壞事。」

優秀判斷計劃的研究人員寫道，光是讓民衆接受機率訓練，他們的預測準確度就能提升五成。外部觀察員表示：「接受過機率思考訓練的小組表現最佳，參加者學會把預感變成機率，接著又每日在線上和其他組員討論如何調整

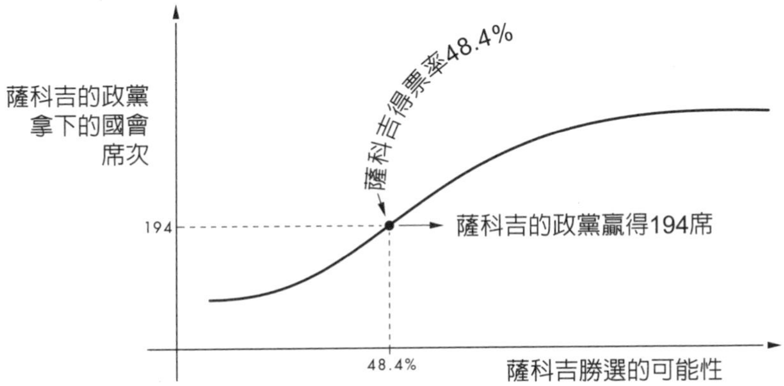

相關機率……題目過於宏大的理論沒有用，例如『現代中國的本質』，比較有用的方法是從各種角度縮小問題的範圍，接著快速調整機率。」⑫

我們必須質疑自己的假設，與不確定性共處，才能學會用機率思考。若要預測未來、做出好選擇，就得區分「我們希望會發生的事」與「比較可能發生的事」。

優秀判斷計劃執行人、柏克萊加大哈斯商學院（Haas School of Business）唐・摩爾（Don Moore）教授表示：「確認自己目前百分之百愛著女友很好，但如果想向她求婚，不是該了解一下接下來三十年離婚的機率？我無法確切告訴你，三十年後你們是否仍相愛，不過我可以幫忙找出你們到時候依舊相愛的可能性、你們的目標到時候是否依舊一致的可能性，以及生多少孩子會如何影響婚姻的統計數據，接著你們可以依據自己的經驗調整數字。如果你覺得有的事比較可能發生、有的事比較不可能發生，可以自己調整加權比重，預測更可能發生的未來。

「長期而言，這樣的預測十分寶貴，因爲就算你現在百分之百確認自己愛著女友，想著未來可能發生的事，可以迫使你想明白目前尚不清楚、但過了一段時間後就會很重要的事。想著未來的可能性會迫使我們對自己誠實，而誠實的結果可能是坦承還有疑慮。」⑬

●●●

安妮開始認眞玩撲克之後，哥哥教她如何區分贏家和其他人。霍華說，輸家永遠都在尋找牌桌上確定的事，贏家則自在地向自己坦承我不知道。事實上，知道自己不知道什麼，其實是很大的優勢，你可以用那些事打敗其他玩家。安妮會打電話給哥哥，抱怨輸牌，抱怨運氣不好，抱怨拿到爛牌，這種時候哥哥會告訴她不要再無病呻吟。

霍華點醒妹妹：「妳有沒有想過，笨蛋才在牌桌上找十拿九穩的事？」

安妮玩的德州撲克（Texas Hold'Em），每一個玩家都會拿到兩張底牌，接著荷官會在牌桌中央逐一翻開五張公共牌，底牌與公共牌能湊成最佳組合的人是贏家。

霍華告訴安妮，自己在學撲克的時候，深夜桌邊是華爾街交易員、世界橋牌冠軍，以及各種數學怪胎。那些人一擲千金，一次下注就是幾萬美元，一直玩到天亮，接著大家一起吃早餐，回顧剛才的牌局。霍華發現撲克難不是難在數學，只要練習夠多次，任何人都能記住或預估贏牌的機率。算機率不難，難的是依據機率做決定。

舉例來說，如果玩德州撲克，你的底牌是一張紅心Q、一張紅心9，接著荷官放了四張公共牌在桌上。

還剩一張公共牌沒發，如果最後一張牌是紅心，你就有湊成五張紅心的同花，牌還不錯。心

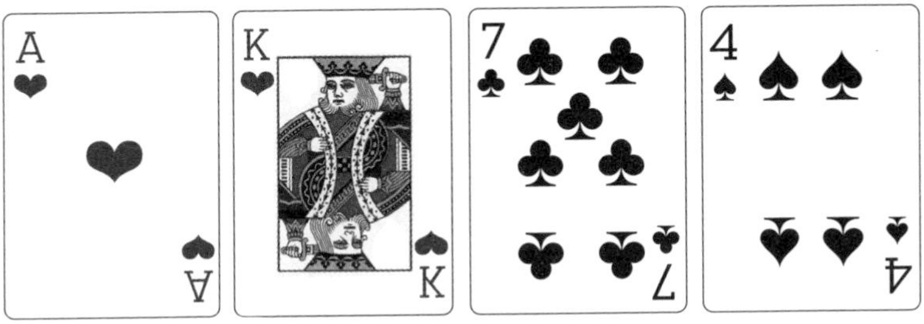

公共牌

算一下，一副牌有五十二張，已經出現四張紅心，荷官手上的牌，剩下九張紅心、三十七張非紅心。換句話說，現在有九張牌可以讓你湊成同花，三十七張不行，所以同花機率是九比三十七，大約是二〇%⑭。*

換句話說，有八成機率你不會拿到同花，跟賭金說掰掰。初學者一看機率，這一局決定蓋牌，因爲他們把注意力都放在確定性：拿到同花的機率很小。爲了不把錢丟進水裡，新手會退出這一局⑮。

高手的想法則不一樣。安妮的哥哥告訴她：「優秀的撲克玩家不在乎確定性，他們

---

*撲克一種「機率中還有機率」的遊戲，此處提供的例子只是爲了解釋「機率思考」（撲克稱爲「底池機率」〔pot odds〕），這一局的完整分析實際上更爲複雜，還必須考量其他玩家手上的牌。完整分析請見第六章註譯。

在乎目前知道什麼、不知道什麼。」

舉個例子，如果高手拿到一張紅心Q、一張紅心9，想湊成同花，大家都下了十塊錢（以下指美元），那一局一共賭一百塊錢，高手心中開始計算機率。要不被淘汰，留下來看是否最後一張公共牌是紅心，高手這一局只需要跟著下十塊錢。如果下十塊錢又拿到紅心，就會拿到一百塊錢，因此「底池機率」(pot odds) 是十比一，每賭一塊可以拿到十塊。

接下來，高手可以靠著想像這一局玩一百次來比較機率。高手不曉得這一局會贏還是輸，不過他知道如果這一局玩一百次，平均而言會贏二十次，每贏一次可以帶走一百塊，一共是兩千塊錢。

此外，高手還知道玩一百次只需要下注一千塊（一次十塊），所以就算輸八十次、只贏二十次，最後還是可以帶一千元回家（總獎金兩千元減掉下注的一千元）。

知道怎麼算了嗎？還是不會算沒關係，因爲這裡的重點是要告訴大家，高手是如何靠著思考機率，知道自己該怎麼做：高手知道很多事無法預測，但如果同一局玩一百次，最後口袋會多一千塊，所以決定跟著大家下注，繼續玩下去。他知道從機率角度來看，長期而言他會贏錢，眼前這一局贏不贏則無所謂，重要的是長期而言機率如何。

安妮的哥哥告訴她：「大部分的玩家都過分執著於找出牌桌上的確定

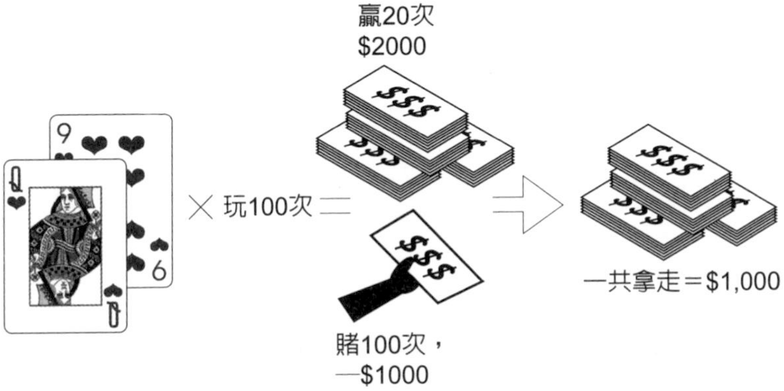

性，判斷力因而被蒙蔽。想要變高手，就得接受不確定性。只要你能接受不確定性，就能利用機率。」⑯

化石人被冠軍錦標賽淘汰的時候，霍華也在妹妹安妮那一桌⑰。霍華花了二十年成爲頂尖世界選手，贏過兩屆世界撲克大賽（World Series of Poker），帶走數百萬美元獎金。這次冠軍錦標賽開場的時候，兄妹倆運氣很好，不必同桌廝殺，不過比了七小時後，衆人紛紛被淘汰，這下子得兄妹對決。

首先是化石人運氣不好被淘汰，接著七十一歲的九屆冠軍道爾．布朗森（Doyle Brunson）因爲冒險下雙倍注而出局。二十四歲就贏過世界撲克大賽的菲爾．艾維（Phil Ivey）接著被安妮淘代，安妮拿到A和Q，他只拿到A和8。安妮那一桌人愈來愈少，最後只剩三個人：安妮、霍華，以及菲爾．赫爾姆斯（Phil Hellmuth）。安妮與霍華不得不兄妹對決，籌碼一下跑到哥哥手上，一下跑到妹妹手上，又比了九十分鐘後，安妮拿到一對6。

安妮在心中告訴自己，目前知道什麼、不知道什麼。她

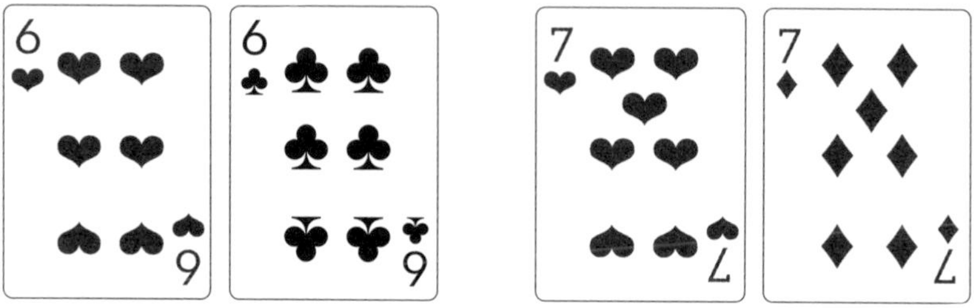

安妮的牌　　霍華的牌

知道這一局自己牌很好，從機率的角度來看，要是這一局玩一百次，勝率還不錯。安妮告訴我：「我在教撲克的時候會告訴學生，有時你在下注之前，甚至不用先看自己有什麼牌。底池機率對你有利的話，永遠都該下注，做就對了。」

哥哥霍華似乎也滿喜歡自己手上的牌，三十一萬美元籌碼全下，赫爾姆斯蓋牌，所以要看安妮怎麼做。

安妮說：「跟注。」

接著兄妹倆翻開自己的牌，安妮有一對6，霍華有一對7。

安妮說：「哥，牌還不錯嘛。」霍華這一局有八二%的機率[18]，可以拿到超過五十萬美元籌碼，成爲同桌第一名。從機率的角度來看，安妮與霍華這一局都沒做錯。賽後霍華表示：「安妮做了正確選擇，她靠機率下判斷。」

荷官翻開前三張公共牌。

「天啊！」安妮摀住臉，「天啊！」

公共牌的6和兩張Q，讓安妮有葫蘆。如果安妮與霍華這一局玩一百遍，霍華八二%的時候會贏，然而實際人生的這一局不是如此。荷官翻開最後的公共牌[19]。

霍華出局。

公共牌

安妮的牌

霍華的牌

安妮從椅子上跳起來抱住哥哥，低語：「哥，很抱歉。」接著衝出攝影棚，還沒到門邊就開始狂哭。

霍華在走廊上找到安妮，安慰妹妹：「沒關係的，現在妳的任務是打敗赫爾姆斯。」

賽後霍華告訴我：「人生就是這樣，你得學會接受。我兒子也一樣。他要申請大學，緊張到不行，所以我們列出十二間學校，四所應該絕對會上，四所機率一半一半，四所有希望但沒把握，然而我們坐下來一起算機率。」

霍華和兒子找到那十二所大學公布在網路上的統計數據，計算每一間的入學機率，接著相加所有機率。那是很基本的數學計算，就算是主修英文的人也有辦法算。計算結果是霍華的兒子有九九．五％的機率至少會進一間大學，進好大學的機

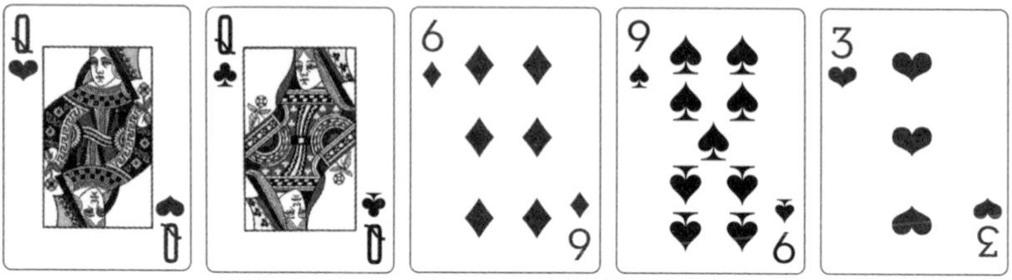

公共牌

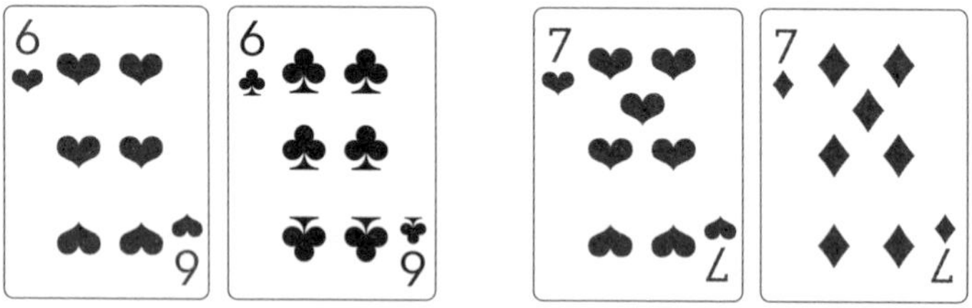

安妮的牌　　霍華的牌

會超過一半，不過如果要進他喜歡的那所明星學校，機率看起來就不太妙。霍華說：「算出來的結果令人失望，不過兒子這下子就沒那麼焦慮了。他做好心理準備，大概不會進第一志願，不過一定有學校念。」

霍華說：「機率是最接近算命的東西，不過你得堅強到能夠接受壞消息。」[20]

三

一九九〇年代尾聲，麻省理工學院的認知科學教授約書亞．德南鮑姆（Joshua Tenenbaum）大規模研究民眾日常做選擇的方法。每一天，我們都面對無數只能靠預測回答的選擇，例如會議會開多久？開車有兩條走法的話，哪一條路比較不塞？全家人要出去玩的話，海灘比較好玩，還是迪士尼會比較好玩？人類會依據不同結果的可能性做出預測，我們或許連自己都沒發現，但我們的確是靠機率做出決定。德南鮑姆教授想知道，人類的大腦究竟是怎麼辦到的？

德南鮑姆教授的專長是計算認知（computational cognition），他研究「電腦」與「人腦」處理資訊的方式有哪些類似之處[21]。如果是電腦，我們得先指定確定的東西，電腦才有辦法幫忙計算，例如我們得給電腦明確的公式，指定該如何比較海灘與遊樂園的優點，電腦才有辦法預測我們一家人會比較喜歡海灘，還是比較喜歡迪士尼。人腦則不一樣，就算我們沒去過海邊，或是沒去過奇幻王國，大腦還是有辦法用過去的經驗推測，例如我家的孩子每次去露營都會抱怨，而且又愛看卡通，所以去看米奇和高飛，全家人大概會比較開心。

德南鮑姆教授在二〇一一年的《科學》期刊上寫道：「我們的大腦怎麼有辦法線索那麼少，卻知道那麼多東西？家裡有小孩的人和科學家都知道，只要給一般的兩歲孩子看幾個例子，他們就有辦法學習新單字，像是『馬』（horse）或『梳子』（hairbrush）。」[22]對兩歲小孩來說，馬和梳子有很多一樣的地方，這兩個英文字聽起來很像，圖片畫起來也差不多，都是長長的身體加上幾根突出的直線，只是馬的直線代表著四條腿，梳子的直線代表梳齒，此外世界上的馬和梳子有各式各樣的顏色，然而孩子可能這輩子只看過一匹馬的圖片，只用過一把梳子，就有辦法知道馬和梳子不一樣。

電腦就不一樣了。你得給出非常詳盡的定義，告訴電腦什麼時候是「馬」，什麼時候是「梳子」。你得在軟體上指定，如果有四條腿，是馬的機率比較大。如果有一百根突出的東西，則比較可能是梳子。然而小孩連話都還不會講的時候，大腦就能計算出哪一個是馬，哪一個是梳子。

德南鮑姆教授寫道：「如果把孩子看成靠感應器輸入數據的電腦，他們是超強大的機器。他們怎

麼有辦法只看過一兩個例子，就抓到馬和梳子各種不一樣的小地方？」㉓

換句話說，德南鮑姆教授想知道，外面的世界可能性那麼多，我們人實際上只接觸過一兩種，怎麼有辦法做出預測，接著又做出決定？

德南鮑姆教授為了解答這個問題，和同事湯馬士・格里菲斯（Thomas Griffiths）設計了一項實驗。他們在網路上找到各式各樣的預測數據，例如某部電影票房會是多少、人的平均壽命、蛋糕要多久才能烤好。兩位教授之所以對這類資訊有興趣，原因是如果把很多例子放在一起畫成曲線圖，就會出現明顯模式，例如以電影的整體票房來看，每年一般會有幾部票房超好的搖錢樹，其他電影則大都連回本都沒辦法。

數學上把這種結果小部分很好、大部分很糟的情形稱為「冪次分布」（power law distribution），如果把一整年的電影營收全部畫在同一張圖上，圖會長得像下面這樣。

其他事件畫成的圖則有不同模式，例如以人類壽命來說，剛出生的嬰幼兒夭折率較高，有的孩子一出生便死亡，不過嬰兒一旦活過頭幾年，大概就能繼續再活數十年，接著

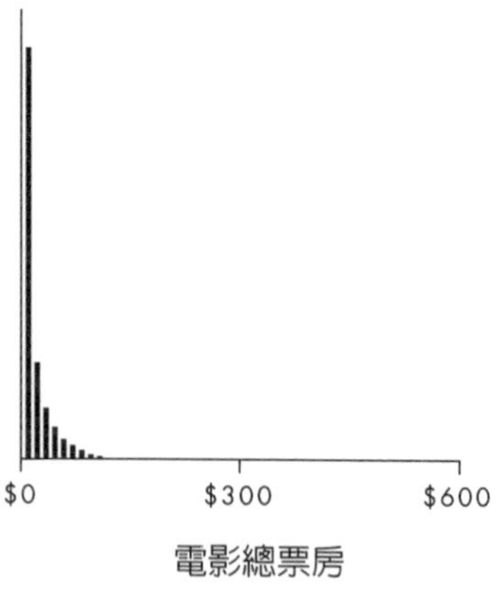

過了四十歲後，死亡率開始升高，五十歲後死亡率繼續每年往上升，八十二歲達到高峰。

人類的壽命呈常態分布，又稱「高斯分布」（Gaussian），就像下圖那樣。

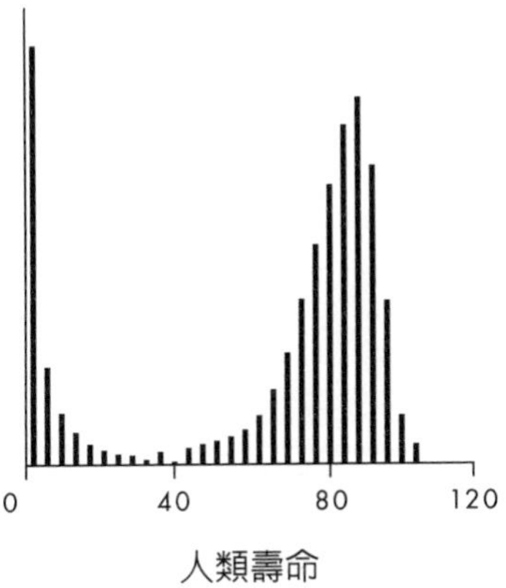

大部分的人憑直覺就知道，預測不同事件要用不同邏輯，就算根本不曉得醫療統計數據，也不曉得娛樂產業的趨勢，也知道預估總票房和人類壽命長度得用不同方式。德南鮑姆與格里菲斯教授想知道，人怎麼有辦法憑直覺就知道該如何預測，兩位教授尋找有明顯模式的事件，例如電影總票房與壽命長度，以及詩歌的平均長度、議員任期（呈厄朗分布〔Erlang distribution〕）、蛋糕的烘焙時間（沒有明顯模式）㉔。

接下來，兩位教授請數百名學生依據題目給的資訊做預測：

> 你讀到某部電影目前的票房是六千萬美元，那麼最後總票房會是多少？
>
> 你碰到某個今年三十九歲的人，他還會活多久？
>
> 蛋糕已經在烤箱烤了十四分鐘，還得烤多久才會

好？

某位美國國會議員已經當了十五年議員，他這一生總共會當幾年議員？[25]

參加實驗的學生只知道題目給的資訊，其他一概不知，也不曉得什麼是冪次分布、厄朗分布。他們的任務就是依據題目給的單一資訊做預測，事先完全不曉得答案會呈現哪一種數學分布。

學生手上沒有多少線索，做出的預測卻準到驚人。他們知道票房六千萬美元是很賣座的意思，因此大概可以再多三千萬美元。此外，學生憑直覺就知道三十多歲的人大概可以再活五十年，還猜如果是已經當過十五年議員的人，大概可以再當個七年左右，因爲現任的候選人比較有優勢，不過再強的議員也有被政治風向打敗的時候。

實驗人員問學生是怎麼做出預測，很少人能說出自己的邏輯，他們只是感覺好像是那樣。平均而言，學生的預測和正確答案相差不到一○%，甚至德南鮑姆與格里菲斯教授把全部學生的每一題預測畫成分布圖後，與網路上找到的正確答案數據分布圖幾乎完全吻合。

除此之外，每一位學生直覺就知道，不同的預測需要不同的預測法。他們不需要懂原因，就知道壽命是常態分布，票房是冪次分布。

部分研究人員稱這種憑直覺就知道模式的能力爲「貝氏認知」（Bayesian cognition）或「貝氏心理學」（Bayesian psychology），因爲電腦如果要做這一類的預測，就得運用某種貝氏法則（Bayes' rule）[26]。貝氏法則是一種數學公式，如果是電腦的話，一般必須同時跑好幾千種模型與比較數百萬筆結果，才能得出答案。*然而如果是人的話，就算手上數據不多，依舊有辦法依據平日觀察到的外界現象，自己做假設並提出預測。舉例來說，假如老哥說他晚上要跟朋友出去吃飯，你猜六成的可能那個朋友是男的，因爲他大部分的朋友都是男的。然而老哥如果又提到那個朋友是工作上認識的人，你可能改變預測，因爲你知道他的同事女性居多。貝氏法則的意思是說，我們可以依據一兩個簡單的資訊，以及我們個人的假設，得出老哥晚上要跟男性還是女性吃飯的機率㉗。如果接下來又得到更多資訊，例如他朋友叫派特、愛看冒險電影和時尚雜誌，貝氏法則會進一步依據新資訊調整機率。

我們人類有辦法不耗費太多腦力就做出估算，而且準確率高到驚人。大部分的人沒研究過人類壽命數據表，不過我們知道依據經驗來看，幼兒死亡率低於九十歲老人的死亡率。大部分的人不會去看票房統計數字，不過我們知道每年都會有幾部大家都跑去看的超級大片，其他則有很多一兩週就下檔的電影，因此我們能依據經驗假設壽命長短與電影票房。我們參加的葬禮愈多、看過的電影愈多，預測就會愈準確。人類是超強的貝氏預測者，只是自己不知道。

---

* 貝氏法則最初出現在貝葉斯牧師（Reverend Bayes）一七六三年去世後出版的遺稿。由於計算方式過於複雜，好幾個世紀以來，統計學者忽略貝葉斯牧師的研究結果，沒有工具執行貝氏法則所需的運算。然而一九五〇年代之後，電腦的運算能力愈來愈強大，科學家發現可以用貝氏法做先前做不到的預測，例如開戰的可能性，以及就算只做人數不多的測試，也能預測藥物的有效性。不過即便到了今日，計算貝氏機率曲線依舊可能得跑數小時電腦。

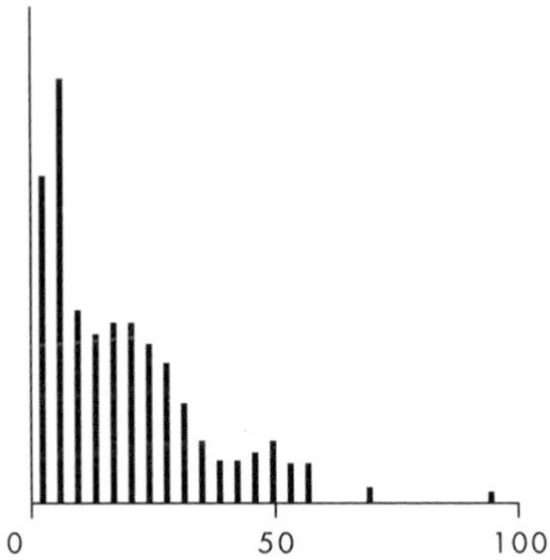

學生猜法老王會統治多久

話說回來，我們還是可能預測錯誤。舉例來說，德南鮑姆與格里菲斯教授請學生預測，如果某埃及法老王已經統治國家十一年，他還會繼續在位多久？大部分的學生猜法老王和歐洲國王等皇室成員差不多，大家因爲念過歷史，看過電視，知道有的貴族很年輕就去世，不過國王或皇后如果能活過中年，一般就會一直統治國家到白髮蒼蒼，因此學生覺得法老王應該差不多像那樣，於是猜測還會繼續在位二十三年。

如果題目問的不是埃及法老王，而是英國國王，學生猜得還滿準的，然而題目問的是法老王，所以大家錯得離譜。四千年前的人類壽命很短，大部分的法老王活到三十五歲就算高齡，因此正確答案是如果法老王已經在位十一年，只會再統治十二年，接著就會因爲疾病或其他古埃及常見的死因駕崩。

學生邏輯正確，直覺依據厄朗分布計算法老王的統治時間，然而他們的假設有問題，弄錯古埃及人能活多久（貝氏法則稱爲「事前機率」〔prior〕或「基準機率」〔base rate〕），因此接下來的預測跟著出問題㉘。

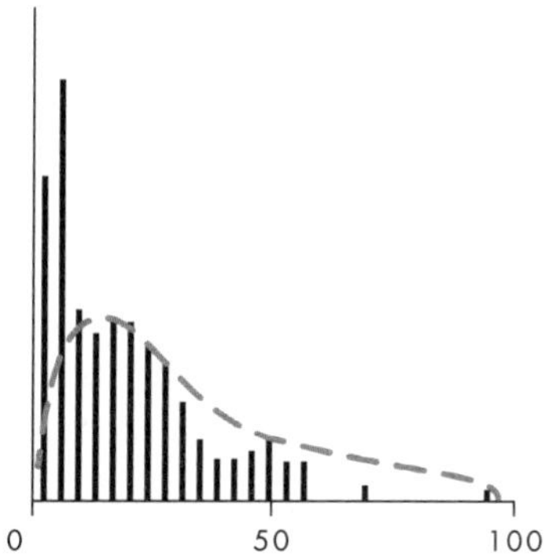

法老王實際統治多久

德南鮑姆教授告訴我：「我們人居然有辦法靠著那麼少的資訊，接著依據生活中得到的數據，就有辦法做預測，實在不可思議，不過前提是我們得先有正確假設。」

怎麼樣才能有正確假設？答案是盡量讓自己體驗各式各樣的事。我們的假設來自生活中經歷過的事，不過一般人通常經驗狹隘，而且特別留意或記住成功的事，忘記失敗的經驗，例如大部分的人對商業的認識其實來自報章雜誌，吃飯偏好去熱門餐廳，娛樂偏好看熱門電影。這類體驗的問題，在於我們只接觸到大量成功的例子。報章雜誌的封面故事，一般只介紹用十億美元以上收購的新創公司，而不會介紹其他數百家破產的類似公司。我們前往自己最喜歡的熱門披薩店時，幾乎不會注意到路旁空蕩蕩的餐廳。換句話說，人類被訓練成注意成功的事，接著又依據那些成功的事帶來的經驗與假設，進而做出事情會成功的種種預測。失敗的例子我們視而不見，也不會依據那些例子做假設㉙。

由於我們人有偏見，許多成功人士會特別花時間找失敗的例子，找出新聞財經版公司破產的報導，還會和升不了官的同事共進午餐，問出究竟是怎麼一回事。年度考核時，成功人士除了希望別人提供讚美，也希望聽到建言。此外，他們還會仔細查看信用卡帳單，找出究竟是哪裡還不夠省。成功人士平日三省吾身，而且不貳過。他們問自己，爲什麼某次的會面結果不如想像中理想？下一次開會時，發言可以如何再簡潔有力一點？人類天生健忘，過一段時間就會忘掉自己和別人犯過的小錯誤，然而預測要準確的話，就得有符合現實的假設，而假設又來自我們自己的經驗。我們如果只關注好消息，判斷會受到誤導。

柏克萊大學研究創業心理學、參與優秀判斷計劃的摩爾教授表示：「最厲害的創業者會和成功過的人士聊天，弄清楚自己將面對的風險。他們還刻意花時間和人人避之唯恐不及的抱怨鬼聊天，了解他們失敗的原因。」

學習做出更佳決定的訣竅，就是大量吸取正反經驗。我們必須預測未來，才可能做出良好選擇，而準確的預測除了需要大量的成功經驗，**也**需要失敗的經驗。我們必須待過擁擠的放映廳，**也**待過空蕩蕩的電影院，才能預測電影的表現。我們必須和嬰兒相處過，**也**和老人相處過，才有辦法準確評估壽命。此外，我們必須和成功的同行聊，**也**和失敗者聊，才會有更準確的商業直覺。

同時讓自己體驗成功與失敗並不容易，因爲人比較願意直視成功。我們不願意揭被炒魷魚的朋友瘡疤，也不覺得該詳細追問同事爲什麼離婚，不過如果要校準我們自己的「基準機率」，就得同時向成功與失敗人士學習。

下一次朋友沒升官，問他爲什麼。下一次沒談成生意，問對方你做錯什麼。下一次你心情不好對另一半發脾氣，不要以爲事情自然會過去。我們得強迫自己找出發生了什麼事。

找出原因後，接下來要用那些經驗，預測可能的未來，想一想各種情境的機率。我們永遠不會百分之百確定事情最後會怎麼樣，然而只要強迫自己設想未來，就會愈知道哪些事大概會成眞、哪些不會，下一次就能做出更好的選擇。

●●●

安妮念研究所時就聽過貝氏思考，玩撲克時也順便應用。她告訴我：「我遇到不認識的玩家時，做的第一件事，就是開始思考基準機率。對於不曾研究過貝氏原則的人來說，我的玩法聽起來像是我充滿偏見。如果我對面坐著一個四十歲的生意人，我會假設對方唯一在乎的事，就是走出去之後，可以向朋友吹噓自己和職業選手玩過牌，對於輸贏他其實不是很在乎。如果對面坐著一個二十二歲、穿撲克圖案T恤的人，我會假設他是在網路上學撲克，所以他會綁手綁腳，以爲碰到什麼情況就一定得怎麼做。

「偏見和貝氏思考不同的地方是：開始玩之後，我會修正我的假設，因此如果我發現那個四十歲的人其實很會唬牌，他可能是扮豬吃老虎。如果二十二歲的人試著每一局都唬牌，他大概只是不曉得自己在做什麼的富家公子哥。我會花很多時間更正假設，因爲一旦錯了，基準機率就有問題。」

安妮的哥哥出局之後，冠軍錦標賽只剩兩名選手對決：安妮與赫爾姆斯。赫爾姆斯是賭場傳奇人物，也是電視名人，綽號「撲克小子」（the Poker Brat）㉚。赫爾姆斯告訴我：「我是撲克界的莫札特，我大概是最會解讀玩家的玩家，世界第一，那是一種魔法，一種直覺。」

安妮和赫爾姆斯分坐牌桌兩頭，安妮賽後表示：「我知道赫爾姆斯當時怎麼看我。他以前告訴過我，他看不起我，我缺乏創意，只不過是走運，不是聰明。我太膽小，該唬牌時不唬牌。」㉛

赫爾姆斯的看法的確是安妮必須解決的問題，因爲安妮**想讓**赫爾姆斯誤以爲她是扮豬吃老虎。要引赫爾姆斯下大注唯一的方法，就是讓他以爲她在唬牌，但其實不是。安妮要贏的話，就得改變赫爾姆斯對她的假設。

赫爾姆斯則有別的打算。他覺得自己比較厲害，可以看穿安妮。赫爾姆斯告訴我：「我有用超快速度學習的本領。每次我一弄清楚人們想搞什麼鬼，就能控制牌桌。」赫爾姆斯不是隨便吹牛，他可是十四屆撲克錦標賽冠軍。

安妮與赫爾姆斯手上的籌碼勢均力敵，接下來一小時，他們玩了一局又一局，兩個人都沒占到優勢。赫爾姆斯一直在逗安妮，想激怒她，讓她頭腦不清。

赫爾姆斯說：「我比較想跟妳哥比。」

安妮回答：「我懂，我能進決賽眞幸運。」

安妮唬了赫爾姆斯四次，「我想把他逼到覺得：『去他的，這女的每一局都在耍老子，老子要報復。』」不過赫爾姆斯似乎不受影響，一點都不意氣用事。

最後安妮終於等到大好機會，荷官發給她一張K、一張9，給赫爾姆斯一張K、一張7，接著在牌桌中央翻出公共牌K、6、9、J。

赫爾姆斯知道自己有一對K，不過他不知道安妮有**兩個**對子，一對K、一對9，兩個人都

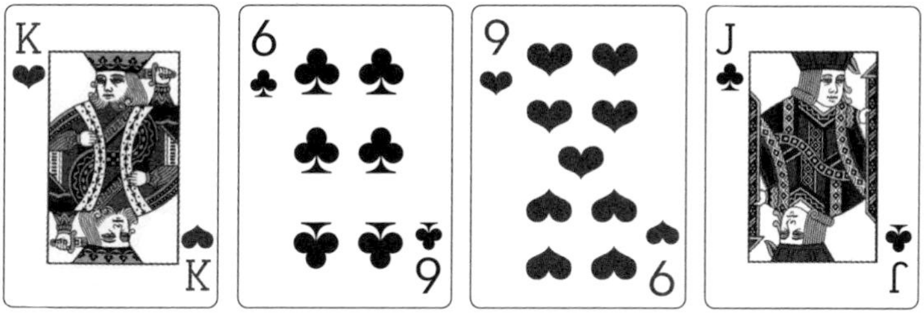

公共牌

安妮的牌

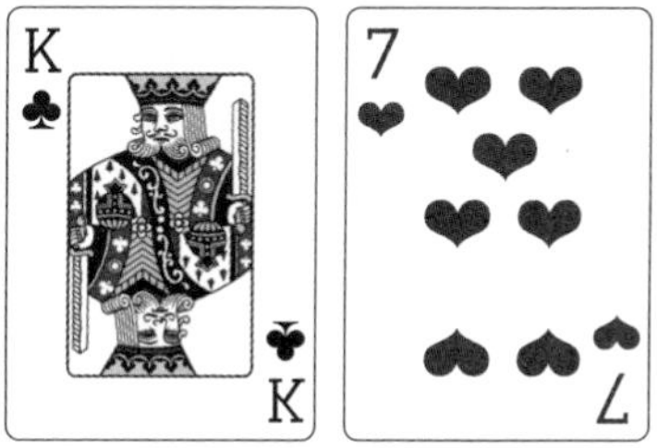

赫爾姆斯的牌

不知道對方的底牌。

安妮丟出籌碼，把下注金額提高到十二萬美元。赫爾姆斯覺得自己有一對Ｋ，牌應該比安妮好，於是跟注，接著安妮全下，底池這下子有九十七萬美元籌碼。

就看赫爾姆斯怎麼賭了。

赫爾姆斯開始大聲碎碎念：「居然有這種事，眞是難以置信，那女人甚至不曉得老子牌有多好，連玩都不會玩。」

赫爾姆斯起身。

「我不知道，」他沿著桌子繞步，「我不知道，這一局我有糟糕預感。」赫爾姆斯最後決定蓋牌[32]。

赫爾姆斯翻開自己的Ｋ，讓安妮看他有對子，接著安妮反擊，貌似隨意地翻開自己一張底牌，但沒有兩張都翻，赫爾姆斯看到她有一對９，但不知道她還有一對Ｋ。

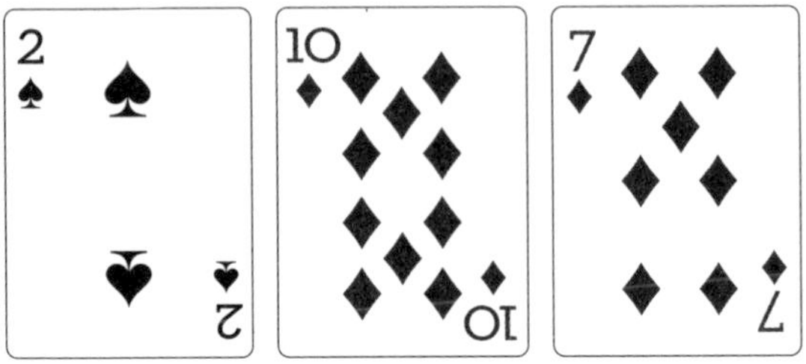

公共牌

安妮的牌

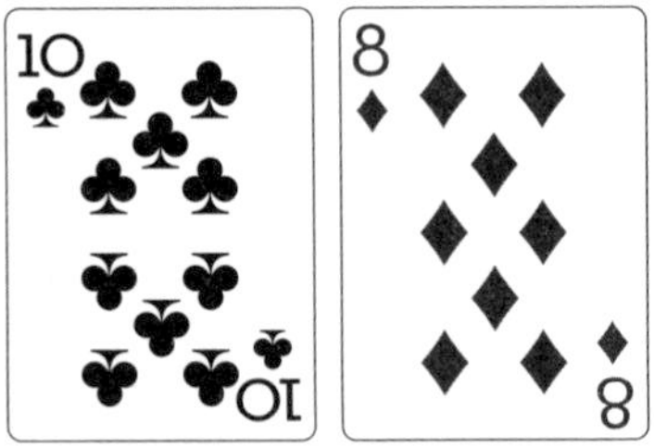

赫爾姆斯的牌

安妮賽後解釋：「我想讓他對我另眼相看，我要他以爲我用一對9在唬牌。」

赫爾姆斯對安妮說：「哇，妳只有9也敢全下？太衝動了，妳的對手可是我，或許剛才我太快蓋牌。」

兩人準備好玩下一回合，現在安妮手上有一百四十六萬美元籌碼，赫爾姆斯有五十四萬。荷官發下兩人的底牌，安妮拿到一張K、一張10，赫爾姆斯拿到一張10、一張8，前三張公共牌是2、10、7。

赫爾姆斯有一對10，還有一張8，還算不錯。安妮也有一對10，另一張是K，好一點點。

赫爾姆斯下四萬五的籌碼，安妮提高到二十萬，很大膽的舉動，不過赫爾姆斯已經開始相信安妮在亂玩。他覺得自己已看出安妮出乎意料的模式：安妮一而再、再而三唬牌，赫爾姆斯的基本假設逐漸改變。

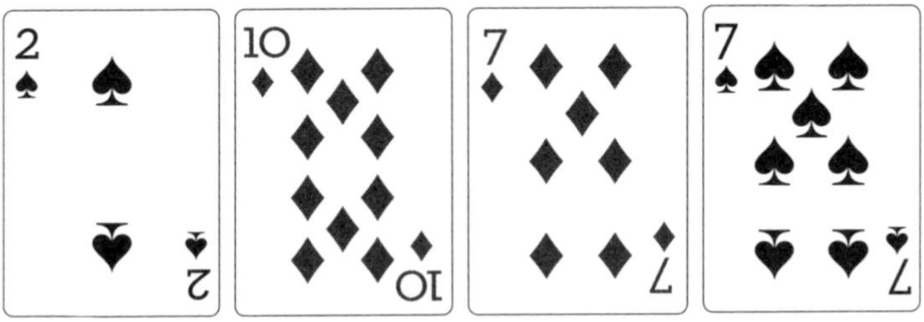

公共牌

安妮的牌　　赫爾姆斯的牌

赫爾姆斯看著桌上的籌碼，想著也許自己原本的假設錯了，安妮在關鍵時刻其實敢唬牌？或許她現在就是在唬牌？或許這一次她的牌沒那麼好？

赫爾姆斯說：「全下。」他把所有籌碼推到牌桌中央[33]。

安妮說：「我跟。」

兩個人翻開自己的底牌。

赫爾姆斯怒吼：「媽的！」兩個人都有一對10，而安妮的K大過赫爾姆斯的8。

荷官翻出公共牌7，對兩個人都沒影響。

安妮站起來摀臉。赫爾姆斯也站起來大聲吸氣：「拜託，來張8。」下一張公共牌只能是8，不然赫爾姆斯鐵定出局。荷官翻開最後一張公共牌：是3。

安妮抱走兩百萬美元，赫爾姆斯出局，比賽結束，冠軍是安妮[34]。

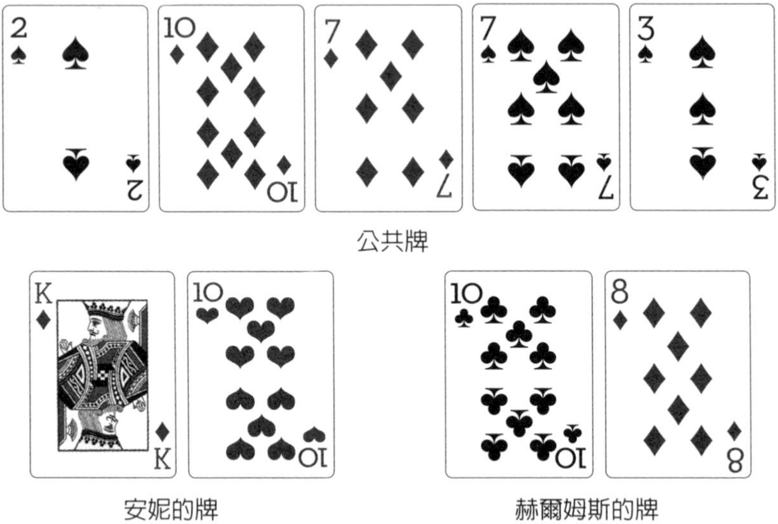

賽後安妮表示，贏了這場錦標賽改變了她的人生，她就此成爲全球最知名的女性撲克選手。二〇一〇年，安妮又在全國撲克單挑冠軍賽（National Heads-Up Poker Championship）勝出，今日是世界撲克大賽抱走最多獎金的記錄保持人，一共贏了超過四百萬美元，再也不必擔心房貸，也不曾恐慌症發作。二〇〇九年，安妮參加電視節目《誰是接班人》（*Celebrity Apprentice*），錄影前有點緊張，但不是太緊張，還不到崩潰邊緣。近年來，安妮已經不太參加撲克錦標賽，把大部分的時間拿來教企業人士用機率思考，教大家擁抱不確定性，用貝氏展望做出更好的人生決定。

安妮告訴我：「很多撲克賽最終其實是運氣問題，就跟人生一樣，你永遠不知道結局是什麼。我大二把自己送進精神療養院時，完全沒想到會成爲職業撲克選手，但是你得接受人生的不確定性。我接受了人生不曉得會往哪裡走之後，控制住自己的焦慮。我們唯一能做的事，就是在眼前的選項中做出最好的選擇，然後相信長期而言，贏的機率站在我們這邊。」

●●●

我們如何學會做出更好的選擇？我們可以訓練自己用機率思考，強迫自己設想各種未來的可能性，在腦中同時想著各種相互衝突的情境，接著讓自己接觸各種成功與失敗的經驗，直覺就知道哪些預測比較可能或不可能成眞。

培養直覺的方法包括研究統計數字、玩撲克遊戲，想著人生可能發生的高低起伏，或是和孩子一起坐下來耐心計算機率，幫助孩子克服焦慮。無數的方法都可以培養貝氏直覺，有的很簡單，例如檢視過去的決定，然後問自己：我當時爲什麼確定事情一定會是那樣？爲什麼我錯了？

不管採取何種預測法，基本道理都一樣：一、我們得把未來看成各種可能性，不能預設一定只有一種結果；二、找出自己知道什麼、不知道什麼；三、問問自己，哪一個選項機率最大？天底下沒有算命這種事，沒有人能百分之百確定明天會發生什麼事，然而有些人錯就錯在極力避免做預測，太渴望確定性，不確定性害他們過度焦慮。

如果安妮當初留在學院，那麼預不預測還重要嗎？安妮說：「當然重要。如果你正在選擇自己要做什麼工作，或是考慮自己是否負擔得起出去玩一趟，或是要存多少退休金，這一切都需要預測。」不管需要預測什麼，基本原則是一樣的。最會做選擇的人，是最努力設想各種未來的人。他們把可能性寫下來，然後仔細思考，問自己：哪些是我覺得最可能發生的事？理由是什麼？

任何人都能學會做更好的選擇。我們全都可以訓練自己每天做一點小小的預測，沒有人會每次都猜對，不過熟能生巧之後，就有辦法影響機率，自己幫自己算命。

7 創新
創意仲介與絕境帶來的創意拯救迪士尼《冰雪奇緣》

一

試映會還有一小時才開場，但門外已經大排長龍。全迪士尼的導演、動畫師、剪輯師、故事編劇統統都來了，大家都想先睹爲快公司最新的作品①。

衆人就座，燈光暗下，冰天雪地之中，一對姐妹出現在螢幕上。焦躁的妹妹安娜（Anna），正在爲自己和白馬王子漢斯（Hans）的婚禮與登基典禮忙個不停，指揮東，指揮西。姐姐艾莎（Elsa）是個愛嫉妒的壞人，還被詛咒，手碰到的東西都會變成冰，王位原本該傳給長女，但艾莎因爲點石成冰被跳過，一個人跑到深山水晶宮殿生活，心中滿懷恨意，正想伺機報復。

安娜的婚禮即將來臨，艾莎和愛說刻薄話的雪人雪寶（Olaf）一起策劃奪回王冠，綁架安娜，但英勇的漢斯王子出手救回未婚妻，憤怒的艾莎命令雪怪摧毀城鎭，村民趕跑入侵者，然而一切塵埃落定後，衆人發現安娜公主的心被邪惡的姐姐冰封住，漢斯王子也不見人影。

電影的第二部分是安娜尋找自己的王子，要用眞愛之吻才能破解她被冰凍的心。艾莎再度發動攻擊，邪惡的雪怪讓城鎭大淹水，但情況很快失控，雪怪反過來威脅主人艾莎。安娜和艾莎這下子才明白，兩個人得攜手合作，最後姐妹一起打敗怪獸，明白團結力量大的道理，化解心結，安娜的心不再冰凍，和平再臨，每個人從此過著幸福快樂的日子。

這部片的名字是《冰雪奇緣》，還有十八個月就要正式上映。

一般來講，迪士尼出品的電影播放完畢時，大家會鼓掌歡呼，播映廳還會準備面紙，因爲大家會感動到哭成一團。

然而《冰雪奇緣》的試映會上，沒人哭，沒人歡呼，沒人碰面紙。所有人排隊依序出場，現場一遍寂靜，連針掉在地上都聽得見。

試映結束後，導演克里斯．巴克（Chris Buck）和其他五、六名迪士尼電影製作人，在片場餐廳討論自己剛才看到的動畫。這群人是負責在電影製作過程中提供建言的「故事智囊團」（story trust），每個人一邊拿自助餐提供的瑞典肉丸，一邊等著拿完菜討論《冰雪奇緣》的最新版本。導演巴克什麼都沒拿，他告訴我：「我當時一點都不餓。」

迪士尼創意長約翰．拉薩特（John Lasseter）率先發言：「你們有幾幕滿精彩。」拉薩特列舉幾個優點，戰鬥場面很刺激，很令人興奮，姐妹間的你來我往也很精彩，雪怪很嚇人，電影步調很快、很流暢。拉薩特說：「這是一部讓人熱血沸騰的電影，動畫效果也非常棒。」

然而拉薩特列完優點後，開始講說也說不完的缺點。

拉薩特列完十二項缺點後總結：「你們挖得還不夠深入，觀衆感受不到自己和這個故事的連結，裡面的人物太不像眞人。安娜太古板，艾莎太邪惡，我不喜歡這部電影裡的任何人，直到結尾才好一點。」

創意長講完後，其他智囊團成員紛紛發言，指出更多問題。劇情有邏輯上的漏洞，例如漢斯王子感覺不像是個好對象，究竟爲什麼安娜要和他在一起？此外，電影中出現的人物太多，搞不清楚誰是誰，情節又太好預測，還沒演就知道會發生什麼事，而且艾莎根本不必綁架妹妹、摧毀城鎮，就能奪回想要的東西。安娜性格也很惹人厭，整天在抱怨，不像是一個住在城堡，即將和王子結婚，馬上就要當女王的人。智囊團中的編劇珍妮佛．李（Jennifer Lee）特別討厭艾莎嘴賤的跟班，筆記上寫著：「雪寶ＸＸ惹人厭，一定要砍掉那個角色。」

坦白講，導演巴克一點都不意外大家那樣批評②。他的團隊已經卡在故事情節好幾個月。編劇一再重寫劇本，安娜和艾莎一開始是陌生人，後來又改成姐妹，由被詛咒的姐姐登基，安娜不開心，因爲「自己是備胎，不是王儲」。《冰雪奇緣》負責配樂、曾幫叫好又叫座的百老匯《Q大道》（*Avenue Q*）、《摩門之書》（*The Book of Mormon*）寫歌的夫妻檔③累個半死，不斷重來，兩人說實在不曉得如何把嫉妒與報仇寫成輕鬆愉快的歌曲。

《冰雪奇緣》的團隊想出各式各樣的故事。在有的版本，安娜和艾莎不是皇室成員，只是普通鎮民。在有的版本，姐妹倆因爲都喜愛馴鹿，最後化解恩怨。某一版的劇本說安娜和艾莎從小分開，某一版說安娜在結婚典禮上被拋棄。導演巴克爲了解釋艾莎爲什麼被詛咒，添加人物，另外加上愛情故事，但不管怎麼加都不對。每一次他讓安娜變得比較討喜，或是讓艾莎不那麼滿懷恨意，就會冒出無數情節漏洞④。

替《冰雪奇緣》寫歌的鮑比．羅培茲（Bobby Lopez）表示：「這就像拼圖，我們硬是多加一塊，其他塊就會拼不起來，而且時間所剩不多，電影馬上就要上映。」

動畫電影一般有四到五年的醞釀時間，然而迪士尼由於上一部片子賣不好，《冰雪奇緣》才剛開始製作不到一年，就被硬推上場，二〇一三年十一月就得上映，時間只剩一年半。製作人彼得．德維寇（Peter Del Vecho）表示：「我們得馬上找到答案，但不能是老掉牙的故事，也不能是一堆故事拼湊在一起。電影必須感動人心，但時間實在太趕。」

當然，不是只有電影會碰上《冰雪奇緣》的問題。究竟要如何趕在最後期限激發出創意？如何讓創意過程更具生產力？這是千古謎題。每一天，學生、主管、藝術家、政策制定人，成千上萬的人都面對著必須擠出創意的挑戰。經濟情勢變幻莫測，創意愈來愈重要，快速想出原創的點子，才有辦法在新世界生存。

許多人士最重要的工作，其實是想辦法加快創新的腳步。迪士尼動畫工作室總裁秉皮克斯共同創始人卡特姆表示：「我們非常重視創意流程的生產力，生產力可能好，可能差。有好的創意發想流程，就能更快想出新東西，然而要是流程不對，好點子會流產。」⑤

故事智囊團給《冰雪奇緣》的建議聽起來不太妙⑥。創意長拉薩特告訴導演巴克：「我覺得這部電影似乎有好幾個不同的元素在角力，我們看到艾莎的故事，看到安娜的故事，還看到漢斯王子與雪寶的故事。每一個故事都有很棒的元素，有很多很好的題材，然而你得整合成一個觀眾會有感覺的故事。你得找出這部電影的核心價值。」

拉薩特起身離開前告訴巴克：「該花多少時間找答案，就花多少時間，不過快點找到比較好。」

二

一九四九年，編舞家傑羅姆．羅賓斯（Jerome Robbins）找朋友雷納德．伯恩斯坦（Leonard Bernstein）與亞瑟．勞倫茲（Arthur Laurents）嘗試大膽的點子。羅賓斯提議，三個人應該一起做一齣新型音樂劇，以《羅密歐與茱麗葉》（*Romeo and Juliet*）爲藍本，但場景搬到現代紐約，把古典芭蕾、歌劇、實驗劇場加在一起，最好再加上現代爵士與現代主義戲劇。羅賓斯說，目標就定在讓百老匯出現前衛主義[7]。

羅賓斯提出新羅密歐與茱麗葉的點子時，早已是有名的創新者。不論是戲院還是私底下的人生，他都是最前衛的人士。他是雙性戀，在那個年代同性戀還是違法行爲。此外，他害怕反猶太主義會毀了事業，把名字拉賓維茲（Rabinowitz）改成較爲美式的羅賓斯（Robbins），還曾在衆議院非美活動調查委員會（House Un-American Activities Committee）面前指認朋友，他怕不合作的話，性向會被公開。羅賓斯是流氓，是完美主義者，舞者討厭他，下了台不跟他說話，不過很少人會拒絕參與羅賓斯的製作，人們公認他是當年最具創意的藝術家，簡直當成神在崇拜。

羅賓斯的《羅密歐與茱麗葉》構想十分大膽，當時的大型百老匯音樂劇，一般死守相當好預測的架構，主角一定是一男一女，情節一定靠對話推動，不靠歌詞唱出來。節目上一定有大合唱、舞蹈表演、豪華布景，中間穿插幾場雙人對唱，然而情節、歌曲、舞蹈之間，接得不是很流暢，感覺是分開的，不像把故事融合於舞蹈動作的芭蕾，也不像唱出對話、劇情同時靠著演員和音樂一起推動的歌劇[8]。

這一次，羅賓斯想來點不一樣的創作，他說：「為什麼我們不把自己最大的才華集合在一起？為什麼伯恩斯坦就一定要寫歌劇，勞倫茲就一定要寫舞台劇，我就一定要創作芭蕾？」⑨三個朋友聚在一起，想創作出感覺現代但又超越時空的作品。伯恩斯坦和勞倫茲讀到一篇講種族暴動的報導，提議把這次的羅密歐與茱麗葉換成一個是波多黎各人，一個是白人，兩家是對立的幫派，至於劇名呢，就叫《西城故事》（*West Side Story*）好了⑩。

接下來幾年，三人交換劇本、音樂和編舞的點子，如果好幾個月不能見面，就郵寄草稿給彼此，不過討論五年後，羅賓斯不耐煩了，寫信給伯恩斯坦與勞倫茲：這齣音樂劇**很重要**，我們會創下新紀元，一定得完成劇本。羅賓斯提議，為了加快進度，應該回到原本熟悉的做法，和先前的合作一樣，一邊做一邊摸索，不該再每一件事都想嘗試新東西，而是用新鮮方式運用傳統。

舉例來說，三個人一直搞不定音樂劇的男主角東尼（Tony）與瑪莉亞（Maria）第一次應該如何相遇⑪。羅賓斯建議，就學莎士比亞，讓這對戀人在舞池認識彼此，但地點是現代舞池，「在狂野的曼波音樂中，一群年輕人隨性跳著狂放吉魯巴」⑫。

羅賓斯說，東尼殺死對手的那場決鬥，編舞應該模仿電影的打架場景。「打鬥戲應該讓人覺得一觸即發，不然觀眾會無聊。」⑬東尼和瑪莉亞命運般的相遇，則要像羅密歐與茱麗葉的經典婚禮場景，但也要有歌劇的戲劇效果，再帶一點百老匯觀眾喜愛的浪漫情懷。

然而最大的挑戰，在於找出哪些戲劇傳統具有永恆的強大力量，哪些則早已過時，例如羅賓斯的劇本依據傳統劃分成三幕，不過他也提到：「讓兩次中場休息切斷觀眾的情緒很不好」⑭。電影已經證明，如果劇情緊湊，觀眾其實有辦法坐得住。此外，羅賓斯還寫信告訴勞倫茲：「我最喜歡的段落是你們走自己的路，用自己的風格寫出自己的人物與想像，比較不成功的部分，則是我感覺到你們太拘泥於莎士比亞的那幾幕。」[15]同樣的道理，人物的刻畫不能流於刻板，羅賓斯寫信給其他人：「你們的安妮塔（Anita）太過頭，她就是個爲主角犧牲的可憐女二，忘了她吧。」[16]

一九五七年，羅賓斯等人籌劃了八年後，新版劇本終於完工，不同的戲劇元素集合在一起，創造出新東西：一齣舞蹈、歌曲、對話被融合在一起的音樂劇，主題是戲院門口賣的報紙報導的現代種族主義與社會不公。唯一剩下的問題就是找錢。羅賓斯三人找到的製作人，幾乎每一個人都拒絕他們，金主說他們的羅密歐與茱麗葉和觀眾期待的差太多。羅賓斯最後找到願意在華盛頓特區上演這齣戲的贊助者，特區離百老匯有千里遠，萬一不幸失敗，消息應該不會傳回紐約。

●●●

羅賓斯加快腳步的方法很有效，他的創意發想方式是吸取其他戲劇已經成功的傳統元素，然後用新方法結合在一起，創意人士都用過這招。二〇一一年，西北大學（Northwestern University）兩位商學院教授以科學方法研究新舊結合是怎麼一回事，在二〇一三年的《科學》期刊寫道：「不論是在人文領域、科學領域，或是在商業創新領域，混合原有元素是新點子的源頭。」[17]研究人員想知道，如果說大部分的原創點子來自原本就有的概念，「新點子的元素通常來自已知的知識」，爲什麼有人新瓶裡裝的舊酒比別人好喝？

布萊恩．烏濟（Brian Uzzi）與班．瓊斯（Ben Jones）[18]兩位研究人員決定從自己最熟悉的主題著手：學術報告的撰寫與發表。兩人靠著資料庫，取得一萬兩千種以上期刊發表過的一千七百九十萬篇科學論文。雖然沒有客觀標準可以評估一篇論文是否具有創意，不過可以靠著分析作者腳註引用的資料來源，評估每篇論文的原創性。烏濟告訴我：「一篇論文如果結合了牛頓與愛因斯坦的理論，那是一篇傳統論文，但要是結合愛因斯坦與中國哲學家王充的思想，比較可能是原創的東西，因爲那是很不尋常的組合。」此外，兩位教授也靠著看哪些論文最受歡迎（其他研究者引用過數千次以上的論文），評估每篇論文的原創程度。烏濟表示：「若想登上前五％最常被引用的排行榜，你得提出一點新東西。」

烏濟、瓊斯，以及兩人的同事山提恩．穆賀吉（Satyam Mukherjee）與麥克．史垂吉（Mike Stringer）寫出可以評估一千七百九十萬篇論文的演算法，依據每篇研究結合多少不一樣的點子、以前是否有人做過那樣的組合、那篇論文熱門或乏人問津，評估出每篇論文具備多少新意，接著再進一步研究最有創意的論文是否有共通特質。

分析結果跑出來後，幾位研究者發現，最有創意的論文有的短、有的長，作者少部分只有一個人，大部分是團隊。有的作者才剛開始展開學術生涯，有的作者則比較資深。

換句話說，要寫出有創意的論文有很多方式。

然而有創意的論文至少有一件事一樣：它們通常會用新方法混合先前的概念，最有「創意」的論文，平均九成以上概念已經在其他地方發表過，早有其他數千位科學家引用過，然而有創意的論文會用沒人想過的方法，用傳統概念來回答問題。烏濟與瓊斯寫道：「我們分析了一千七百九十萬篇涵蓋所有科學領域的論文，結果發現科學研究依循著一個共通的模式。最有影響力的科學理論，通常奠基於前人的努力，不過組合方式相當不尋常。」一篇論文會有創意、有重要性，不是因爲提了什麼概念，而是用了什麼方式把概念組合在一起⑲。

各位如果回想一下過去半世紀最聰明的發明，就會發現事情的確如此，例如興起於一九七〇年代中期與一九八〇年代的行爲經濟學，重新打造了企業與政府，把歷史悠久的心理學理論用於經濟領域，問爲什麼理性的人也會跑去買彩券⑳。另一個以新鮮方式組合熟悉概念的例子，則是今日的社群網站公司。軟體工程師借用公共健康模型，把原本用來解釋爲什麼病毒會擴散的模型，拿來解釋朋友如何分享自己的近況。醫生今日能快速解開複雜的基因序列，是因爲研究人員把貝氏法則用在研究基因演化的實驗室㉑。

靠組合舊點子激發創意，不是什麼新鮮事。歷史學家發現，愛迪生大部分的發明來自借用其他領域的科學並加以改良，兩名史丹佛教授在一九九七年寫道，愛迪生的研究團隊「借用電報產業的電磁知識，把舊概念運用在照明、電話、留聲機、鐵路、採礦等產業」㉒。研究人員還發現，實驗室與企業也鼓勵同仁以舊點子、新組合的方式激發創意。一九九七年ＩＤＥＯ公司的消費者產品報告指出，ＩＤＥＯ最成功的設計，來自「結合不同產業原本就知道的事」，例如ＩＤＥＯ曾經設計出一款銷售第一的水瓶，那個瓶子是常見的玻璃瓶，再加上洗髮精的防漏瓶口。

用新方法結合舊點子的威力也展現在金融領域，博弈技巧與粒子運動公式被用來計算衍生性金融商品的價格㉓。現代的腳踏車安全帽，源自設計師想知道能否借用幾乎可以承受各式擦撞的船殼形狀設計安全帽㉔。就連育兒也用新方法結合舊點子，例如班傑明・史巴克（Benjamin Spock）一九四六年問世以來廣受歡迎的育兒書《嬰幼兒照護指南》（*The Common Sense Book of Baby and Child Care*），結合了佛洛伊德的心理治療與傳統育兒技巧㉕。

烏濟教授表示：「很多我們覺得創意過人的人士，其實是知識的中介者，他們知道如何把不同產業、不同族群的知識帶到其他地方。他們看過很多人士在不同情境下解決相同問題，知道點子怎樣運用最有效。」

社會學稱這種中介者爲「點子仲介」或「創意仲介」。社會學家羅納德．伯特（Ronald Burt）二〇〇四年研究六七三位大型電子公司經理，結果發現點子最有「創意」的經理，特別擅長把公司某部門提出的概念，向其他部門的員工解釋。伯特寫道：「他們平日接觸到形形色色人士，比別人更熟悉用各種不同的方式思考與行動。這些跨族群的中介者，比別人有能力解釋點子，他們提出的點子比較不會被棄之不顧，人們重視他們提出的東西。」㉖伯特指出，這樣的人士提出建議時，別人比較會相信他們，因爲他們能說出自己的點子已經在其他哪些領域成功過㉗。

伯特寫道：「創意不是天生的，創意是一種進出口事業。」

研究顯示，創意的中介者不具備特殊性格特質，也就是說只要環境從旁推一把，幾乎人人都能成爲仲介㉘。

●●●

《西城故事》開始排演前，羅賓斯告訴合作者他不滿意第一幕。最初的版本以傳統方式開場，劇中人物以對話方式自我介紹，順道點出主要情節張力㉙：

第一幕

第一景

穿著噴射幫（THE JETS）衣服的青少年艾瑞伯（A-rab）走到舞台上，兩個皮膚黝黑的人突然從牆上跳下，撲倒艾瑞伯，開始揍他，另外幾個穿著噴射幫衣服的人，從舞台另一方衝上台，攻擊艾瑞伯的人溜之大吉。

狄艾索（Diesel）

是艾瑞伯！

小約翰（Baby John）

他被揍得很慘。

猛虎（Action）

居然敢在我們的地盤上打人！

噴射幫領袖瑞夫（Riff）進場

瑞夫

艾瑞伯，快說，是誰幹的？

猛虎

是那些該死的波多黎各人！

狄艾索

這裡歸我們管才對！

大嘴（Mouthpiece）
那些波多黎各人以前欺負我們的家族，現在又想騎到我們頭上。
艾瑞伯
瑞夫，我們得想點辦法。
猛虎
我們要解決那些波多黎各人！
小約翰
用武力解決！
瑞夫
冷靜點，小朋友！你們這些還在包尿布的人，哪裡懂開戰的事？蠢斃了。你們知道老大會怎麼做嗎？
小約翰
老大會給他們好看！
瑞夫
首先你得派人到對方老大那，雙方叫出來開會，接著……
猛虎
沒錯！
瑞夫

叫東尼來，我們要投票。

猛虎
反正每次你說什麼，他都會照做，走吧！

前述版本的《西城故事》開頭，觀衆在布幕升起幾分鐘內，就得知主要劇情：一共有兩個不同族裔組成的幫派，這兩個幫派是世仇，此外幫派內有階級，瑞夫顯然是噴射幫的頭頭，幫派之間要鬥毆的話得先開會。觀衆感受到劇情張力（**老大會給他們好看！**），還知道有一個叫東尼的人似乎很重要。總而言之，這是簡潔有力的開頭。

然而羅賓斯覺得不行，這種開頭太老套、太千篇一律，其實幫派不只會打架，還會占據地盤，就像舞者占據舞台一樣。講移民與紐約活力的音樂劇，開場的第一首歌應該野心勃勃，觀衆的感覺要跟他、伯恩斯坦與勞倫茲第一次想做這齣新劇的感覺一樣。羅賓斯告訴伯恩斯坦與勞倫茲，他們這幾個寫劇本的人，自己也在與生活搏鬥，他們是猶太人與難民，這齣音樂劇可以表現出他們內心的疏離感，把人生抱負與心情搬上舞台。

羅賓斯的傳記作者亞曼達．維爾（Amanda Vaill）寫道：「羅賓斯非常嚴格，只要嗅到有誰做跟別人一樣的事，就會逼他們提出更新、更好的東西。別人覺得夠好的東西，他覺得還不夠好。」羅賓斯是創新的仲介，他要求身邊每一個人也要當創意仲介。

《西城故事》開場最後的舞台版與電影版，後來成爲過去六十年來最具影響力的經典畫面：

一開頭是音樂劇，用一半跳舞、一半默劇的方式，讓觀眾知道噴射幫與鯊魚幫（THE SHARKS）兩個青少年幫派愈來愈無法忍受對方。留著鬍子與長髮的噴射幫永遠在嘲弄，蠢蠢欲動，鯊魚幫則是波多黎各人。

開場時，噴射幫在球場上跟著樂隊節拍彈指，一顆手球飛了過來，音樂停下，瑞夫點了個頭，要手下把球還給嚇壞的球員。球丟回去後，音樂再度開始演奏。

噴射幫先是在球場上漫步，接著跟著愈來愈大聲的音樂做起芭蕾旋轉，一邊喊著「yeah!」，腿一邊畫大圓，占據球場。這群年輕人是社會忽視的窮人，不過眼前這個地盤屬於他們。

鯊魚幫領袖出現，噴射幫停下動作，鯊魚幫其他人也來了，也開始彈指，開始做芭蕾旋轉，也說這個地方是他們的。

兩個幫派起衝突，搶地盤，假裝威脅對方，假裝道歉，直到雙方人馬都到齊才真正開戰，不過也沒真的打下去，而是不斷激怒對方，接著鯊魚幫絆倒噴射幫，跌倒的人推絆倒他的人，銅鈸聲音出現，雙方扭打成一團，直到警哨聲讓所有人停下，兩方人馬在克拉基警官（OFFICER KRUPKE）面前假裝是朋友。

整整九分鐘時間沒有對話，完全靠舞蹈呈現。㉚

《西城故事》一九五七年第一次演出時，觀眾不曉得該做何反應。台上的人穿著日常的衣服，動作卻是古典芭蕾。演員排成《天鵝湖》（*Swan Lake*）隊形，卻上演街頭打架、強暴未遂，以及與警察周旋的場景。配樂讓人想起華格納的交響三全音，但又有拉丁爵士節奏，演員從頭到尾不斷在歌曲和對話之間切換。

劇場史研究者賴瑞・史坦普（Larry Stempel）寫道：「《西城故事》的第一首曲子讓故事定調。演員還沒說出任何一句台詞、還沒唱出任何一首歌，舞蹈就已經傳達出戲劇張力。」[31]《西城故事》公演的第一天晚上，閉幕時現場一片安靜。觀眾剛剛看完一齣講械鬥與謀殺的音樂劇，聽到講偏見的歌，看到芭蕾舞者飾演小混混，還聽到演員用歌劇唱腔唱出俚語。

第一個演出《西城故事》女主角瑪莉亞的卡洛・勞倫斯（Carol Lawrence）回憶，演員各就各位準備謝幕時，「我們跑到自己的位子，手牽手面對觀眾。布幕升起，我們和觀眾大眼瞪小眼，我們看著觀眾，觀眾也看著我們，沒有人動。我心想：『完蛋了，這齣戲砸鍋了！』然而突然間，就好像羅賓斯事先安排好一樣，觀眾一下子站起來，不停跺腳，不停呼喚，原本待在後台的伯恩斯坦朝著我走來，抱住我，兩個人在台上痛哭。」[32]

《西城故事》把原創與傳統元素成功結合在一起，帶給觀眾新東西，就此成爲史上最受歡迎、影響力最大的音樂劇。羅賓斯迫使劇組人員成爲中介者，把自己的人生經驗搬上舞台，巧妙給舊點子新鮮的場景，許多人沒發現自己剛才看到熟悉的精彩故事。羅賓斯日後表示：「我們成功的地方就在這裡。」

三

《冰雪奇緣》團隊平日開會的地方又大又通風，十分舒適，牆上素描畫著城堡與冰窟、和善馴鹿、一隻叫「棉花糖」（Marshmallow）的雪怪，以及數十種怪物概念圖。每天早上九點，導演巴克以及編劇、動畫師組成的核心團隊帶著自己的咖啡與待辦事項集合㉝，負責配樂的夫妻檔鮑比・羅培茲與克莉絲汀・安德森—羅培茲（Kristen Anderson-Lopez）會在布魯克林家中用視訊加入大家，接著每一個人開始恐慌時間所剩不多。

和故事智囊團開過會的《冰雪奇緣》團隊，在惡評如潮的試映會隔天，焦慮升到最高點。他們一開始就知道，不能只是挖出古老的童話故事重講一遍，得做出有新意的電影。導演巴克告訴我：「不能只是結尾的時候，王子親了某個人一下，然後那就叫眞愛。」《冰雪奇緣》團隊想說出更深刻的事，女孩不必等著白馬王子拯救，姐妹可以團結起來救自己。《冰雪奇緣》想要打破標準的公主公式，然而想破了頭都沒什麼好點子，給自己找了大麻煩。

編劇珍妮佛・李在製作完另一部迪士尼電影《無敵破壞王》（*Wreck-It Ralph*）後，加入《冰雪奇緣》團隊。珍妮佛表示：「《冰雪奇緣》野心很大。每一部電影都需要戲劇張力，但如果《冰雪奇緣》的張力是在一對姐妹之間，你要如何讓姐妹反目成仇，但又讓觀衆同時喜歡她們兩個？我們試過嫉妒的情節，但覺得很小家子氣。我們試過講復仇的故事，但鮑比總是說，女主角必須樂觀向上，不能心中滿是恨意。故事智囊團說的沒錯，《冰雪奇緣》必須讓觀衆心有同感，可是我們不曉得如何激起觀衆的情緒，但又不落俗套。」

《冰雪奇緣》會議室裡每一個人都清楚知道，只剩十八個月就得完成電影。製作人德維寇要大家閉上眼睛。

德維寇說：「我們已經試過各式各樣情節，現在還沒有答案沒關係，每一部電影都是這樣，都有陣痛期，每多踏錯一步，都能讓我們更接近正確答案。

「現在大家不要再去想失敗的地方，專心想著怎麼做才是**對的**。每一個人放膽想一想，如果什麼都可以，你們想在螢幕上看到什麼？」

《冰雪奇緣》的團隊安靜了幾分鐘，接著大家睜開眼睛，分享最初他們爲什麼很興奮、很想加入《冰雪奇緣》計劃。有人說，自己想做《冰雪奇緣》，是因爲《冰雪奇緣》可以反轉傳統的電影女性角色。有的人則說，兩個姐妹同心協力的點子很吸引人。

編劇珍妮佛告訴大家：「我姐和我小時候成天打打鬧鬧。」珍妮佛的父母在她小時候就離婚，長大後，珍妮佛搬到曼哈頓，姐姐則到紐約上州當中學老師[34]，兩人分隔兩地，不過珍妮佛二十歲出頭時，男友死於一場划船意外，姐姐知道妹妹當時一定很需要支持，主動協助她走出傷痛。珍妮佛告訴《冰雪奇緣》的團隊成員：「就是在那樣的時刻，你會開始把自己的兄弟姐妹視爲獨立的個體，而不是一個和你很像的人。我認爲這次的劇本一直讓我覺得不對勁，就是因爲這個原因。如果把兩個姐妹，一個塑造成澈澈底底的壞人，一個是澈澈底底的好人，那一點都不眞實。眞實世界的姐妹不是那樣。姐妹之所以會漸行漸遠，是因爲兩個人都活得不好，破冰則是因爲她們明白自己需要彼此。我想在《冰雪奇緣》裡看到**這樣的**故事。」

接下來一個月，《冰雪奇緣》團隊重新塑造兩個女主角安娜和艾莎之間的關係，每個人用自己的經驗，想著兄弟姐妹是怎麼相處。製作人德維寇告訴我：「每次我們開始問自己眞實世界是怎麼一回事，我們總會找到正確的故事。我們有時會忘記用上自己的人生經驗，忘了把自己腦袋裡的東西當成素材，感覺就不眞了。迪士尼說故事的方式會那麼動人，是因爲我們被迫深入挖掘

自己的內心，直到把自己的人生放上銀幕。」㉟

羅賓斯在製作《西城故事》時，也要其他人把自己的人生體驗放進故事。豐田生產方式讓員工發揮自己的創意，迪士尼則是要大家把內心的情感寫進動畫人物的對話，讓夢幻王國的故事感覺像是眞實情境。每個人都能成爲概念仲介，把自己的人生化爲創意素材。我們一般不會拿內心情感當作創作素材，然而如果要傳遞心得，要眞實，要避開被用爛的東西，就得找出自己的感受。蘋果創始人史蒂夫．賈伯斯（Steve Jobs）一九九六年說過：「如果問創意人士他們是怎麼辦到的，他們會有點內疚，因爲不是他們辦到，他們只是看到某樣東西，然後拿過來用。他們自然而然運用，有辦法連結過去的經驗，接著整合成新東西。創意人士之所以有辦法新舊結合，是因爲他們的經驗比別人豐富，比任何人都還要常想著自己的經驗。」㊱換句話說，當我們開始注意到身邊事物給自己什麼感覺、讓自己做出什麼反應，就會成爲創意仲介。

迪士尼動畫工作室總裁卡特姆告訴我：「大部分的人發揮創意的時候，思考都太狹隘，因此我們花很多時間逼迫大家深入挖掘內心，找出眞正讓自己心有同感的東西。當銀幕上的人物說出大家心底的話，神奇的事就會發生。我們每個人都能發揮創意，只是有時我們必須逼出創意。」㊲

不只是電影或百老匯運用個人創意，便利貼會問世，是因爲一名化學工程師受不了自己的教堂聖歌書籤老是掉下來，決定發明出可以讓書籤不會掉的黏著劑㊳。玻璃紙的發明，是因爲某位化學家受不了桌布老是染到酒漬㊴。嬰兒配方奶粉的發明，源自某位精疲力竭的父親半夜泡蔬菜粉餵哭泣的孩子㊵。那些發明家把自己的人生當成發明素材，不過値得注意的是，點子經常出現在情緒大爆發的時刻。現實不順利、驚慌或沮喪的情緒迫使我們把舊概念應用在新情境時，更可能發明出隱藏在個人經驗裡的好東西。心理學家稱這種現象為「絕境帶來的創意」（creative desperation）。當然，不是所有的創意都必須來自驚惶失措，不過認知心理學家蓋瑞・克萊恩（Gary Klein）做過的研究顯示，大約有兩成的創意突破，來自《冰雪奇緣》團隊經歷過的焦慮，或是羅賓斯施加在《西城故事》團隊身上的壓力。有效率的創意中介者並不冷靜又瀟灑，他們其實經常處於焦慮害怕之中㊶。

迪士尼故事智囊團開會幾個月後，羅培茲夫婦走在布魯克林展望公園（Prospect Park），憂心配樂究竟該如何處理。克莉絲汀問先生：「如果你是艾莎，你會有什麼感覺？」兩人經過遊戲器材與公園裡慢跑的人士，討論著要是自己被詛咒，別人因為你不能控制的事而討厭你，你會怎麼做。「如果你這輩子都努力表現，但一點用都沒有，身旁的人依舊每天高高在上評論你，那是什麼感覺？」

克莉絲汀懂那種感覺。每次她讓女兒吃冰淇淋而不是健康點心，其他父母就會鄙夷地看著她。她和先生因為想喘口氣，讓孩子在餐廳自己看 iPad，其他人也會瞄他們。克莉絲汀沒被詛咒，沒有致命的力量，但她知道被人評判是什麼感覺，那種感覺很不公平。她想要有事業又不是她的錯。她想要同時當好媽媽、好太太與成功的音樂人，因此她提供不了在家自製的點心，晚餐沒辦法好好和孩子聊天，平日也找不出時間好好寫感謝函、多做運動與回覆電子郵件。克莉絲汀不完美，而她不想為此向大家道歉，她不覺得有什麼好道歉的。同樣的道理，她也不覺得艾莎應該為了自己並非十全十美道歉。

克莉絲汀告訴先生鮑比：「艾莎一輩子努力完美，但人們現在卻因為她做自己而懲罰她，她唯一的出路就是不再管別人怎麼說，放開手 let it go。」

夫妻倆一邊散步，一邊試著哼出小段歌曲與歌詞。鮑比建議，不如讓開頭像他們晚上念給女兒聽的童話故事？克莉絲汀又說，接著可以讓艾莎講出當個好女孩有多難。克莉絲汀跳上公園野餐桌：「艾莎可以蛻變成女人，成長就是這樣，成長就是放手讓不該在意的事情過去。」

克莉絲汀把公園樹木和垃圾桶當成聽眾，唱出艾莎不想再當個好女孩，不再在乎別人怎麼想，鮑比在一旁用 iPhone 錄下克莉絲汀的即興創作。

克莉絲汀展開雙手唱出：

放開手，放開手。
那完美的女孩早已不在。

鮑比說：「我想妳已經找到副歌。」

夫妻倆回家，在臨時錄音室錄下簡單版本，背景音還有樓下希臘餐廳傳來的餐盤聲。隔天他們把歌寄給導演巴克、編劇珍妮佛，以及《冰雪奇緣》所有團隊成員。新歌有流行音樂的元素，也有古典詠嘆調的元素，但混合了克莉絲汀與鮑比的人生沮喪，以及他們不再努力滿足他人期待時的海闊天空[42]。

隔天一早，《冰雪奇緣》團隊在迪士尼總部集合，用音響放出〈Let It Go〉，迪士尼音樂長克里斯・蒙坦（Chris Montan）桌子一拍。「就是這樣，」他說，「那就是我們的歌，這部電影就是要講這件事！」

編劇珍妮佛說：「我得重寫電影的開頭。」

珍妮佛告訴我：「我太開心，太鬆了一口氣。這麼久以來，我們怎麼改都不對，然後我們聽到〈Let It Go〉，終於抓到感覺，可以在心中看到那部電影。很多事我們其實都知道，但我們需要電影裡的角色幫我們說出來，電影人物就是我們，〈Let It Go〉讓人覺得我們就是艾莎。」㊸

四

七個月後，《冰雪奇緣》團隊想出三分之二的電影情節，知道要怎麼樣讓安娜和艾莎漸行漸遠，提供電影所需的劇情張力，但又讓她們性格討喜。電影團隊找出方法，讓姐妹倆雖然過得亂七八糟，卻又充滿希望，甚至還想出辦法把惹人厭的雪寶變成觀眾會喜歡的配角，每一件事感覺都對了。

除了電影要怎麼收尾。

迪士尼動畫工作室總裁安德魯．米爾斯坦（Andrew Millstein）表示：「眞的很不容易，我們什麼都試過，想讓安娜犧牲自己救艾莎，想讓電影表達出姐妹情深，但不能很假，得讓觀眾覺得結局眞的會是那樣。」㊹

迪士尼電影工作人員把想不出點子稱爲「空轉」（spinning）。卡特姆表示：「空轉是因爲你卡在同一個地方，無法從別的視野看計劃。」創意發想需要保持距離，不能太進入自己的創作，然而《冰雪奇緣》團隊此時已經太熟悉自己創造出來的姐妹，現在電影的基本元素終於找到，完工期限不再火燒眉毛，他們再度無法從別的觀點看事情。

需要創意的計劃做太久之後，很容易出現過於熟悉的問題。創意仲介把不同視野集合在一起時，只要有一點緊張的氣氛，例如必須趕在期限前完成工作的壓力㊺，或是來自不同背景的人激盪不同意見，或是同事催著我們做更多事的壓力，很容易就能激發出創意的能量。哈佛商學院創意心理學家佛朗西斯．吉諾（Francesca Gino）表示：「張力可以帶來更多創意，因爲意見不合會帶來不同的思考，我們被迫從別人的觀點看到新東西。然而當大問題已經解決，緊張的氣氛消失，每個人又開始用同樣的觀點看事情，思考方式會趨於一致，忘記自己原本的看法。」

《冰雪奇緣》團隊已經解決大部分的問題，沒有人想破壞目前的進度，然而他們不曉得該如何讓電影收尾。卡特姆表示：「人一鬆懈，就會陷入空轉，你已經愛上自己創作的東西，然而你得殺掉自己的小寶貝，才有辦法前進。如果因爲一切來得太不容易而不願意放手，反而會被困住。」

因此迪士尼的主管決定來點變化。

卡特姆表示：「我們得把大家搖醒，所以我們讓事情有點不一樣，指派編劇珍妮佛．李也當導演。」㊻

從某個角度來說，這個職務調動不會帶來太大差別，珍妮佛原本就是《冰雪奇緣》編劇，就算讓她也掛導演的頭銜、和原本的導演巴克平起平坐，工作人員也還是同樣一群人，會議上不會出現新聲音，而且珍妮佛大方坦承自己跟大家一樣卡住了，不過迪士尼高層希望藉著稍稍擾亂一下《冰雪奇緣》團隊原本的平衡，讓每一個人停止在原地打轉㊼。

一九五〇年代，生物學家約瑟夫．柯內爾（Joseph Connell）從家鄉美國加州出發，抵達澳洲雨林與珊瑚礁。他想知道，爲什麼世界上有的地方生態很豐富，有的地方卻很貧瘠㊽。

柯內爾選擇澳洲有兩個原因。第一，他討厭學習新語言。第二，澳洲的森林和海洋同時提供了生物多樣性與單一性的完美例子。澳洲海岸在很近的距離內，就有數百種不同的珊瑚、魚類與海洋植物，然而可能才隔四百公尺，另一區的海洋則很單調，生物多樣性一下子消失了，頂多只有一兩種珊瑚與植物。澳洲雨林也一樣，有時一小塊地方，就長滿數十種林木、地衣、蕈類與藤蔓植物，然而再隔個一百公尺，就只剩一種植物。柯內爾想知道，爲什麼大自然的多元性分布如此不均勻㊾，爲什麼大自然有時很有創意，有時沒有？

柯內爾在澳洲昆士蘭雨林展開研究，一萬兩千六百平方英里大的土地，有參天大樹，有小小的尤加利樹，有丹翠（Daintree）熱帶雨林，臨海處還有松柏與蕨類。伊加拉國家公園（Eungella National Park）的樹木長得太茂密，走在裡頭幾乎見不到日光。柯內爾在翠綠林冠下穿越重重樹葉時，生物多樣性像異世界一樣出現在眼前，然而也不過再走幾分鐘，豐富景象就會消失，只剩一兩種物種。究竟爲什麼有的地方生態豐富，有的地方卻很單一？

柯內爾開始觀察到爲什麼雨林某些地方生態特別多元：那些地方通常有大樹倒下的跡象，例如腐朽的樹幹、地上有很深的印痕，或是土壤下方有燒焦物，顯示曾有東西猛烈燒過一陣子，直到雨林濕氣撲滅火焰，成因可能是閃電。

柯內爾認為，倒下的大樹與火災，正是物種多元的原因。為什麼？「由於曾有一段時間，雨林那些地方的樹木倒下或是燒燬，少掉的大樹讓陽光足以照進去，其他物種才得以開始繁衍。」目前已經退休的柯內爾，現在住在加州聖塔芭芭拉，不過他還清楚記得自己的澳洲之行。「我找到的地方，有些發生過火災，或是大樹倒下，新樹木在原本的地方長出來，再次遮蔽陽光，不過中間那幾年的空檔，已經足以讓不同物種站穩腳步，生態干擾讓新植物有機會與舊植物競爭。」

如果是不曾有大樹倒下或不曾發生過火災的地方，單一物種會占據一切，其他所有競爭者都無法存活。一個物種一旦能夠生存，就會排擠其他所有生物，不過只要有東西稍稍擾亂生態系統，就會爆發生物多樣性。

柯內爾告訴我：「只是時間不能拖太久。森林的空檔要是太長，反而會有反效果。」雨林如果被伐木工人清空過一整片地，或是暴風雨與太嚴重的火勢讓大片樹木倒下，就算過了數十年，那樣的地方仍然長不出生物。大地如果受過太大傷害，將只剩最頑強的樹木或藤蔓能夠生存。

柯內爾接下來又研究澳洲海岸的珊瑚礁，同樣也發現類似模式。有些海洋區長著令人眼花撩亂的珊瑚海藻，然而船再開個幾分鐘，下一區就會只剩一種長得到處都是的珊瑚。柯內爾發現，海浪與暴風雨的頻率與強度，影響了海洋生物的多元性。生態多元的區域海浪強度中等，偶爾出現中型暴風，然而如果是風平浪靜的水域，海底就會被屈指可數的幾種生物占據。反過來說，一個地方如果海浪太強，太常發生暴風雨，則會光禿禿的一片，沒有生物。

換句話說，大自然讓地貌多元的方法，靠的是偶爾來點干擾，例如讓大樹倒下，或是偶爾來場風暴，暫時擾亂生物生長的環境。不過這種干擾不能太小或太大，得剛剛好。柯內爾告訴我：「關鍵在於必須有中等的外界干擾。」

生物學稱這種多元理論爲「中等干擾假說」（intermediate disturbance hypothesis）⑩，「干擾不多也不少時，地方上會有最豐富的物種多元性。」⑪生物多元性還有其他理論，不過「中等干擾假說」已是生物學上的基本假設⑫。

史丹佛的加州蒙特雷（Monterey）海洋觀測站負責人史蒂夫・帕隆比（Steve Palumbi）表示：「每個棲息地一開始會被各種物種占據，但隨著時間過去，其中幾種會逐漸占地爲王。」這種現象被稱爲「競爭排斥原理」（competitive exclusion）。一個環境如果缺乏干擾，最強的物種就會生根到其他物種都無法與之抗衡。同樣的道理，如果有巨大又頻繁的干擾，依舊只有最強的物種有辦法生生不息，然而如果是中等的干擾，大地就有辦法百花齊放，發揮欣欣向榮的物種創意。

當然，人類的創意不同於生物多樣性，澳洲雨林倒下的一棵樹，不能完全與迪士尼的動畫導演異動畫上等號，不過我們還是可以聯想一下這之中的類比關係。最強大的點子生根之後，有時會徹底趕跑競爭者，不再有其他可能性，所以倘若要激發創意的話，最好就是擾亂一下事情，照進一點日光。

●●●

珍妮佛告訴我：「我當上《冰雪奇緣》導演後，改變發生在不知不覺之中，但事情眞的不一樣了。你是編劇的時候，你知道電影需要什麼，但你只有一票，不想讓別人覺得你堅持己見，其他人也有很多點子，你的責任是整合每一個人的點子。」

「然而導演卻是作主的那個人，因此我變成導演後，覺得自己得更加用心傾聽每個人的建議，因為如今那是我的職責。我聽別人說話時，開始發現以前沒注意到的事。」

舉例來說，有的動畫師希望電影的結尾能用大風雪象徵人物心中的掙扎，有的動畫師則希望先不要破哏，最後再帶來驚奇。珍妮佛是編劇的時候，對她來說，這兩種做法都可以，只不過是不同的寫作技巧，然而變成導演之後，她發現動畫師其實是想弄清楚究竟該怎麼畫，因為不管是畫面要呈現哪一種天氣，什麼要畫出來、什麼不要畫出來，每一種選擇其實都反映出電影宗旨。

珍妮佛升上導演幾個月後，作詞作曲者克莉絲汀寄信給她。過去一年，兩個人幾乎每天都會交換意見，晚上聊天，白天傳簡訊，珍妮佛成為導演後，兩人友誼依舊，但出現一點變化。

克莉絲汀陪二年級的女兒坐校車，前往紐約市的美國自然史博物館（American Museum of Natural History）校外教學。克莉絲汀在車上拿出手機，寄信給珍妮佛，告訴她：「昨天我去做心理治療。」克莉絲汀和治療師談到《冰雪奇緣》團隊對於電影應該如何收尾意見不合，還談到珍妮佛升上導演。克莉絲汀告訴珍妮佛：「我們談到團隊中的權力和政治角力問題，誰該聽誰的，誰又該怎麼做事，一堆有的沒的，接著治療師問我：『妳為什麼要加入這個專案？』」

克莉絲汀在信上寫：「如果不講錢，不講光環，排除那些世俗的事物之後，我想要分享我的人生經歷，我想要說出我的心得，我的感受，我的經驗，我想靠著分享來幫助其他人。」

克莉絲汀問：「這個冰天雪地的故事，妳、鮑比和我想要講什麼？對我來說，我想講就算我們無力操控環境，也不該讓自己受困於別人眼中的我們。」

珍妮佛是小人物出頭天的完美範例，她剛進迪士尼的時候，在別人眼中只是一個剛畢業的電影研究生，一無所有，只有還不完的學生貸款，一個要養的女兒，還有剛拿到的離婚證書，不過她很快就在全球最大的電影公司當上編劇，還成為迪士尼史上第一位女性導演。克莉絲汀夫婦也是不循常規的人，雖然身邊每一個人都說，光靠寫歌就想養活自己根本是異想天開，夫妻兩人花了多年時間建立音樂事業，今日在百老匯成績亮眼，過著夢想中的生活。

克莉絲汀說，《冰雪奇緣》的結尾應該和她們自己的經歷一樣，讓觀眾感受到有志者事竟成。克莉絲汀在信上寫道：「對妳來說，這部電影想講什麼？」

珍妮佛在二十三分鐘後回信，當時是洛杉磯早上七點。

珍妮佛寫道：「我愛妳的治療師，也愛妳。」《冰雪奇緣》應該如何收尾，不管是團隊成員，或是迪士尼的故事智囊團，大家各有各的看法，然而珍妮佛感覺大家的版本都無法完美搭配整個故事。

所有人都提出自己心目中的結局，然而電影只能有一個結局，得有人替大家做決定。珍妮佛說，正確的決定是「恐懼會摧毀我們，但愛治癒我們。安娜的旅程應該是學會愛的眞諦，就這麼簡單」。在電影的結尾，「安娜看見峽灣上的姐姐，用眞愛讓她成為一個完整的人，犧牲小我完成大我，**愛**的力量超越**恐懼**，人要跟著愛走。」

珍妮佛因為當上導演，不得不用另類角度看事情，小小的職位變動，足以讓她看見《冰雪奇緣》需要什麼元素，也足以讓大家同意她的看法。

同一個月稍後，珍妮佛和創意長拉薩特坐下來談[53]。

珍妮佛告訴創意長：「我們需要釐清主題，這部電影的核心主題不是『善惡大對決』，因為眞實人生沒有善惡分明這種事。此外，這部電影也不是『愛恨大對決』，姐妹會漸行漸遠，不是因爲她們愛死或恨死對方。

「這部電影其實要講『愛 vs. 恐懼』。安娜有很多愛，艾莎有很多恐懼。安娜覺得被冷落，所以奔向白馬王子的懷抱，她不懂愛與迷戀的區別，她得學會有犧牲才有愛。艾莎則得學會不能恐懼眞正的自己，一個人不能逃離上天給的天賦，天生我材必有用。

「《冰雪奇緣》的結局必須講出愛比恐懼強大。」

創意長拉薩特說：「再講一遍。」

珍妮佛再講一遍自己的「愛 vs. 恐懼」理論，雪寶代表著天眞的愛，漢斯王子則象徵沒犧牲的愛根本不是愛，而是自戀。

創意長拉薩特說：「再講一遍。」

珍妮佛再講一遍。

「去吧，去告訴團隊。」拉薩特說[54]。

二〇一三年六月，《冰雪奇緣》上映前夕，製作團隊聚集在亞利桑那舉行試映，這次的故事和十五個月前迪士尼總部放出的版本完全不同。妹妹安娜變得活潑、樂觀但寂寞。艾莎愛自己的妹妹，但害怕自己的法力，無法忘掉小時候誤傷妹妹，逃到冰封的城堡與世隔絕，一個不小心讓自己的王國陷入永恆的冬天，還凍住安娜的心。

安娜開始尋找王子，希望眞愛之吻可以融化自己心中的冰霜，然而她找到的漢斯王子卻是想奪權的壞人，監禁艾莎，拋棄漸漸被凍住的安娜，企圖同時殺掉姐妹花奪取王位。

艾莎在電影的結尾，從邪惡王子手中逃出地牢，跑過冰封峽灣。安娜則因爲心被凍住，愈來愈虛弱，漢斯在冰凍的大海上找到兩姐妹，一陣暴風雪不斷盤旋，安娜因爲體內的寒氣，只剩最後一口氣，漢斯舉起劍要殺死艾莎，王位伸手可及，然而劍砍下去時，安娜用身體替姐姐擋住那一擊，身體瞬間成冰。漢斯的劍沒插進艾莎的身體，而是插進冰封的安娜。安娜靠著犧牲自己救了姐姐，而那個眞愛的舉動破解了魔法，她的心開始解凍，進而起死回生。艾莎不必再害怕傷到自己愛的人之後，施展法力，擊敗邪惡的漢斯，這下子知道該如何終結王國的冬天。安娜與艾莎姐妹兩個人團結在一起，擊敗敵人，不再懷疑自己。漢斯被驅逐，春天再臨，愛打敗恐懼。

迪士尼的傳統元素全部都在，有公主，有舞會華服，有英俊王子，有負責搞笑的配角，中間穿插樂觀向上的歌曲，不過《冰雪奇緣》也以剛剛好的力道，搗亂所有元素，讓不一樣的新東西冒出來。漢斯王子一點都不白馬王子，他是壞人。公主也沒等著別人救，而是自己救自己。眞愛不能等別人付出，眞愛來自姐妹學會接受自己的長處。

試映結束時，克莉絲汀悄聲問製作人德維寇：「這部動畫什麼時候變這麼好？」〈Let It Go〉拿下奧斯卡最佳原創歌曲獎，《冰雪奇緣》也勇奪二〇一四年奧斯卡最佳動畫，榮登影史最佳動畫票房排行榜。

●●●

創意無法被簡化成公式，創意需要新鮮感，需要驚奇，還需要其他無法事先安排的元素，要不然就不新鮮、不新奇。創意不是照著清單把該做的事做完就能得到的東西。

不過**發想創意的流程**的確有跡可循，我們可以靠著提供適合的環境醞釀出創意，例如用新方法混合舊點子比較可能蹦出創意。觀點不同、有新意的人聚在一起，也比較容易激盪出創意。此外，就算是最富創意的人士，也不免碰上原地打轉的時刻，此時小小打破現狀，也能讓事情不再空轉。

我們努力擠出創意時，有三件事可以增加發想過程的生產力。首先，我們的個人經驗是寶庫，留意什麼事讓自己有什麼感受，將可醞釀出心得。賈伯斯說過，最優秀的設計師「比任何人都還要常想著自己的經驗」。迪士尼流程也讓電影工作人員挖掘自己的內心，直到想出辦法讓卡通人物宛如真人。羅賓斯要《西城故事》的合作者，將自己對於人生的渴望與心情放上舞台。我們自己的人生提供了創意素材，我們可以把自己的經驗帶到世人眼前。

第二，要和驚慌與壓力當好朋友。我們驚惶失措時，不代表事情要完蛋了，表面上是病急亂投醫，實際上是我們開始願意接受新事物。「絕境帶來的創意」很重要，焦慮迫使我們用新觀點看舊點子，用過去成功的做法解決新鮮問題，想不出點子的痛苦，可以助我們一臂之力。

第三，不要忘了創意有了突破之後，開心之餘，我們也會再也看不到其他可能性，因此得和自己的創作保持一點距離。少了自我批判與緊張氣氛，我們就會開始墨守成規。我們可以靠著幾種做法，再度拉開應有的關鍵距離：一、批評自己的成就，二、逼自己從完全不同的角度再看一遍事情，三、改變團隊的權力平衡，四、把新權力交到別人手上。大自然需要適度的干擾，有破壞，有變化，才能讓我們看清楚事情。

前述三件事有一個共通點：發想創意的過程其實可以掌握，任何人都能變得更有創意，人人都能變成創新仲介。我們全都有創意需要的人生體驗與工具，只要我們願意擁抱壓力帶來的破壞與變化，試著用新觀點看舊點子，每一個人都能找到新的創意連結。

卡特姆告訴我：「所謂的創意，就是解決問題。把創意想成『找出問題的解決辦法』之後，創意就不再神祕。創意不是魔法，有魔法的人，只不過是特別留心問題的本質以及前人的做法。創意過人的人士都知道驚慌是好事，我們得學會相信自己，讓自己成爲創意的導體。」

8 吸收資訊
辛辛那提的公立學校化資訊爲知識

一

廣播響起，南埃文代爾小學（South Avondale Elementary School）的學生各就各位。

「我是梅肯校長，『看誰最快比賽』（Hot Pencil Drill）馬上就要開始了，準備好你們的學習單，預備：五，四，三，二……」

兩分三十三秒過後，八歲的丹提．威廉斯（Dante Williams）一馬當先，放下鉛筆，舉手興奮的等著老師寫下他花多少時間完成這次的乘法測驗①，然後跳下椅子，衝出三年級教室，抓著學習單在走廊上手舞足蹈。

三年前，丹提還在念幼兒園時，南埃文代爾小學是全辛辛那提排名最差的學校，辛辛那提又是全州墊底的城市，換句話說，丹提進了全俄亥俄州最糟糕的學校。二〇〇七年，南埃文代爾小學評量測驗的分數，差到官員宣布這所學校是「教育界的緊急事件」。丹提入學前幾週，一名青少年在「和平盃」（Peace Bowl）橄欖球錦標賽遇害，頭部中槍，背上也中彈，地點就在南埃文代爾小學隔壁②。南埃文代爾小學長期運作不良，學生學業成績慘不忍睹，所有人都覺得問題大到救不了，現在又發生槍擊案，市府官員問學校董事會，是不是乾脆廢校好了，然而要是廢校，要把丹堤和其他孩子送到哪裡讀書？附近的學校也沒好到哪裡去，要是被迫吸收南埃文代爾小學的學生，可能也會跟著完蛋。

南埃文代爾附近的社區，過去數十年一直是貧民窟，一九六〇年代歷經種族暴動，一九七〇年代工廠紛紛關閉又造成該區失業率飆升。到學校上課的孩子營養不良，身上滿是家暴痕跡。到了一九八〇年代，南埃文代爾小學周圍變成熱門販毒地點，毒販從此不曾銷聲匿跡，暴力事件頻傳，警方不得不在小學白天上課時，也在校園附近巡邏。二〇〇九年至二〇一三年間擔任南埃文代爾小學校長的伊維塔·梅肯（Yzvetta Macon）表示：「我們這裡太可怕了，要不是真的沒辦法，沒有人會來念南埃文代爾。」

南埃文代爾小學什麼都缺，不過不缺資源。辛辛那提市撥出數百萬美元預算，寶僑（P&G）等地方上的公司也幫忙蓋電腦室，贊助課程與體育活動。市府官員爲了協助南埃文代爾小學，在每一位學生身上花了近三倍的時間與經費，另一頭的蒙特梭利公立學校等富裕社區的學校，沒有這麼好的待遇。南埃文代爾小學的老師很熱情，圖書館員和助教工作認眞，校內的閱讀專家以及輔導老師也全是兒童早期教育專家，隨時準備好協助報名「各州聯邦協助計劃」（state and federal assistance programs）的家長。

此外，南埃文代爾小學還擁有追蹤學生成績的先進軟體，辛辛那提公立學校的行政人員蒐集數據，南埃文代爾每一位學生都有個人網頁，詳細記錄個人的出缺席、測驗成績、家庭作業、課堂參與情形，家長和老師可以追蹤哪個孩子進步，哪個孩子退步，全校教職員也定期收到備忘錄與數據表，每一位學生過去一週、一個月、一年的表現全部詳細記錄在報告上。換句話說，南埃文代爾小學其實擁有全美最先進的大數據教育系統，美國教育部辛辛那提輔導報告指出：「幼兒園至十二年級學校（K-12）應採取明確的數據文化培養策略。」③教育人士相信，只要仔細研究每一位學生的統計數據，就能找出每個孩子最需要的協助。

負責研究與評估辛辛那提公立學校的督學伊麗莎白・霍札培（Elizabeth Holtzapple）表示：「每次有新點子、新計劃，我們絕對報名。我們看到數據分析是如何讓其他學區脫胎換骨，所以二話不說就加入了。」④

然而，南埃文代爾不管再怎麼努力趕上新潮流，沒用就是沒用。網路系統上線六年後，超過九成的老師坦承，自己很少打開看，也很少使用學區寄來的數據，更沒讀每星期收到的備忘錄。二〇〇八年，南埃文代爾小學六三％的三年級學生通不過基本教育門檻⑤。

同一年，辛辛那提決定嘗試其他方法。最高層級的教育官員針對南埃文代爾小學以及其他十五所表現最不佳的學校，展開「小學計劃」（Elementary Initiative, EI）⑥，這個計劃最引人注目的地方，在於不多給經費，不多提供師資，沒有助教，也沒有課後輔導時間，每所學校的師生還是原本的那些人。

「小學計劃」只改變老師如何在課堂上做決定，此次改革的基本精神是數據依舊有用，然而前提是大家知道怎麼用⑦。教育人員如果要改變學生的人生，自己得懂得如何從數據表與線上統計圖中得出有用的結論，接著擬定出相應的教學計劃。「小學計劃」必須強迫老師與數據互動，直到他們依據數字行動。

丹堤上三年級的時候，已經執行兩年的「小學計劃」非常成功，被白宮譽爲改革貧民窟的模範⑧。南埃文代爾小學的考試成績飆高，被州政府評爲「特優」。丹堤念完三年級的時候，八〇%的同學閱讀達標，八四%的同學通過俄亥俄州的數學測驗⑨。全校通過俄亥俄州年級標準的學生人數變成四倍。學區報告寫道：「南埃文代爾小學二〇一〇至二〇一一學年學業成績大幅改善，全校氣氛也爲之一變。」⑩南埃文代爾小學的轉變過於驚人，全美想知道「小學計劃」究竟有何魔法的研究人員，統統跑到辛辛那提。

研究人員造訪南埃文代爾小學，老師告訴他們，學校能夠起死回生靠的是數據——多年來學區一直在蒐集數據，老師宣稱是「數據文化」改變了他們在課堂上做決定的方法。

然而進一步追問之後，說數據很重要的老師也坦承，自己其實很少看線上統計圖，也沒看教育局寄給大家的備忘錄與數據表，「小學計劃」眞正能夠成功的原因，其實是計劃要老師別再管時髦、先進的數據工具與軟體，改成「手動操作」。

計劃主事者要求參與計劃的每一間學校成立「數據室」（data room），有的學校空出會議室，有的學校清出先前放掃除用具的大櫃子，老師在索引卡上登錄考試成績，接著放進數據室。此外，統計圖也是老師自己畫在牛皮紙上，然後釘在牆上。此外，「小學計劃」還做各種即興實驗：如果減少讀書小組的人數，孩子的考試成績會進步嗎？如果老師換班教會發生什麼事？做完實驗後，老師把結果寫在白板上。換句話說，老師這下子除了要接收資訊，還被迫主動使用資訊。「小學計劃」會成功，是因爲老師從被動接收一切都幫他們準備好的數據，變成千辛萬苦才得到數據，很辛苦才搞懂的數據記得比較牢。老師自己親筆寫下統計數據、自己測試理論之後，就知道如何使用自己取得的資訊。「小學計劃」違反直覺，靠著讓老師難以吸收數據，反而讓數據變得有用⑪。少了先進的電腦軟體，只有老掉牙的索引卡和自己畫的統計圖之後，反而出現更好的教學效果。

梅肯校長表示：「數據室裡發生了很特別的事。」南埃文代爾小學會進步，不是因爲教師得到更多資訊，而是因爲他們學會理解資訊。「我們現代人有Google，有網路，還有一堆資料來源，幾秒鐘內就能找出自己要的答案，然而南埃文代爾小學證明，『找到答案』與『了解答案』是兩回事。」

二

過去二十年，我們日常生活中的資訊量暴增。智慧型手機計算我們走了多少步路，網站追蹤我們花了多少錢，線上地圖告訴我們路要怎麼走，軟體監測我們瀏覽哪些網頁，應用程式幫我們管理行程。我們能夠清楚算出一天吃進多少卡路里，每個月膽固醇是否改善，在餐廳花了多少錢，在健身房運動了幾分鐘，相關數據如果被好好運用，可以提升平日生產力，讓我們吃進更健康的食物，讀書更具效率，減輕生活中的壓力⑫。

然而在眞實生活中，我們運用數據的能力，跟不上我們蒐集數據的速度。雖然我們知道自己花了多少錢，也知道自己膽固醇多高，我們依舊亂花錢，依舊不忌口。此外，就算只是想使用很普通的資訊，事情也沒變簡單，例如要找好吃的中國菜，應該要問Google？問臉書？問朋友？還是該搜尋自己的網頁瀏覽記錄，看看上次是吃哪一家？如果想申請信用卡，應該在網路上找資料？打電話給銀行？還是打開餐桌旁堆得有如小山的廣告信？

理論上，資訊暴增應該會讓我們更容易找出正確答案，然而實際上資料一多，我們反而難以抉擇⑬。

資訊愈多愈難運用的現象被稱爲「資訊盲」（information blindness）。「資訊盲」與「雪盲」很像。下雪的時候，如果山丘白茫茫一片，我們無法辨認樹木⑭。資訊太多的時候，我們的腦袋也會無法辨識資訊，什麼都吸收不了。

哥倫比亞大學一群研究人員想知道，爲什麼有的民衆參加美國 401(K) 退休金計劃，有的則不參加⑮。研究人員研究數百家提供 401(K) 方案的企業近八十萬名員工，最後在二〇〇四年發表研究結果，指出不參加的人是因爲拿到太多資訊。許多員工之所以參加 401(K) 退休金計劃，是因爲覺得好處太明顯，可以節很多稅，而且他們在這個帳戶存多少錢，公司就會提撥多少錢，等於是免費拿錢。此外，公司給員工兩種 401(K) 選項時，高達七五％的人會參加，大家只需要看著兩份小冊子，選比較順眼的一個，接著就能等著看自己的帳戶錢愈變愈多。

有的公司給的選項比較多，員工依舊踴躍參加 401(K)，例如有二十五種選項時，依舊有七二％的員工加入。

然而選項一旦超過三十個，事情就不一樣了⑯。此時員工接收到過量資訊，無法做出好選擇，甚至乾脆不做選擇。方案達三十九個時，僅六五％的員工加入 401(K) 帳戶。方案達六十種時，參加率降至五三％。研究人員二〇〇四年的論文寫道：「每多十種方案，參加率就會多下降一點五％到二％。」資訊太多時，參加 401(K) 依舊是好事，然而人們會把介紹的小冊子塞進抽屜，一輩子不再拿出來看。

瑞士聖加侖大學（University of St. Gallen）研究資訊過載現象的馬丁・艾普勒（Martin Eppler）教授表示：「我們在數十種情境都發現同樣的結果。人們得到更多相關資訊時，決策品質一般會上升，然而數據過多、超過大腦臨界點後，人們就會開始無視於選項，做出糟糕選擇，或是完全停止與資訊互動。」[17]

資訊盲現象與人類大腦的學習能力有關。人類其實相當擅長吸收資訊，不過前提是我們要能把大塊資訊拆解成小塊資訊，這種過程被稱爲「篩選」（winnowing）或「搭鷹架」（scaffolding）[18]。心智鷹架就像是有很多檔案夾的檔案櫃，有需要的時候可以存取資料。舉例來說，我們在餐廳拿到酒單時，一般有辦法做出選擇，因爲大腦會自動用自己知道的酒類知識，做出二擇一的選擇（**我要喝白酒還是紅酒？白酒！**），接著又繼續細分成小項目（**喝貴的還是便宜的？便宜的！**），直到最終的大對決（**要喝六美元的夏多內〔Chardonnay〕，還是七美元的白蘇維翁〔Sauvignon Blanc〕？**），最後的答案要看人們對自己的了解（**我喜歡夏多內！**）。大部分時候，大腦的自動分類選擇流程發生在一瞬間，我們幾乎渾然不覺[19]。

哥倫比亞大學研究決策的認知心理學家艾瑞克・強森（Eric Johnson）表示：「我們的大腦渴望把事情簡化成兩、三個選項，我們面對大量資訊時，自動把資訊收進心智的大、中、小文件夾裡。」

人類的大腦就是靠著把大資訊拆成小資訊，化資訊爲知識。我們靠著學習什麼時候要參考哪一個文件夾，知道碰上什麼情形可以應用哪些事實與心得。專家比新手厲害的程度，要看專家腦

袋裡有多少文件夾。愛酒人士看到酒單，立刻就能靠著大腦中龐大的文件夾系統，依據葡萄的品種與產區，知道自己想喝什麼，對葡萄酒認識不多的人則沒辦法這麼做。行家知道如何整理資訊（**先選年份，再看價格**），所以不會看到一堆選項就頭昏眼花。新手還在一頁頁翻閱酒單，行家早就知道哪些內容可以跳過不用看。

因此，如果我們面前有六十種401(K)退休帳戶方案，不知從何分析起，我們的大腦會給自己兩個選項：**我要花力氣弄懂這些資訊，還是塞進抽屜別管了？**

克服資訊盲現象的方法是強迫自己弄懂眼前的資訊，把資訊變成一連串不得不回答的問題或選擇，「製造不流暢」（disfluency），讓自己多花費一點理解的工夫，例如不要點餐廳的招牌酒，改問自己一連串問題（白酒還紅酒？貴的還是便宜的？）。不要把401(K)小冊子塞進抽屜，而要比較各個方案的優缺點，然後做出選擇⑳。這些小小的舉動都可以協助我們避免資訊盲現象。我們可以在小地方製造不流暢，例如強迫自己多比較幾頁菜單，或是在重要時刻製造不流暢，例如花力氣計算各種401(K)的報酬率。不過不論是花費小力氣或大力氣，背後的大腦認知活動是一樣的，都是在強迫自己想辦法把數量龐大的資訊，變成好消化的小塊、小塊資訊㉑。

研究「不流暢現象」的紐約大學教授亞當．奧特（Adam Alter）表示：「我們人得幫資訊加點工。如果請受試者用新學到的單字造句，他們會記得比較牢。如果還用紙筆寫下那個句子，他們就會開始在對話中應用新單字。」㉒奧特教授做過的實驗，還包括用難以辨認的字體印出指示，內容不容易讀懂的時候，人們會比較專心。奧特教授表示：「文字不好讀的時候，我們會花更多時間與力氣努力讀懂。我們用好幾個問題問自己要選哪一種酒，或是費心比較不同401(K)方案的費用時，資料就不再那麼像天書，而比較像是一連串的選擇。資訊不流暢時，我們反而可以獲得更多資訊。」

一九九七年，大通曼哈頓銀行（Chase Manhattan Bank）追債部門的主管想知道，爲什麼佛羅里達坦帕（Tampa）有一組員工特別厲害，比其他同仁更能讓客戶繳交信用卡帳單。大通當時是全美最大的信用卡發卡銀行，在全國各地設有辦公室，雇用成千上萬的員工整天坐在辦公室格子裡打電話給客戶，騷擾他們到願意繳交信用卡帳單爲止㉓。

大通做過內部調查，公司知道催繳人員不喜歡自己的工作，主管也習慣無精打采的員工。大通提供催繳人員說服客戶繳錢的工具，例如每次接通電話時，催繳人員面前的電腦會告訴他們，碰上什麼樣的客戶要說什麼台詞。螢幕上會顯示客戶年齡、繳費頻率、手上有多少張信用卡、過去公司曾用什麼方法成功催繳。公司提供催繳人員訓練課程，還每天給他們畫著圖表的備忘錄，告訴他們哪些催繳手法有效。

然而大通銀行發現，催繳人員大都不理會公司發下的資訊。不管公司開設多少課程、寄出多少備忘錄，催繳率總是沒有太大改善，坦帕小組追到的金額居然特別多，主管又驚又喜。

那個厲害的討債小組經理是夏綠蒂・弗拉德（Charlotte Fludd）。弗拉德接受過福音派牧師訓練，熱愛長裙和 Hooters 餐廳雞翅，一路從基層催繳人員升至主管，專門負責最難催繳、帳單已經逾期一二〇天至一五〇天的客戶。會欠三、五個月都還沒繳款的持卡人，幾乎從不繳錢，然而弗拉德的團隊雖然手上都是消失在人間的客戶，他們每個月收到的錢，居然還比其他催繳小組多出一百萬美元。除此之外，弗拉德的團隊還擁有全公司最高的員工滿意度。就連被討錢的客戶在接受追蹤訪查時，也說自己很感謝弗拉德團隊的服務。

大通主管希望弗拉德能與其他經理分享訣竅，請她到離坦帕辦公室不遠的因斯布魯克度假村（Innisbrook Resort）區域大會演講，題目是「如何善用 Mosaix/Voicelink 自動撥號系統」，現場座無虛席。

一名經理發問：「妳是如何設定自動撥號系統？」

弗拉德回答：「我小心設定。早上九點十五分到上午十一點五十分，我們的人員會打客戶家裡的電話，因爲那個時間主婦一般會在家裡照顧孩子，而女性比較願意繳費。

「接著中午一直到下午一點半，我們會打客戶公司的電話，此時接電話的人一般是較難催繳的男性，但電話接通後，可以先說：『噢，太幸運了，能在午餐時段找到您。』我們把客戶捧成時間表排得滿滿滿的重要人士，因爲那樣一來，客戶會想當你口中的那種人，因而答應付錢。

「接著到了晚餐時段，我們會打給單身者，因爲那個時間他們很寂寞，想和人講講話。晚餐過後的時段，我們會打給有時繳帳單、有時不繳的人，因爲此時他們已經喝了一點小酒，心情比較放鬆，我們趁機提醒他們，付清信用卡帳單多麼讓人心情愉快。」

弗拉德有數十種見機行事的話術，如果聽見電話那頭傳來連續劇的聲音，就用親切的語調。如果欠費的客戶提到孩子，那就透露自己的家庭生活。如果客戶提到宗教，那就採取嚴肅的說話方式。

弗拉德的祕訣聽起來都很有道理，然而其他經理依舊覺得派不上用場，不覺得自己管理的員工有辦法運用。電話催繳人員一般只有高中學歷，催繳又通常是他們第一份全職工作。光是要催繳人員打電話的時候，不要像殭屍在念稿，就耗去經理大部分的時間。催繳人員不會管客戶的電視在播什麼，不會找出客戶是否信教，也沒能力分析欠費客戶的記錄，接著還判斷出最好是向家庭主婦要錢，還是跟丈夫討錢。催繳人員不管三七二十一，有人接電話就一股腦念出台詞。大通銀行每天早上寄備忘錄給催繳人員，還幫忙分析好客戶資訊，顯示在電腦螢幕上，然而經理知道，幾乎沒人會讀那些備忘錄或看螢幕，也不會有人運用自己在課程中學到的東西。要在電話上跟陌生人講還錢這麼敏感的事，就已經讓人精神壓力龐大，沒餘力再做其他事，催繳人員沒辦法一邊講電話，一邊還要處理額外資訊。

衆經理請教弗拉德，爲什麼她的下屬處理資訊的效率，勝過一般的催繳人員，不過弗拉德答不太出來，無法解釋爲什麼自己的團隊特別擅長吸收資訊，因此大會過後，大通銀行請顧問公司米契爾麥德森集團（Mitchell Madison Group）研究弗拉德的方法。

弗拉德開完大會回辦公室後，顧問崔西．恩特爾（Traci Entel）問她：「妳是怎麼知道早上最好打給女性？」

弗拉德回答：「想看我的日曆嗎？」顧問團一頭霧水，不曉得爲什麼要看日曆，不過好吧，要看就看。大家以爲弗拉德會拿出一本日誌，結果卻是一個沉甸甸的文件夾，接著弗拉德椅子一溜，又到架上拿出好幾個類似的文件夾。

「好了，」弗拉德翻開標著數字和手寫文字的文件夾，找出自己要的那一頁，「有一天，我突然覺得年輕人的帳會比較好收，因爲他們想維持良好的信用記錄。」

弗拉德告訴顧問團，她的團隊很常想出那樣的理論，大家會在午休時間或下班後一起腦力激盪，他們想出來的點子，聽起來通常都不怎麼樣，或是乍聽之下不怎麼樣。其實很多點子不合邏輯，像是信用卡帳單逾期、不負責任的年輕人，怎麼會突然在乎起自己的信用記錄？不過沒關係，重點不是提出好點子，而是提出點子後試試看，什麼點子都行。

弗拉德看著自己的日曆，繼續解說：「因此隔天，我們開始打電話給二十一歲到三十七歲的人。」輪班結束時，催繳人員回報，勸年輕人繳錢這招不是特別有用，因此隔天弗拉德實驗另一種變量，要大家打給二十六歲到三十一歲的人，結果成功催繳率微幅上升。再隔天，弗拉德的團隊再度縮小範圍，這次改打電話給二十六歲到三十一歲、欠費三千至六千美元的客戶，成功催繳率下降。再再隔天，這次試欠五千到八千的人，結果那一天是整週成功催繳率最高的一天。晚上大家下班後，聚在一起討論當天的成績，猜測爲什麼有的催繳方法有效、有的沒效。管理人員每天印出電話記錄，圈出特別順利的幾通電話，在旁邊標注員工的評論，以及哪些催繳方式下次可能派上用場，原來弗拉德口中的「日曆」是指那種記錄。

弗拉德繼續實驗，最後判定「年輕人會爲了信用記錄比較願意繳錢」的假設是無稽之談，不過沒關係，大部分的理論一開始都沒有依據。員工會有各式各樣的預感，那些預感經不起試驗，但每多做一次實驗，就會更容易找出先前沒發現的模式。催繳人員變得更仔細聆聽客戶說話，追蹤不同問題會帶來什麼樣的回答，最後找出有用的催繳新招，例如最好在早上九點十五分到十一點五十分之間打電話，因爲會是太太接電話，而女性比較願意繳交家人欠的債。有時催繳人員說不出自己的直覺，但也學會要留意蛛絲馬跡。

弗拉德的團隊找出一個新妙招後，接著又會有人提出新理論、新實驗，大家再度開始測試。弗拉德告訴我：「我們開始追蹤每一通電話，記下筆記，還和旁邊的同仁聊剛剛打的電話發生了什麼事。我們開始留意到事情，開始發現線索。」[24]

弗拉德團隊的方法聽在顧問耳裡，是在利用科學方法一個一個測試變量。顧問尼克·坎德（Niko Cantor）在結案報告裡寫道：「銀行其他人通常會一次改變太多變量，弗拉德則一次只變一個，比較能找出因果關係。」

此外，弗拉德做到的事不只是獨立測試變量，她的團隊在提出假設與測試假設的過程，等於也是在更加留意自己經手的資訊。從某個角度來看，他們增加了工作的不流暢性，他們拆解每一通電話搜集到的「數據」，直到得出能吸收的心得。他們每天早上收到的數據表與備忘錄、電腦螢幕上出現的資料、客戶電話傳來的背景音……變成能夠提出新理論與做各種實驗的素材㉕。每一通電話都提供了大量資訊，大多數的催繳人員從未留意那些資訊，弗拉德的團隊卻留意到，因爲他們打電話是在找能夠證實或推翻理論的線索。弗拉德團隊與每次的客戶對話資訊互動，把資訊變成自己能用的東西。

人類的學習過程就像這樣，只不過我們成功吸收進資訊時，太過專心，幾乎毫無感覺自己做了什麼。弗拉德教自己的團隊方法，把每日出現的大量資料放進文件夾，讓資料變得好懂。她協助下屬用自己接觸到的備忘錄與電話對話做點事，也因此大家比較容易學到東西。

三

南西・強森（Nancy Johnson）到辛辛那提當老師，是因爲不曉得人生還可以做什麼。她花了七年念完大學，畢業後當空姐、嫁機師，決定人生該是定下來的時候了，一九九六年起到辛辛那提的公立學校當代課老師，希望有一天能轉正職。南西什麼課都教，教英文，也教生物，最後熬成四年級的專任老師。到職第一天，校長看到她後說：「妳是強森老師啊！」㉖校長後來坦承，其實那次好幾名應徵者都姓強森，他也不確定自己到底找了誰進去當老師。

幾年後，聯邦政府通過〈有教無類法案〉（No Child Left Behind），辛辛那提開始透過標準化測驗追蹤學生的閱讀與數學表現，南西因此有看不完的報告。每一週，她都會收到備忘錄、學生出席記錄、單字學習成效報告、數學能力報告、閱讀能力報告、寫作能力報告、閱讀理解力報告，還有天曉得是什麼意思的「認知操弄報告」（cognitive manipulation）。除了學生的個人報告，還有全班的能力報告、南西自己的教學成效報告，以及全校的整體分數報告。資料實在太多，市政府不得不雇用數據視覺化專家，幫各學區設計每週放到網路上的數據統計備忘錄。視覺化團隊很厲害，南西拿到的圖表很容易懂，網站上也有清楚的摘要與五彩繽紛的趨勢圖。

一切都很美好，不過一開始，南西幾乎沒去看那些東西。理論上，她應該用那一堆資訊設計課程，但她看了頭就痛。「有太多備忘錄、太多統計資料，我知道應該把那些東西應用在課堂上，但總覺得沒什麼用處，就好像那堆數字和要怎麼當個好老師之間，有著很大的鴻溝。」

南西教的四年級學生大都來自單親家庭，家境清寒。南西很認真，但學生的成績依舊沒有起色，二〇〇七年，也就是辛辛那提開始執行「小學計劃」的前一年，南西班上平均僅三八％通過全州閱讀能力測驗。

接著在二〇〇八年，南西的學校開始推動「小學計劃」，校長要求所有老師每個月至少要有兩天下午待在新數據室。老師們被迫圍坐在會議桌旁，做著讓蒐集數據和畫統計圖更耗時的事。學期一開始，學校就告訴南西和其他老師，由於「小學計劃」的緣故，他們得替自己班上的每一位學生製作索引卡，接著每兩週的星期三，南西得去數據室把學生過去兩週的測驗成績，一一抄錄在紅、黃或綠色的索引卡上，接著相同顏色的卡片放一起。紅卡代表不及格，黃卡代表及格，綠卡代表成績特別好。每隔一段時間，南西還得依據哪些學生進步、哪些學生退步，把卡片放在一起。

整理索引卡超級無聊，而且老實講，感覺是多此一舉，因爲線上系統根本也有所有學生的完整數據。除此之外，數據室裡坐著的老師，大都有數十年教學經驗，不需要什麼索引卡來告訴他們學生表現得好不好，不過不管怎麼說，規定就是規定，大家還是每兩週就乖乖到數據室報到。南西表示：「原則就是每個人都得親手整理那些索引卡，用手把卡片移到這裡、又移到那裡。每個人都討厭這個差事，至少一開始覺得沒意義。」

有一天，一位三年級老師突發奇想。既然都要花時間抄錄考試成績，乾脆在每一位學生的索引卡上，也寫下他們當週考試哪題做錯。那名老師說服另一名三年級老師加入自己，兩個人把做錯類似題目的學生放在一起。分好之後，索引卡出現了模式：A班的學生英文代名詞大都學得還不錯，但不太會算數學分數。B班正好相反，會算數學，不會用代名詞，因此兩班老師對調課程，兩班的成績都進步。

隔週，有老師建議依據學生住在哪裡，把卡片放一起，各班老師於是集合住同一個街區的學生，給他們做差不多的閱讀測驗，分數開始提高，因爲住附近的學生會在搭校車回家時一起做作業。

南西也開始依據在數據室分類出來的索引卡，讓學生分組。南西發現親手把卡片移來移去後，自己更能掌握每位學生的優缺點。她開始一週就去數據室兩次，把學生的卡片分成小堆小堆，實驗如果用不同方式讓學生分組會發生什麼事。先前南西覺得，自己已經很清楚學生的情形，不過這下子她覺得更加清楚。「學生有二十五個人，老師才一個，你很難把學生看成一個個的個體，而是一個**班**。索引卡迫使我逐一檢視每一位學生，想著**這一個**孩子需要什麼？」

到了學年中，其他老師發現，每一班都有一小群學生不太會算數學，如果光看著一個班，不會有太大感覺，但在數據室裡，各班老師坐在一起，一下子就發現模式，全校因而開始展開「看誰最快練習」。八歲的丹提和同學每天早上要用最快速度做乘法，第一名的人可以競走到校長辦公室報出自己的名字，校長會廣播誰最快[27]。十二週之內，全校的數學分數進步九％。

「小學計劃」推動八個月後，南西的班舉行學年測驗，當時南西已經變成沒事就去一下數據室，她和其他老師把學生的索引卡分成數十堆，測試各種課程計劃，在長紙條上追蹤結果，貼在牆上，數據室裡到處都是數字和手寫紙條。

六週後，測驗結果出爐，南西班上平均七二％達標，幾乎是前一年的兩倍，全校總成績也多了一倍以上。二〇〇九年，南西成爲教師輔導員，到辛辛那提各地學校教導其他老師使用數據室，二〇一〇年被推選爲「辛辛那提年度最佳教育人士」（Cincinnati's Educator of the Year）。

四

辛辛那提推動小學計劃時，德黎雅．莫瑞斯（Delia Morris）[28]已經上中學，來不及享受到南埃文代爾等小學改革後的好處。等到市政府也開始在中學推廣相關計劃，對德黎雅來說似乎也來不及了。那一年，德黎雅當警衛的爸爸先是被地方上的雜貨店解雇，接著又和房東吵了一架，德黎雅到家時，大門深鎖，還被貼上橘色封條，她和七個兄弟姐妹的物品，統統被裝進黑色大塑膠袋，堆到走廊上。德黎雅一家人暫住在教友家一陣子，接著又到朋友家擠一擠，每一兩個月就得搬一次家。

德黎雅是好孩子，念書很認真，老師發現她天資過人，應該有辦法脫離辛辛那提的貧民窟上大學，不過誰也不能保證她真能擺脫自己的出生。每一年總會有幾個特別優秀的孩子入學，直到貧窮吞噬他們的人生。德黎雅的老師們懷抱著希望，但並不天真，他們知道有些學生就算再有天賦，也輪不到他們享受更好的人生。德黎雅自己也知道貧窮的可怕，她甚至不敢讓老師發現自己無家可歸，以免破壞自己在老師心目中的印象。德黎雅告訴我：「上學是我每天最快樂的時光，我不希望毀了這一切。」

二〇〇九年，也就是德黎雅進西丘中學（Western Hills High）第二年，辛辛那提開始在中學推廣教育改革，不過最初的成果令人失望。老師們抱怨數據室好是好，但解決不了問題，年齡比較大的學生已經定型，很難改，學校能做的就只有那麼多。如果真要改變那些孩子的人生，學校必須協助他們決定人生大事，有些事很難試一試再做決定，例如老師得幫助青少年決定是要念大學，還是出去找工作；要墮胎還是結婚；以及全家人都希望你伸出援手的時候，究竟該救哪一個。

中學版的改革計劃聽到老師們的聲音後，開始轉變方向，與地方大學和國家科學基金會（National Science Foundation）合作，在西丘中學等學校提供工程課程，課程摘要上的目標爲「提供跨領域的教育，鼓勵學生運用日常生活中的科技，解決現實世界的問題」。西丘中學九成學生都活在貧窮線以下，破爛的教室地板翹起，黑板上也有裂痕，運不運用日常科技對學生來說，實在不是很重要，不過德黎雅還是報名迪昂．愛德華茲（Deon Edwards）老師教的工程課，老師在第一堂課就直言不諱點出他們周遭的現實。

愛德華茲老師告訴全班：「我們這堂課要學的是如何像個科學家一樣思考，我們要把父母和

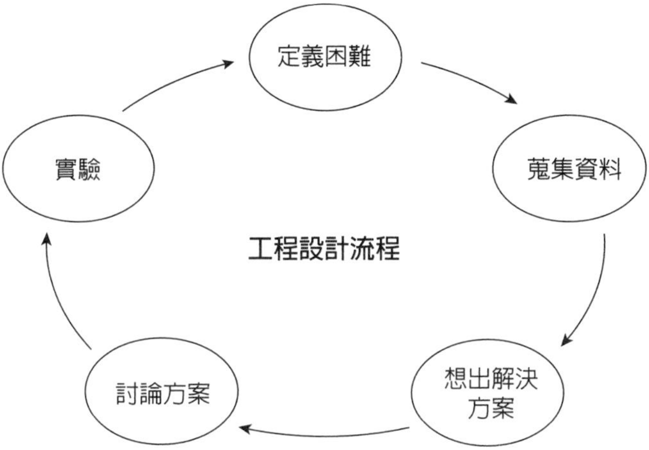

朋友統統拋在腦後，張大眼睛做出選擇，不要爲了滿足他人的期待，把別人的包袱扛在自己肩上。如果你們有人今天早上還沒吃過東西，我抽屜裡有精力棒，自己去拿，說出自己肚子餓，沒什麼好羞恥的。」

愛德華茲老師上課的重點是「工程設計流程」決策法（engineering design process）[29]，學生必須定義自己面臨的難題、蒐集資料、想出解決方案、討論不同選項，接著不斷實驗，找出最好的答案。教師手冊上說：「工程設計流程是工程師試圖解決問題、設計出解決方案時遵守的一系列步驟，工程設計流程是一種解決問題的方法。」[30]工程設計流程的基本精神是很多問題乍看之下無解，但其實可以分拆，接著一遍又一遍嘗試解決方案，直到得出靈感。上這堂課的學生必須定義自己碰到的難題，勤做研究，想出幾種解決辦法，接著測試與評估成效，然後不斷重複流程，直到得出最終答案。學生必須想辦法拆解大問題，變成能放進心智鷹架與大腦文件夾、很好動手解決的小問題。

愛德華茲老師班上的第一個大作業是設計電動車，

學生有數週時間自己分組、自己依據工程設計流程圖上的每一個步驟動手做。全班能拿到的材料不多，不過沒關係，這個作業真正的目的是學會盡量從身邊找出資訊，什麼來源都可以。很快的，學生造訪賣車的地方與修車廠，還把資源回收桶裡的鋁罐搜括一空，做出網路上教的電池測試器。愛德華茲老師告訴我：「我的工作是教學生慢下腳步，這些孩子每天都在解決問題，他們得處理離家出走的父母、打她們的男友，以及吸毒的同學。他們人生經歷過的每一件事都告訴他們，得立刻做出選擇，但我想讓他們知道，如果有一套做決定的方法，其實可以停下來慢慢想。」

學期過了一半，班上完成了電動車設計，下一個練習是設計彈珠分類器，然而此時德黎雅二十一歲的姐姐未婚生子，孩子的爸不見蹤影，累壞的姐姐哀求妹妹下午幫忙帶孩子。德黎雅似乎別無選擇，爸爸告訴她：該怎麼做妳很清楚，姐姐是妳的家人，幫助自己的家人是應該的。

因此，在愛德華茲老師的課上，德黎雅抽出文件夾裡的設計流程圖，和自己的小組討論如何用設計步驟解決自己的難題。如果她幫忙帶孩子會發生什麼事？工程設計的第一個步驟就是找出資料，德黎雅開始列出所有相關經驗。她告訴組員，自己另一個姐姐幾年前找了一份課後工作，結果全家立刻靠她吃穿，再也不可能辭職，上社區大學的願望只得以後再說。德黎雅推測，如果自己開始幫忙帶孩子，大概會發生同樣的事。好了，這是「資料一」。

接著德黎雅寫下如果自己每天下午都幫忙顧孩子，行程表會變成什麼樣子。早上八點半到下午三點半要上課，下午三點半到晚上七點半要當保母，晚上七點半到十點做功課。然而照顧完姪子之後，她大概已經累了，不會有力氣算數學或準備考試，大概會看看電視就算了，然後她就會開始心生不滿，週末也無法好好運用時間。這是「資料二」。

德黎雅的小組走一遍流程圖，把她碰上的大難題拆成幾個小難題，接著腦力激盪可以怎麼做，並且透過角色扮演模擬德黎雅和家人的對話。德黎雅的小組在解決要不要當保母的問題時，班上其他同學則忙著討論如何讓機器分開彩色彈珠與單色彈珠。德黎雅的小組最後得出結論：帶孩子感覺不是太大的犧牲，但證據顯示德黎雅得付出很大的代價。德黎雅幫爸爸準備一份備忘錄，列出她一個步驟、一個步驟思考後有哪些考量。**不，她不能當姐姐的保母**。

心理學家表示，學習用這種方式做決定很重要，年輕人尤其該學，因為他們將更能從經驗中得出有用的心得，從不同觀點看各種選項。這種讓決策「不流暢」的方法，讓我們得以把自己的情緒與偏見擺在一旁，從較為客觀的角度評估自己的人生，不對過去學到的教訓視而不見。《冰雪奇緣》動畫師靈感枯竭時，迪士尼的方法迫使他們回顧自己的人生，把人生經驗當成創意的文件夾，不過我們人生過去的經歷除了提供創意素材，也提供了數據。我們很容易忽視過去的決定隱藏的資訊，很容易忘掉每一次我們做選擇時，其實做過數千次實驗。我們離自己的經驗太近，以致不識廬山眞面目，不曉得如何拆解過去的經驗提供的資訊。

工程設計流程法則迫使我們尋找資訊，想出可能的解決方案，還要尋求不同意見，測試各種點子，用新觀點看待過去的經驗，不貿然做決定。我們的大腦渴望做簡單的二擇一選擇題：**要幫姐姐？還是要讓家人失望**？然而用工程設計流程法思考後，我們可以用新方法看待選項，不再衝動行事。

西北大學的研究人員在一九八四年做過一項重要的決策框架研究，請一群受試者依據自己過去的經驗，列出「該買錄影機」的原因㉛。受試者想出數十個該買的理由，有人說錄影機可以提供娛樂，有人說錄影機是一種教育投資，有人說錄影機提供全家歡聚時刻。接下來，研究人員又請受試者想出**「不該買錄影機」**的原因，這次大家想了很久，除了要花錢，想不出太多反對的理由，絕大多數的受試者說，自己不久後就會買錄影機。

接下來，研究人員請另一批受試者先想出**「不該買錄影機」**的原因，大家說沒問題，太簡單了。有的人說一直看電視，就沒時間和家人好好相處，有的人說看電影讓人變笨，不該擺一台錄影機在家裡誘惑自己。接著研究人員請這一組人列出**「該買錄影機」**的原因，大家想不出令人信服的理由，還說自己一輩子都不會跑去買那種東西。

此一實驗的研究人員想知道，受試者一旦心中先有一個做決定的框架之後，接著將多難接受相反的理由。兩組受試者的人口組成很相似，理論上都有興趣買錄影機，或至少應該能夠想出數量一樣多的「該買」與「不該買」的理由，然而受試者一旦抓住某個決策框架（**「買錄影機是一種教育投資」** vs. **「買錄影機會讓我無法專心和家人共度美好時光」**），就很難換個角度思考自己的選擇。錄影機究竟是學習的工具，還是在浪費時間，要看問題怎麼問[32]。其他數十個實驗也發現類似結果，不管是攸關生死的是否該核准安樂死，或是花大錢的要不要買車，受試者一旦把自己框進某種框架後，就很難改答案[33]。

然而，如果我們迫使自己從新鮮角度思考，還是可能打破框架。德黎雅把「要不要當保母」的難題放進愛德華茲老師的流程圖之後，「不流暢」足以打破她一開始覺得自己應該採用的框架。德黎雅回到家，向父親解釋自己的邏輯，父親的框架也被改變。德黎雅告訴爸爸，她不能照顧姐姐的孩子，因為愛德華茲老師的機器人社團需要她星期二、星期四都在學校待到下午六點，那個社團是她進大學的跳板。除了星期二與星期四，其他天的下午她也得待在圖書館做功課，因爲家裡很吵，回家就不可能專心。德黎雅重新框架問題，讓選項變成「現在就幫助家人」vs.「學校成績好，以後更有能力幫助家人」。德黎雅的父親同意女兒的分析，他們得另找保母，德黎雅應該待在學校念書。

哥倫比亞大學的心理學家強森告訴我：「我們的大腦想要簡單的框架，想要二擇一的選項，而且一找到就不肯放。那就是爲什麼小女生無法決定要不要跟男朋友分手，她們把問題想成：『我愛他嗎？ vs. 我不愛他？』，沒有想成：『我想保住這段關係？ vs. 我想專心念書上大學？』。我們買車的時候也一樣，我們腦子裡想著：『我要電動窗？還是要GPS？』沒想著：『我確定有辦法負擔這輛車嗎？』」

強森表示：「然而如果我們教大家框架選擇，給他們一系列的步驟，讓問題變得看似複雜一點，他們會更能掌控自己的思考。」[34]

若要協助人們從新角度看待過去的經驗，最好的辦法就是提供正式的決策法，例如流程圖、預先設定好的一系列問題，或是工程設計流程，也就是讓大腦無法一下子就隨便做決定的關卡。強森表示：「決策法會讓問題改頭換面，讓我們看到不同的可能性。」

●●●

德黎雅升上西丘中學三年級後，家人的生活愈來愈混亂，一個姐姐要養孩子，另一個姐姐輟學，全家人找到新的地方住，接著又突然發生什麼事，又有人丟工作，或是鄰居抗議一間單房公寓住了太多人，然後德黎雅一家人又得搬家。他們最後找到一間可以長租的房子，但暖氣有時會不靈，沒錢付帳單時也會被斷電。

德黎雅的老師終於發現她家出問題，也知道她念書有多辛苦。德黎雅各科都拿Ａ，老師們說會想辦法幫她。德黎雅需要洗衣服的時候，英文老師梭爾（Thole）會邀請她到家中作客一下午。德黎雅看起來特別累的時候，愛德華茲老師會允許她課後留在班上，老師改考卷的時候，她可以趴在桌上小睡一下。老師們知道德黎雅是資質很好的孩子，他們希望生活上一點小小的協助能送她上大學。

愛德華滋老師尤其是德黎雅人生的支柱，他要她去找學校的輔導老師，並協助她申請獎學金，幫她修改大學申請書，還確保申請書準時寄到。德黎雅與朋友鬧彆扭、和男友吵架、跟爸爸爭吵、時間太少做不完作業時——不管人生發生什麼狀況，她都會拿出愛德華茲老師的流程圖，幫自己的問題跑一遍工程設計流程，跑流程能讓她靜下心想出解決辦法。

在德黎雅高三的春天，獎學金的信開始寄到，諾德斯特龍獎學金（Nordstrom Scholarship）給她一萬美元，扶輪社給她獎學金，辛辛那提大學（University of Cincinnati）也給她少數族裔獎學金，通知信如雪片般飛來，最後德黎雅拿到十七份獎學金，畢業時是畢業生代表，還被班上票選爲最可能成功的同學。畢業的前一天晚上，德黎雅睡在梭爾老師家，因爲那樣一來，她就能在畢業典禮前洗到熱水澡，捲好自己的頭髮。秋天的時候，德黎雅進入辛辛那提大學就讀。

德黎雅告訴我：「大學比我想的難很多。」她目前已是大二學生，主修資訊科技，班上通常只有她一個女生，還是唯一的黑人。辛辛那提大學爲了協助德黎雅這種家族中第一個上大學的學生，成立「第一代計劃」（Gen-1）[35]，提供導師、課後輔導、強制溫書時間，以及生涯規劃輔導。「第一代計劃」的學生大一全部住同一棟宿舍，還要簽七頁長的合約，答應遵守宵禁、晚上保持安靜，以及到讀書室念書。種種的規定是爲了協助學生脫離成長方式，融入新環境。

德黎雅說：「我家還是一團混亂。」不過德黎雅覺得快要撐不下去時，都會回想愛德華茲老師的課，只要一步一步來，什麼問題都可以解決。「只要我把大麻煩拆成小麻煩，就可以把惡劣心情暫時放一旁，好好想要怎麼解決。」她說。「我的人生遭遇了很多事，但只要我能暫時抽離自己，就能從中學到東西。只要用對方法思考，人生發生的點點滴滴都可以是寶貴經驗。」

學習能力最強的人士，其實是知道如何化「不順暢」爲優勢的人，這樣的人有辦法消化周遭資訊，吸收經驗帶來的心得，隨時善用身邊冒出來的資訊。這樣的人會昇華人生遭遇，不會只是被動接收。天將降大任時，必先讓我們「動手」操作資訊，一有機會就用資訊做實驗。我們可以模仿工程設計流程，上班時測試一下點子，也或者和朋友聊一聊聽到的概念。慢下吸收資訊的腳步，反而會有更好的吸收效果。

普林斯頓大學與洛杉磯加大在二〇一四年做實驗，觀察兩組學生上課記筆記的方式，研究「學習」與「不流暢」之間的關係。一組用手寫，一組打在筆電上[36]。如果一邊聽老師講話，一邊用筆抄下來，比較累，也比較缺乏效率，手指會抽筋，能記下的字數少於打字。打字的同學花的力氣較少，筆記量卻是手寫組的兩倍左右。換句話說，寫字比打字不流暢，要花較多力氣，比較難逐字記下老師所說的話㊲。

然而，研究人員比較兩組學生的考試成績後，卻發現手寫組記住的上課內容，居然是打字組的兩倍㊳。科學家最初很懷疑這個實驗結果。或許是手寫組下課後花比較多時間念書？他們又做了一次實驗，不過這次讓筆電組和手寫組上同一堂課，接著一下課就收走筆記，讓學生不能復習。一週後，實驗人員舉行上課內容考試，這次手寫組的分數依舊比較高。不管怎麼實驗，只要是讓自己用比較麻煩的方式記筆記的學生，也就是處理資訊的過程中不得不慢慢來的組別，學到的東西比較多。

我們的日常生活也是一樣，碰到想學的新資訊時，用那個資訊**做點事**會更有效，例如想減重的話，光是讓浴室磅秤把我們每天的體重上傳到手機 app 還不夠，如果自己花力氣把那些數字記在方格紙上，吃午餐的時候，我們就比較可能選沙拉，不會選漢堡。讀到一本有很多新穎見解的書，如果強迫自己寫下筆記，並且向坐在旁邊的人解釋書中概念，我們就比較可能在生活中實際運用那些點子。碰到新資訊時，請強迫自己運用那個新資訊，例如拿來做點實驗，或是向朋友介紹新趨勢。我們這麼做的時候，自然會在大腦中建立起心智文件夾，那正是學習最重要的步驟。

我們在人生所做的每一個選擇都是實驗，每一天都是尋找更好的決策框架的好機會。我們這個年代資訊多，分析數據比以前便宜，採取行動也變得更容易。智慧型手機、網站、數位資料庫與應用程式，讓我們隨手點一點就能取得資訊，不過我們得懂得吸收才可能運用。

二〇一三年，丹提念完南埃文代爾小學五年級。上課最後一天，他參加慶祝會，現場有氣球，遊戲城堡，棉花糖機和ＤＪ，地點是六年前和平盃橄欖球賽青少年被殺的同一個操場。南埃文代爾小學依舊位於全辛辛那提最貧窮的地區，校園附近依舊有人販毒，街上依舊是被木條封住的破爛房子，然而那一年全校八六％的學生通過全州教育標準，前一年更是高達九一％，其他學區的孩子排隊搶著進南埃文代爾小學。

當然，一所學校不會只因爲一個計劃就改頭換面，就像學生成功無法只靠一個班或一個老師。丹提與德黎雅，南埃文代爾小學與西丘中學，學生與學校出現轉機，是因爲同時有好幾股力量加在一起。每位老師都認眞教學，而且行政人員有了嶄新目標，校長全心投入，家長也支持改革。不過光是有決心、有目標還不夠，還得用對力氣。數據室化資訊爲眞正的知識，老師開始把學生視爲有不同需求、各有優點的個體。辛辛那提的公立學校能夠煥然一新，是因爲有大家正確的努力。

畢業典禮開始了，丹提走向臨時搭建的舞台，家人拍手歡呼。那一天所有的畢業證書都一樣，留著一個空白處。校長告訴丹提，離校之前還有最後一件事要做，所有人都得做完那最後小小的一件事，才能從小學畢業：丹提必須改變那張畢業證書，讓那張畢業證書眞正成爲自己的證書。校長遞給丹提一支筆，丹提在空白處簽上名字。

附錄
生產力全面提升指南

還記得葛文德嗎？那位最初讓我對生產力產生興趣的醫生作家神人？我聯絡葛文德醫生幾個月後開始寫這本書。近兩年的時間，我訪問許多專家，讀了成堆科學報告，還追蹤各種案例研究，我開始幻想自己眞的是生產力專家，要把自己聽到的事化爲文字，應該是小事一樁，輕輕鬆鬆就能洋洋灑灑幾萬字。

根本沒那回事。

我坐在桌前，花好幾個小時瀏覽一個又一個網站，找新的研究來讀，接著整理筆記。我搭上飛機，隨身行李塞滿打算要讀的研究報告，然後就丟在一旁，忙著回信與寫待辦事項，沒去做眞正重要、眞正需要完成的事。

我的心中有目標——我要寫一本書，我要告訴大家如何把生產力的科學知識運用在生活中，然而那個目標感覺好遙遠、好龐大，所以我一直做容易做的事，沒開始寫書。幾個月過去，我只列出一些內容大綱，沒寫出任何一章。

我心灰意冷，寫信給編輯：「我辦不到，我不知道自己做錯什麼。」

編輯回信，點出顯而易見的一件事：或許我應該把從專家身上學到的事，運用在自己身上，我得依據本書提到的原則過生活。

動機

舉例來說，我新書遲遲無法動筆的原因與動機有關。寫書是好事，但時機似乎不太對。我一邊寫書，一邊還得當《紐約時報》記者，而且前一本書還在宣傳期，在此同時我還在努力當好爸爸、好先生。換句話說，我累壞了。在《紐約時報》過完漫長的一天後，回家還得整理新書筆記，寫出章節草稿，此外還得送孩子上床睡覺、洗碗、回電子郵件。這種時候我發現就算激勵自己也沒用，回信尤其像是每天都會出現的酷刑時間。我的收件匣永遠塞滿公司同事找我做的事，以及其他作者的提問、我希望訪談的研究者的回信，還有其他各式各樣我得好好思考才能回答的信。

事情很多，然而我只想看電視。

每天晚上，我一邊鼓勵自己回信，一邊想著本書第一章提到的重點，以及庫拉克將軍是如何靠著強化新兵的內控能力，重新打造海軍陸戰隊的新兵訓練營：

- **我們化苦差事為自己的選擇後，比較有動力做事，覺得一切操之在我。**

舉例來說，我每天至少需要回五十封電子郵件，於是晚上的時候，我都會下定決心一吃完晚餐，就要坐在電腦前解決那些信，結果就是每天晚上我會想盡辦法拖拖拉拉，多讀一個故事給孩子聽，或是開始整理客廳，看看臉書上有什麼新訊息，因爲回信實在太煩。有的時候我真的振作起來，一鼓作氣打開收信匣所有的信，每一封都按下回覆，結果就是整個螢幕滿滿都是等著回覆的郵件，我覺得自己被壓垮。

庫拉克將軍告訴我的一件事，我一直牢牢記在心上：「大部分的新兵都不曉得如何逼迫自己做困難的事，但如果我們讓他們做有內控感的事，訓練他們踏出第一步，接下來就簡單了。」

對啊，我爲什麼不用庫拉克將軍的建議？晚上我讓孩子上床睡覺後打開筆電，點閱所有郵件，每一封都按下回覆鍵，接著用最快速度每一封都打上一句話，什麼話都好，打就對了，例如同事問我要不要一起開某場會議，我因爲不想去，一直沒回。我知道那種會又臭又長，但又不能一直躲著同事，因此我在回信中寫下一句話：

我可以參加，但二十分鐘就得走人。

接下來的二十幾封信，我都用這個方法回覆，每一封都用幾乎是不假思索的方式，寫下一個短短的句子，接著再回頭寫出完整的信：

嗨，吉姆：

當然我可以過去開會，但我二十分鐘就得離開，這樣可以嗎？謝了！

查爾斯

我發現兩件事，第一件事是一旦螢幕上有一個句子後，寫出完整的回信就簡單許多。更重要的是，如果第一個句子讓我覺得掌控權在我手上，我會比較有動力。我告訴吉姆，我只能待二十分鐘，那句話提醒了我，如果我不想去的話，其實不用參加吉姆的計劃。另一封信是有人邀請我到外地演講，我這樣回覆：

我希望星期二出發，星期四晚上回到紐約。

不管我最後是否眞的跑去演講，我的回信讓我覺得決定權在自己手上。換句話說，我在簡短回信時，我每一封信的內容都提醒自己，眼前的選項由我自己來選（套用心理學家的話來說，我利用那些句子增強內控感）。三十五分鐘之內，我就清空收件匣。然而其他我一直拖著沒做的事該怎麼辦？那種比較重要、比較麻煩的事怎麼辦，例如我得寫長篇備忘錄，或是和同事談尷尬的事？萬一沒辦法證明選擇權在我自己手上怎麼辦？碰上這種時候，我會提醒自己本書動機那一章提到的另一個重點：

●我們的選擇若能配合內心深處的價值觀與目標，更能讓自己動起來。

海軍陸戰隊的新兵互問「爲什麼？」就是這個原因。「爲什麼你要爬上這座山？」「爲什麼你要讓自己在女兒出生時不能陪在老婆身邊？」「爲什麼你要清理亂七八糟的軍營餐廳？爲什麼要做伏地挺身？爲什麼要上戰場？明明就有更安全、更容易賺錢的方式？」強迫自己解釋究竟為什麼要做一件事，可以提醒自己眼前的瑣事，都是爲了更長遠的未來，我們選擇走上那條路，是爲了離有意義的目標愈來愈近。

舉例來說，如果我想讓自己在飛機上讀論文，我會在每一篇論文上寫上為什麼這篇論文很重要，爲什麼應該讀完，接著從包包拿出論文後，我會比較容易認眞開始讀。萬事起頭難，但只要寫下一兩個為什麼該做一件事的原因，就沒那麼難。

爲什麼要讀這篇論文？

- 讀這篇論文可以讓我找出第一章要放進哪些人士的故事。
- 讀這篇論文可以幫助我寫書。
- 讀這篇論文可以幫助我了解生產力是怎麼一回事。

我們做出選擇、證明操控權在自己手上時，就會冒出做事的動力，知道是在朝有意義的目標走。我們一旦感受到自己的人生自己掌握，就會勇往直前。

讓自己有動力的方法

- 做一個掌控權在自己手上的選擇。回信的時候，先寫下表達自己的觀點或說出決定的一句話。如果有不好啓齒的話要說，自己決定要在哪個地點開口。選擇的內容其實不重要，重點是我們覺得掌控權在自己手上時，會比較想做事。

- 找出自己要做苦差事的原因，向自己解釋一切都是為了有意義的目標。一旦能解釋**為什麼**手上這件事很重要，就比較能跨出第一步。

設定目標

有時光是找出自己為什麼該做一件事還不夠。我想寫書，但寫書這個目標實在太大，千頭萬緒，不曉得從何著手，此時我報導過的設定目標方法派上大用場。我知道自己必須設定兩種目標：

- **我必須設定登月目標，一個大到會激起雄心壯志的目標。**
- **除了登月目標，我還需要靠SMART目標定出具體計劃。**

專家告訴我，同時定出登月目標與SMART目標最有效的方法，就是寫下待辦事項清單。我需要寫出目標，然而寫的方式必須能同時提醒自己登月目標與SMART目標，因此我開始擬定待辦清單，在每一張清單最上方寫下大方向，也就是長期希望達成的目標（這個步驟可以防止自己落入認知閉合需求的陷阱，不能太過執著於輕鬆就能達成的短期目標）。接下來，在大目標的下方，我用符合SMART要素的方式寫下子目標，強迫大腦想出完成目標的計劃。

舉例來說，我寫這本書的時候，大目標是找出可以解釋心智模型的例子。我知道飛航專家認為機師碰上緊急狀況時，心智模型扮演著重要角色，因此在心智模型那一章的待辦事項清單，我寫上：

第三章待辦事項

登月目標：找出可以解釋心智模型的飛航故事（千鈞一髮的飛安事件？）

接著在登月目標下方，我寫下與那個大目標有關的 SMART 目標：

第三章待辦事項

登月目標：找出可以解釋心智模型的飛航故事（千鈞一髮的飛安事件？）

明確(S)：用 Google Scholar 搜尋學術論文，找出可以請教哪一位飛航專家。

可衡量(M)：每天早上打電話給四位專家，直到找出正確的人／故事。

有可能完成(A)：排開早上的事，專心聯絡專家，九點到十一點半都不要開信箱。

實際(R)：星期一花一小時搜尋飛航專家，列出要先打電話給哪些專家，接著在十點十五分開始打四通電話，談完後，問每一位專家我還能打電話給誰。

時間線(T)：如果一天打四通電話，到了星期四，應該已經打了十六通電話。星期四如果還找不到完美故事，再擬定新計劃。如果找到了，星期五寄大綱給編輯。

寫下前述的登月目標與SMART目標，一共只花了我幾分鐘，然而我那個星期的生產力卻大增。現在如果有重要的事要做，我都會寫下類似的待辦事項清單，每天早上我坐在桌前都知道接下來要做什麼，比較不容易被其他事干擾，該做什麼就做什麼。

除此之外，由於我時時提醒自己登月目標，我不會東想西想，甚至不需要分神畫掉單子上完成的待辦事項。套用科學家的話來說，我關掉自己的認知閉合需求，不會因爲剛完成一次精彩的訪談、剛找到有用的論文、剛讀到**或許**可以放進新書的內容，就停下來喘口氣休息，而會繼續工作，永遠提醒自己是在爲了大目標完成SMART目標：我要找出完美的故事，我要寫完新的一章，我要寫完一整本書。我把所有的大目標統統寫下來，提醒自己：「你的目標很大很大。」

第三章

登月目標：解釋心智模型

登月目標：開始寫法航四四七號班機的故事，解釋爲什麼那架飛機會失事

登月目標：解釋「認知隧道」

登月目標：找出千鈞一髮之中避開失事的事件

登月目標：找到可以解釋日常生活／職場（？）的心智模型研究

設定目標

- 選擇登月目標：最大的野心、最大的志向。
- 把登月目標分拆成子目標，定出 SMART 目標。

專注

我們活在眞實世界，就算目標定好了，也永遠會冒出令人分心的事，或是誰又要我們做什麼，因此除了擬定計劃，我還得想辦法專心。澳航三十二號班機的機師靠著專注於正確的心智模型，逆轉一場災難，我也得學會他們的一心一意：

- **我們可以靠著在心中說故事與建立心智模型，預測接下來會發生的事，讓自己專心。**

我靠著想像每天早上坐在桌前會發生什麼事，把注意力全部放在登月目標與 SMART 目標上。此外，我養成習慣，每個星期日晚上都拿著紙筆，想像隔天與隔週要如何安排。我通常會選出三到四件一定得做的事，接著問自己一連串問題（參考次頁圖表）。

我通常只需要幾分鐘，就能想好我希望會發生什麼事，然而我問完自己前述的問題後，心中就有故事了——早上應該怎麼過的心智模型。接下來，果然出現令我分心的事時，就比較好當場決定是否要去管那件事。

如果我的信箱通知我有三十封新信件，我知道不要去管那些信，十一點半再說，因爲那是大

我的目標

找出能解釋心智模型的飛航故事

↓

第一件事要做什麼？

列出航空專家的清單

↓

大概會碰上什麼分心的事？

一堆信等著我回

↓

我要如何應付那件令我分心的事？

11:30 之後才開信箱

↓

怎麼知道成功了？

至少要打十通電話，和四位飛航專家談一談

↓

需要什麼東西才能成功？

我需要準備好一杯咖啡，不讓自己有藉口起身

↓

接下來要做什麼？

繼續搜尋專家，找出隔天要打電話給誰

腦中的故事要我做的事。如果電話響了，號碼顯示是我想聯絡的專家，我會接起電話，因爲那通中途打斷我的電話符合我的心智模型。

我有登月目標，也有給了我計劃的SMART目標，此外我心中也有計劃應該如何開展的圖像，因此能輕鬆做出讓自己專心的決定。

> **想專心的時候**
>
> ●想像接下來會發生什麼事。第一件事會是什麼？半路會殺出哪些程咬金？我要如何事先避開？先在心中說出故事，想好希望事情會有什麼樣的發展，眞實生活中冒出分心事件時，就會比較好決定要專心解決哪些事。

決策

我想好登月目標與SMART目標，也有了注意力應該擺在哪裡的心智模型，讓自己有動力做事，然而儘管我做了種種努力，總是會冒出打亂計劃的事，例如老婆打電話過來問我要不要一起吃午餐，或是編輯說突然有一個很令人興奮的計劃，問我要不要加入。

當我碰上大大小小預期外的事，該如何做決定？本書機率思考那一章可以幫上忙：

●**想像各種可能的未來，強迫自己找出最可能發生的事與原因。**

如果是簡單的決定，像是要不要跟老婆吃飯，機率很好算。可能性A是我會花一小時吃飯，吃完後輕鬆愉快地回公司上班。可能性B是那頓飯吃很久，我和太太討論起家事該如何安排，誰要負責照顧小孩，接著精疲力竭回到辦公桌前，進度落後。

我事先想好未來的可能性後，眞的發生的時候，就知道該怎麼辦，例如選擇餐廳時，我會建議太太在我辦公室附近吃，吃完就能馬上回去工作。如果我們吃飯時談到家事該如何分配，我會請太太晚上再討論這件事。我因爲事先想好可能出現的對話，比較能當場做出明智的決定。

如果是比較大的決定，例如有一個令人興奮的寫作計劃，我需要多花一點工夫分析。舉例來說，本書寫到一半的時候，製作公司打電話過來，問我有沒有興趣參與電視節目。我如果接受這個機會，新書進度就會落後，但或許對我的長期事業來講有幫助。爲了決定要不要接這個寫作案，我列出如果接了可能發生什麼事（見下圖）。

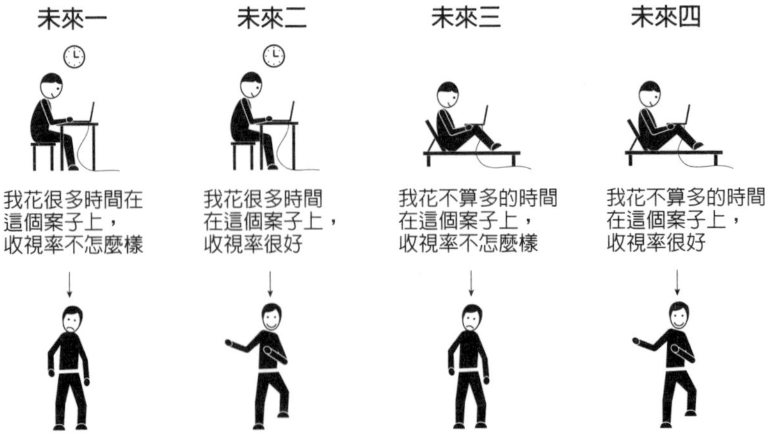
未來一
我花很多時間在
這個案子上，
收視率不怎麼樣
未來二
我花很多時間
在這個案子上，
收視率很好
未來三
我花不算多的時間
在這個案子上，
收視率不怎麼樣
未來四
我花不算多的時間
在這個案子上，
收視率很好

我列出四種可能性，但不曉得機率各是多少，我也知道大概還有很多其他應該考慮的可能性，但我對電視圈不熟，不曉得會發生什麼事，所以我打電話給電視圈的朋友，跟他們聊過之後，我列出四種可能性大概的機率，（見下圖）。

根據專業人士的評估，如果我花很多時間，大概不會有好處，不過如果花不算太多的時間，有可能學到東西，如果很幸運的話節目會紅。

我想用貝氏直覺引導自己，於是花了幾天想像各種結果，最後決定自己忽略了一種未來的可能性：就算節目沒紅，還是會很好玩，因此我決定參與節目製作，不過一開始就表明無法花太多心力在上頭。

那是一個好決定。最後我一共只花了大約兩星期做那個節目，但成果遠遠超出想像。節目會在秋天播出，而且我從中學到很多事。

我學到很多與做節目有關的事，不過最重要的是這次我靠著方法做出決定。我預測幾種可能性，還在答應接下案子之前，先定出登月目標與SMART目標，自己控制要花多少精神。

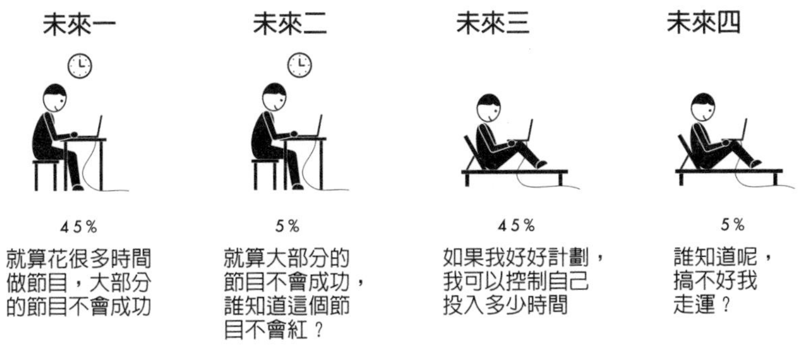
未來一
45%
就算花很多時間做節目，大部分的節目不會成功
未來二
5%
就算大部分的節目不會成功，誰知道這個節目不會紅？
未來三
45%
如果我好好計劃，我可以控制自己投入多少時間
未來四
5%
誰知道呢，搞不好我走運？

做出更好的決定

- 想像幾種可能的未來。我們強迫自己想著不同的可能性時（其中幾個可能互相矛盾），更能做出明智的決定。
- 多去了解不同經驗、不同觀點與其他人的想法，貝氏直覺就會增強。找出資訊並多加思考後，就會更清楚自己有什麼選項。

大型點子

以上回顧了幾個影響了我日常生活的關鍵概念，如果能讓自己變得更有動力、更專注、更懂得設定目標與做出好選擇，那就走對路了，我們會變得更有生產力。不過當然，本書提到的其他概念，也能協助我們管理他人，並以更快的速度學習與創新：

讓團隊變得更具效率：

- 管理團隊的「方法」（how），而不是團隊有誰（who）。心理安全感源自每一個人都覺得自己可以和大家一樣提出意見，而且彼此在乎他人感受。
- 如果我們是團隊領導者，想一想我們的選擇會傳遞出什麼訊息。我們是否鼓勵每個人發言？還是我們獎勵講話最大聲的人？我們是否重述別人說的話，回應他們提出的問題與想法，專心聆聽？我們是否展現出足夠的同理心，協助沮喪或緊張的人？我們是否以身作則，讓團隊每一個人都在乎他人感受？

管理他人的生產力

- 精實與敏捷管理技巧告訴我們，員工有權做決定而且相信同仁會支持時，就會變得更聰明，表現更傑出。
- 管理者靠著讓最靠近問題的人做決定，利用每一個人的專長，讓所有人發揮創意。
- 覺得「事情操之在我」可以帶來動力，不過如果要想出好辦法，就得讓大家知道自己的提議不會被忽視，而且犯錯沒關係。

鼓勵創新

- 創意經常來自用新方法組合舊點子，關鍵在於當「創新仲介」。自己要當仲介，也要讓組織裡其他人當仲介，方法包括：
- 留心自己的經驗。我們怎麼知道一件事是真知灼見或老生常談？看那件事帶給我們的想法與感受就知道了。研究一下我們自己有什麼情緒反應。
- 創意發想的過程如果讓我們壓力如山，不代表事情要完蛋了。絕境常常可以帶來創意，焦慮會迫使我們用新觀點看待舊點子。
- 最後不要忘了，創意有了重大突破、鬆了一口氣之後，我們很容易再度看不到其他可能性。我們要強迫自己批判目前的成果，從不同角度看事情。給其他人新權力擾亂一下平衡後，可以再度把事情看清楚。

用更好的方式吸收數據

● 碰上新資訊時，強迫自己用那個資訊「做點什麼」，例如記筆記，寫下剛才學到的事，或是想個辦法小小測試一下點子，在紙上畫出數據圖，強迫自己向朋友解釋概念。我們生活中所做的每一個選擇，都是一場實驗，我們得讓自己看出那些決定背後隱藏的資訊，然後想辦法運用，才能從中學到東西。

更重要的是，本書提到的八大主題，有一件最最基本的事串起所有概念：生產力就是看出其他人一般會忽略的選擇。生產力的關鍵在於用某種方法做出某些決定。我們選擇如何看待自己的人生、我們在心中告訴自己的事、我們強迫自己定出的詳細目標、我們建立的團隊文化、我們看待選擇與處理生活資訊的方式，統統將造成影響。一個人或一間公司生產力會高，是因爲他們強迫自己做出其他人懶得去想的選擇，當我們強迫自己用不同觀點看事情，自然會出現生產力。

我寫這本書的時候，碰上一個很喜歡的故事，興致盎然地追查那則報導。那個故事可以說是發明了現代航運貨櫃的麥康·麥克連（Malcom McLean）的生平。麥克連已於二〇〇一年去世，不過他留下錄影帶與無數記錄，因此我花了好幾個月閱讀他的事跡，還採訪他的家人與數十位同事。大家告訴我麥克連是如何不屈不撓想辦法推動用大型金屬櫃載運貨物，讓碼頭變得更具生產力，他的點子最終改變了製造業、運輸業，以及全球各大洲的經濟。大家告訴我麥克連因爲瘋狂執著於一個點子，非常具有生產力。

我花了無數小時了解麥克連的事跡，寫了好幾個版本的報導，無論如何都想把他的故事放進本書。

然而最後沒有一個版本行得通。麥克連的故事告訴我們，全心全意抓著一個點子不放可以改變世界，然而這個啓示的共通性不如其他我想解釋的概念。麥克連的故事很有趣，但不是那麼絕對，適用在他身上的事，不一定適用每一個人。許多例子都顯示過於執著反而會有反效果，麥克連的人生啓示不適合和本書其他八個概念擺在一起。

麥克連的例子雖然最後派不上用場，我花的時間也不算浪費，因爲放棄他的故事讓我體會到專注力的眞諦。我心中幫本書想好的心智模型，一直與麥克連的事跡起衝突，我的麥克連故事的SMART計劃，不符合登月計劃，我的登月計劃是說出所有人都能應用的心得。換句話說，研究麥克連讓我明白這本書到底應該講什麼。看似白白浪費的時間，提醒了我眞正的生產力是怎麼一回事：我們不會做什麼事都有結果，有時會白費工夫，然而如同迪士尼的心得，有時製造一點張力才能激發創意，走錯路反而是通往成功最重要的一步。

就算偶爾走錯路，只要我們學會辨認許多人看不見的選擇，我們會愈變愈聰明，速度愈來愈快，愈做愈好。不管是誰，都能變得更有創意、更專心、更懂得框架自己的目標，進而做出明智的選擇。學校可以靠著改變師生吸收數據的方式得到大改造。團隊可以靠著從錯誤中學習，讓緊張的氣氛激盪出創意，或是讓看似浪費掉的時間變成達成目標的助力。老人的生活可以靠著叛逆一下，重新獲得改造。

我們所有人都可以變得更具生產力，已經告訴大家方法了，出發吧！

謝辭

我能夠省時、省力、更聰明，都是因爲世上有好心人，因此我有太多要感謝的人。

本書能問世要感謝安迪・沃德（Andy Ward）一手促成，他先是點頭同意我的點子，接下來又花了兩年時間塑造出本書雛形。一切的一切都要感謝安迪，感謝他優雅的編輯，感謝他永遠追求品質，感謝他眞誠的友誼。他讓身邊每一個人都想變得更好，想讓這個世界變得更美麗、更公平，認識他是我三生有幸。

能夠把書交給藍燈書屋（Random House）也是我三生有幸。藍燈書屋有吉娜・山特羅（Gina Centrello）、蘇珊・卡米爾（Susan Kamil）與湯姆・佩瑞（Tom Perry）充滿智慧的引導，也有瑪利亞・布瑞克爾（Maria Braeckel）、莎利・馬文（Sally Marvin）、山宇・迪翁（Sanyu Dillon）、泰瑞莎・佐羅（Theresa Zorro）、艾文達・巴席拉德（Avideh Bashirrad）、妮可・摩拉諾（Nicole Morano）、凱特林・麥卡斯基（Caitlin McCaskey）、梅麗莎・米爾斯頓（Melissa Milsten）、蕾・馬全（Leigh Marchant）、艾倫納・華格納（Alaina Waagner）、丹尼斯・安布羅（Dennis Ambrose）、南西・德利亞（Nancy Delia）、班哲明・德瑞爾（Benjamin Dreyer）無數的心血，以及凱拉・邁爾斯（Kaela Myers）最耐心的

支持。我要感謝所有大力推廣本書的人士：大衛・費席（David Phethean）、湯姆・奈維斯（Tom Nevins）、貝斯・寇勒（Beth Koehler）、大衛・衛勒（David Weller）、理查・考利森（Richard Callison）、克麗絲汀・麥克納馬拉（Christine McNamara）、傑佛瑞・韋伯（Jeffrey Weber）、大衛・羅曼（David Romine）、辛西亞・拉斯基（Cynthia Lasky）、史黛希・貝倫包姆（Stacy Berenbaum）、葛蘭・艾利絲（Glenn Ellis）、艾莉森・佩羅（Allyson Pearl）、克麗絲汀・富蘭明（Kristen Fleming）、凱西・賽皮寇（Cathy Serpico）、肯・沃羅伯（Ken Wohlrob），以及藍燈書屋銷售部（Random House Sales）的每一個人。我也很幸運能與威廉海茵曼出版社（William Heinemann）的傑森・亞瑟（Jason Arthur）、艾瑪・費寧根（Emma Finnigan）、馬修・魯道（Matthew Ruddle）、傑森・史密斯（Jason Smith）、奈吉・威考森（Nigel Wilcockson）、雅思蘭・拜恩（Aslan Byrne）、加拿大的瑪莎・肯亞—佛思納（Martha Konya-Forstner）與凱西・伯恩（Cathy Poine）合作。

我還要感謝懷利經紀公司（Wylie Agency）的安德魯・懷利（Andrew Wylie）與詹姆士・普倫（James Pullen）。安德魯永遠致力於讓這個世界對作者來說變得更安全，我深深感激他的付出。普倫協助我用我中學幾乎肯定會當掉的語言出書。

我深深感謝《紐約時報》，迪恩・巴奎（Dean Baquet）、安迪・羅森索（Andy Rosenthal）與麥特・普迪（Matt Purdy）的領導風範引導我每天做出決定。孜孜不倦追求眞相的亞瑟・薩斯伯格（Arthur Sulzberger）、馬克・湯普森（Mark Thompson）與梅勒迪斯・寇皮特・拉文（Meredith Kopit Levien）提供深厚的友誼。我要感謝商業版編輯迪恩・墨菲（Dean Murphy）、副產業編輯彼得・賴特曼（Peter Lattman），兩人的友誼、建議與耐心讓我得以寫出本書。同樣的，若是少了拉里・英格拉西亞

（Larry Ingrassia）提供的所有引導，我寫不出這本書。蓋瑞・馬佐賴提（Gerry Marzorati）是太棒的朋友，肯希・威爾森（Kinsey Wilson）、蘇珊・齊拉（Susan Chira）、傑克・席維斯頓（Jake Silverstein）、比爾・瓦習克（Bill Wasik）與克里夫・列維（Cliff Levy）也是。

我還要感謝很多人，感謝《紐約時報》同事大衛・里昂哈特（David Leonhardt）、A・G・薩斯伯格（A. G. Sulzberger）、瓦特・伯丹尼（Walt Bogdanich）、山姆・多尼克（Sam Dolnick）、厄多鐸・波特（Eduardo Porter）、大衛・佩皮區（David Perpich）、裘帝・坎多爾（Jodi Kantor）、維拉・帝圖尼克（Vera Titunik）、彼得・賴特曼（Peter Lattman）、大衛・席格爾（David Segal）、喬・諾賽拉（Joe Nocera）、麥克・巴伯羅（Michael Barbaro）、吉姆・史都華（Jim Stewart），以及其他不吝提供點子的人士。

同樣的，我要感謝艾力克斯・布倫伯格（Alex Blumberg）、亞當・戴維森（Adam Davidson）、寶拉・蘇曼（Paula Szuchman）、尼維・諾德（Nivi Nord）、艾力克斯・貝倫森（Alex Berenson）、奈札寧・拉山哲寧（Nazanin Rafsanjani）、布蘭登・寇納（Brendan Koerner）、尼可拉斯・湯普森（Nicholas Thompson）、莎拉・艾莉森（Sarah Ellison）、亞曼達・席費（Amanda Schaffer）、丹尼斯・波泰米（Dennis Potami）、詹姆士與曼蒂・韋恩（James and Mandy Wynn）、諾亞・寇區（Noah Kotch）、葛雷格・尼爾森（Greg Nelson）、凱特林・派克（Caitlin Pike）、強納森・克萊恩（Jonathan Klein）、亞曼達・克萊恩（Amanda Klein）、馬修與克蘿伊・嘉肯（Matthew and Chloe Galkin）、尼克・帕納果佩羅斯（Nick Panagopulos）與瑪麗莎・隆卡（Marissa Ronca）、唐納・史提爾（Donnan Steele）、史黛西・史提爾（Stacey Steele）、衛斯理・摩里斯（Wesley Morris）、亞迪爾・華德曼（Adir Waldman）、李奇・法蘭克

（Rich Frankel）、珍妮佛・庫津（Jennifer Couzin）、亞隆・班迪克森（Aaron Bendikson）、理查・藍培爾（Richard Rampell）、大衛・列維奇（David Lewicki）、貝斯・華特邁斯（Beth Waltemath）、艾倫・馬丁（Ellen Martin）、艾美・華萊士（Amy Wallace）、羅斯・烏曼（Russ Uman）、艾琳・布朗（Erin Brown）、傑夫・諾頓(Jeff Norton)、拉吉・迪戴塔(Raj De Datta)、魯班・席嘉拉(Ruben Sigala)、丹・寇斯特羅（Dan Costello）與彼得・布萊克（Peter Blake），他們一路上提供我關鍵支持與引導。這本書的內頁插圖直接來自最有創意的安東・印歐克諾維（Anton Ioukhnovets），謝了，安東。

我也要感謝不屈不撓協助我查證事實的科爾・路易森(Cole Louison)與班哲明・費倫(Benjamin Phalen)，還要感謝排版與整理尾註的奧利維亞・本恩（Olivia Boone）。

感謝許多人士慷慨貢獻時間與知識，協助我寫出本書。許多人的名字已經出現在註譯中，不過我還要再次特別感謝威廉・朗格維齊（William Langewiesche）協助我了解與寫出飛機知識，也要感謝卡特姆與華萊士協助我寫成迪士尼那一章。

最後我要對家人致上最深的謝意：凱蒂・杜希格（Katy Duhigg）、賈桂・簡庫斯基（Jacquie Jenkusky）、大衛・杜希格（David Duhigg）、丹・杜希格（Dan Duhigg）、東尼・馬特瑞利（Toni Martorelli）、亞利珊卓・亞特（Alexandra Alter）與傑克・戈登斯坦（Jake Goldstein）是最棒的朋友。兒子奧利佛與亨利是我靈感與快樂的源頭，還有我的父母約翰與朵莉絲從小鼓勵我寫作。

還有當然我要感謝太太莉茲，她永遠愛我、支持我、引導我，她的智慧和友誼讓本書成真。

寫於二〇一五年十一月

資料來源附註

本書源自數百份訪談、報導與研究，資料來源大都列於正文或註譯，有興趣的讀者可以按圖索驥。

大部分的情況下，我都提供了內文摘要，請本書引用的主要資料來源與研究人員提供進一步的建議，指出事實有出入的地方，以及資料的呈現方式是否有問題。許多人士提供的建議我已經附在註譯中（沒有人拿到本書的完整版本，所有的建議都是依據我提供的摘要）。獨立事實查證人員也聯絡了主要資料來源，並且回顧文獻確認說法。

本書少數幾處我保留了資料提供者的身分，因各種原因而不願具名的人士，我略去身分描述或略作修改，以求保護病患及其他人士的隱私。

註譯

1 動機

①奧克斯納醫院（Ochsner Clinic）：該機構今日更名為「奧克斯納醫療中心」（Ochsner Medical Center）。

②《神經學期刊》（*Archives of Neurology*）：Richard L. Strub, "Frontal Lobe Syndrome in a Patient with Bilateral Globus Pallidus Lesions," *Archives of Neurology* 46, no. 9 (1989): 1024–27。

③「早上起床」：Michel Habib, "Athymhormia and Disorders of Motivation in Basal Ganglia Disease," *The Journal of Neuropsychiatry and Clinical Neurosciences* 16, no. 4 (2004): 509–24。

④掌管運動與情緒：羅格斯大學（Rutgers）腦神經學家德嘉多表示：「紋狀體可說是大型架構基底核的輸入單元。之所以說是輸入單元，是因為紋狀體接收大腦不同功能區域的連結，深深影響著行為。基底核與紋狀體是運動（帕金森氏症病患此部分常出現問題）、認知與動力十分重要的面向。紋狀體與紋狀體所扮演的動力角色（尤其是獎勵處理），與學習獎勵以及運用獎勵資訊做決定有關，引導著行為，隨時通知大腦是否出現勝過或劣於先前預期的獎勵。」

⑤調控情緒：Oury Monchi et al., "Functional Role of the Basal Ganglia in the Planning and Execution of Actions," *Annals of Neurology* 59, no.2 (2006): 257–64; Edmund T. Rolls, "Neurophysiology and Cognitive Functions of the Striatum," *Revue Neurologique* 150 (1994): 648–60; Patricia S. Goldman-Rakic,"Regional, Cellular, and Subcellular Variations in the Distribution of D_1 and D_5 Dopamine Receptors in

Primate Brain," *The Journal of Neuroscience* 15, no. 12 (1995): 7821–36; Bradley Voytek and Robert T. Knight,"Prefrontal Cortex and Basal Ganglia Contributions to Working Memory," *Proceedings of the National Academy of Sciences of the United States of America* 107, no. 42 (2010): 18167–72。

⑥動力消失：腦傷如何影響行爲請參見：Julien Bogousslavsky and Jeffrey L.Cummings, *Behavior and Mood Disorders in Focal Brain Lesions* (Cambridge: Cambridge University Press, 2000)。

⑦紋狀體受損：帕金森氏症常和負責與紋狀體溝通的黑質（substantia nigra）有關。請參見：R. K. B. Pearce et al., "Dopamine Uptake Sites and Dopamine Receptors in Parkinson's Disease and Schizophrenia," *European Neurology* 30, supplement 1 (1990): 9–14; Philip Seeman et al., "Low Density of Dopamine D_4 Receptors in Parkinson's, Schizophrenia, and Control Brain Striata," *Synapse* 14, no. 4 (1993): 247–53; Philip Seeman et al., "Human Brain D_1 and D_2 Dopamine Receptors in Schizophrenia, Alzheimer's, Parkinson's, and Huntington's Diseases," *Neuropsychopharmacology 1*, no. 1 (1987): 5–15。

⑧看著電腦螢幕：Mauricio R. Delgado et al., "Tracking the Hemodynamic Responses to Reward and Punishment in the Striatum," *Journal of Neurophysiology* 84, no. 6 (2000): 3072–77。

⑨期待與興奮感：在其他版本的實驗，受試者猜對或猜錯會有小額的金錢獎勵或懲罰，實驗人員德嘉多在查證信中進一步提供實驗資訊：「最初的研究目的是研究人類的獎勵迴路。我們從動物研究中知道，某些大腦區域是處理獎勵資訊的重點區。我們比較不知道的是人類大腦與金錢等常見的人類獎勵，又是怎麼一回事，而金錢獎勵又與病態賭博（pathological gambling）等行爲成癮有關，因此我們最初的猜大小遊戲，目標爲比較受試者接收到金錢獎勵（猜對）與金錢懲罰（猜錯）時的大腦反應。我們觀察到的模式十分符合獎勵反應。紋狀體（背側與腹側）出現活動。實驗開始時，受試者看到問號後猜大小，我們認爲反應起初增加的現象，與受試者期待潛在獎勵有關。其他利用這個遊戲的研究（見 Delgado et al. 2004, Leotti and Delgado 2011）支持該結果與 Brian Knutson (2001) 的研究。受試者尚不知道自己的猜測是對（贏錢）是錯（輸錢），因此兩種類型的實驗出現的增加現象十分常見。一旦結果揭曉，正面與負面結果（贏錢或輸錢）會帶來值得研究的不同紋狀體模式，贏錢增加反應，輸錢減少。這種現象的解釋是紋狀體會解讀結果的價值。如果考慮此種架構全部的神經輸入與輸出，更爲全面的解釋是紋狀體接收結果／獎勵資訊，並與預期配對（結果優於或遜於預期——你猜

大，眞的是大，或是你猜錯），讓系統更新資訊並知道下一次該如何做決定（或許下次該猜小）。」

⑩電腦幫他們猜：德嘉多在查證信上表示：「與此相關的有三種實驗……在第一種實驗（Tricomi et al. 2004），受試者得知自己將看到兩種圓圈，例如看到黃圈的時候，受試者和先前一樣，先猜正確答案是按鈕一或按鈕二，接著得知正確答案會帶來金錢獎勵。如果是藍圈，受試者也要按鈕（運動控制），但按鈕與獎勵無關，而是隨機結果。事實上，其實兩種情況下獎勵皆爲隨機，但受試者相信黃圈的時候，自己按的鈕帶來差別，此時相較於隨機獎勵，紋狀體出現更多活動。此一實驗顯示，受試者自己要是可以掌控，獎勵反應較爲明顯。第二種實驗回到猜紙牌遊戲（Delgado et al. 2005），這次加上線索，例如每一回合開始猜大小前出現圓圈，受試者必須反覆實驗才知道線索是什麼意思。此一實驗顯示，紋狀體在學習獎勵時會發出訊號，不只是單純處理獎勵的價值……在第三種實驗（Leotti and Delgado 2005）我們給受試者兩種線索——正方形與圓圈，他們看到正方形，就知道選擇機率是五〇／五〇（猜測），如果選對會得到獎勵（此種實驗不會輸錢，只有「有獎勵」與「沒獎勵」）。受試者在這種情況下覺得「有控制感」，就像我的受試者覺得自己「打敗遊戲時」一樣。另一種情況是沒有選擇的情況，受試者看見圓圈，接下來面對相同的選擇，只是這次是電腦幫他們選。如果電腦猜對，受試者會得到獎勵。因此，在兩種情況下，受試者都可能得到獎勵（或沒獎勵），不過關鍵差異在於受試者有選擇或是由電腦幫他們選。値得注意的是，受試者偏好自己選，雖然自己選要花力氣（做出實際的選擇），而獎勵一樣多。出現正方形時（相較於圓圈），紋狀體出現活動，也就是說受試者覺得自己有選擇時，大腦這部分的獎勵區域出現活動。一個人有機會做選擇時，選擇本身就是一種獎勵。

⑪覺得操控權在自己手上：德嘉多實驗的進一步研究，可參見：Elizabeth M. Tricomi, Mauricio R. Delgado, and Julie A. Fiez, "Modulation of Caudate Activity by Action Contingency," *Neuron* 41, no. 2 (2004): 281–92; Mauricio R. Delgado, M. Meredith Gillis, and Elizabeth A. Phelps, "Regulating the Expectation of Reward via Cognitive Strategies," *Nature Neuroscience* 11, no. 8 (2008): 880–81; Laura N. Martin and Mauricio R. Delgado, "The Influence of Emotion Regulation on Decision-Making Under Risk," *Journal of Cognitive Neuroscience* 23, no. 9 (2011): 2569–81; Lauren A. Leotti and Mauricio R. Delgado, "The Value of Exercising Control over Monetary Gains and Losses," *Psychological Science* 25, no. 2 (2014): 596–604; Lauren A. Leotti and Mauricio R. Delgado, "The Inherent Reward of Choice," *Psychological Science* 22 (2011): 1310–18。

⑫有老闆：“Self-Employment in the United States,” *Monthly Labor Review,* U.S. Bureau of Labor Statistics, September 2010, http://www.bls.gov/opub/mlr/2010/09/art2full.pdf。

⑬臨時工：「美國政府責任署」(Government Accountability Office)二〇〇六年的研究指出，三一%的勞工爲臨時職位。

⑭精力該如何分配：Michelle Conlin et al., “The Disposable Worker,” *Bloomberg Businessweek,* January 7, 2010。

⑮「想要擁有掌控感」：Lauren A Leotti, Sheena S. Iyengar, and Kevin N. Ochsner, “Born to Choose: The Origins and Value of the Need for Control,” *Trends in Cognitive Sciences* 14, no. 10 (2010): 457–63。

⑯以更快的速度克服挫折：Diana I. Cordova and Mark R. Lepper, “Intrinsic Motivation and the Process of Learning: Beneficial Effects of Contextualization, Personalization, and Choice,” *Journal of Educational Psychology* 88, no. 4 (1996): 715; Judith Rodin and Ellen J. Langer, “Long-Term Effects of a Control-Relevant Intervention with the Institutionalized Aged,” *Journal of Personality and Social Psychology* 35, no. 12 (1977): 897; Rebecca A. Henry and Janet A. Sniezek, “Situational Factors Affecting Judgments of Future Performance,” *Organizational Behavior and Human Decision Processes* 54, no. 1 (1993): 104–32; Romin W. Tafarodi, Alan B. Milne, and Alyson J. Smith. “The Confidence of Choice: Evidence for an Augmentation Effect on Self-Perceived Performance,” *Personality and Social Psychology Bulletin* 25, no. 11 (1999): 1405–16; Jack W. Brehm, “Postdecision Changes in the Desirability of Alternatives,” *The Journal of Abnormal and Social Psychology* 52, no. 3 (1956): 384; Leon Festinger, *A Theory of Cognitive Dissonance,* vol. 2 (Stanford, Calif.: Stanford University Press, 1962); Daryl J. Bem, “An Experimental Analysis of Self-Persuasion,” *Journal of Experimental Social Psychology* 1, no. 3 (1965): 199–218; Louisa C. Egan, Laurie R. Santos, and Paul Bloom, “The Origins of Cognitive Dissonance: Evidence from Children and Monkeys,” *Psychological Science* 18, no. 11 (2007): 978–83。

⑰壽命一般比同輩長：E. J. Langer and J. Rodin, “The Effects of Choice and Enhanced Personal Responsibility for the Aged: A Field Experiment in an Institutional Setting,” *Journal of Personality and Social Psychology* 34, no. 2 (1976): 191–98。

⑱比較可能吃到東西：Margaret W. Sullivan and Michael Lewis, “Contextual Determinants of Anger and Other Negative Expressions in Young Infants,” *Developmental Psychology* 39, no. 4 (2003): 693。

⑲依舊想要有可以選擇的自由：Leotti and Delgado, “Inherent Reward of Choice”。

⑳二〇一一年的《心理科學期刊》(*Psychological Science*)：出處同前。

㉑給人們機會做決定，讓他們感受到自主權：Erika A. Patall, Harris Cooper, and Jorgianne Civey Robinson, "The Effects of Choice on Intrinsic Motivation and Related Outcomes: A Meta-Analysis of Research Findings," *Psychological Bulletin* 134, no. 2 (2008): 270; Deborah J. Stipek and John R. Weisz, "Perceived Personal Control and Academic Achievement," *Review of Educational Research* 51, no. 1 (1981): 101–37; Steven W. Abrahams, "Goal-Setting and Intrinsic Motivation: The Effects of Choice and Performance Frame-of-Reference" (PhD diss., Columbia University, 1989); Teresa M. Amabile and Judith Gitomer, "Children's Artistic Creativity Effects of Choice in Task Materials," *Personality and Social Psychology Bulletin* 10, no. 2 (1984): 209–15; D'Arcy A. Becker, "The Effects of Choice on Auditors' Intrinsic Motivation and Performance," *Behavioral Research in Accounting* 9 (1997); Dan Stuart Cohen, "The Effects of Task Choice, Monetary, and Verbal Reward on Intrinsic Motivation: A Closer Look at Deci's Cognitive Evaluation Theory" (PhD diss., Ohio State University, 1974); Diana I. Cordova and Mark R. Lepper, "Intrinsic Motivation and the Process of Learning: Beneficial Effects of Contextualization, Personalization, and Choice," *Journal of Educational Psychology* 88, no. 4 (1996): 715; Hsiao d'Ailly, "The Role of Choice in Children's Learning: A Distinctive Cultural and Gender Difference in Efficacy, Interest, and Effort," *Canadian Journal of Behavioural Science* 36, no. 1 (2004): 17; Edward L. Deci, *The Psychology of Self-Determination* (New York: Free Press, 1980); J. B. Detweiler, R. J. Mendoza, and M. R. Lepper, "Perceived Versus Actual Choice: High Perceived Choice Enhances Children's Task Engagement," 8th Annual Meeting of the American Psychological Society, San Francisco, 1996; John J. M. Dwyer, "Effect of Perceived Choice of Music on Exercise Intrinsic Motivation," *Health Values: The Journal of Health Behavior, Education and Promotion* 19, no. 2 (1995): 18–26; Gregory G. Feehan and Michael E. Enzle, "Subjective Control over Rewards: Effects of Perceived Choice of Reward Schedule on Intrinsic Motivation and Behavior Maintenance," *Perceptual and Motor Skills* 72, no. 3 (1991): 995–1006; Terri Flowerday, Gregory Schraw, and Joseph Stevens, "The Role of Choice and Interest in Reader Engagement," *The Journal of Experimental Education* 72, no. 2 (2004): 93–114; Claus A. Hallschmidt, "Intrinsic Motivation: The Effects of Task Choice, Reward Magnitude and Reward Choice" (PhD diss., University of Alberta, 1977); Sheena S. Iyengar and Mark R. Lepper, "Rethinking the Value of Choice: A Cultural Perspective on Intrinsic Motivation," *Journal of Personality and Social Psychology* 76, no. 3 (1999): 349; Keven A. Prusak et al., "The Effects of Choice on the Motivation of Adolescent Girls in Physical Education," *Journal of Teaching in Physical Education* 23, no. 1 (2004): 19–29; Johnmarshall Reeve, Glen Nix, and Diane Hamm, "Testing Models of the Experience of Self-Determination in Intrinsic Motivation and the Conundrum of Choice,"

Journal of Educational Psychology 95, no. 2 (2003): 375; Romin W. Tafarodi, Alan B. Milne, and Alyson J. Smith, "The Confidence of Choice: Evidence for an Augmentation Effect on Self-Perceived Performance," *Personality and Social Psychology Bulletin* 25, no. 11 (1999): 1405–16; Miron Zuckerman et al., "On the Importance of Self-Determination for Intrinsically-Motivated Behavior," *Personality and Social Psychology Bulletin* 4, no. 3 (1978): 443–46。

㉒新生活：海軍陸戰隊的聖地牙哥招募站新兵訓練團（Recruit Training Regiment）指揮官羅伯特・格努尼上校（Robert Gruny）在查證信上表示：「新兵下巴士、站上黃色腳印排隊的那一刻起，集體震撼與壓力就開始了，目的是讓他們感受到團隊合作與服從命令的重要性，強調他們正在進入人生新階段，大我比小我重要。除了文中提到的第一天晚上的醫療檢查與剪髮，另外還檢查是否攜帶違禁品，並做必要的行政審查流程與服裝儀容安排，並讓大家第一次打電話回家給父母或其他人報平安。」

㉓「一輩子」：格努尼上校在查證信上提到庫拉克的改革：「一系列改革的重點精神是打造重視價值觀的新兵訓練以及『嚴酷大挑戰』。相關改革的確提升了新兵的自我激勵與領導能力，但我們也重視團隊合作、同胞精神，以及榮譽、勇氣、奉獻等核心價值觀的培養。庫拉克將軍的訓練哲學讓海軍陸戰隊不論是在戰時或和平時期，都能依據正確的價值觀做出決定。」

㉔最佳策略：感謝庫拉克將軍，以及西部／聖地牙哥招募站新兵訓練團（MCRD San Diego/Western Recruiting Region）公關長尼爾・魯吉洛少校（Neil A. Ruggiero）帶我了解海軍陸戰隊新兵營。此外也要感謝湯馬斯・瑞克斯（Thomas E. Ricks）與他的著作《成爲軍人》（*Making the Corps*, New York: Scribner, 2007）。另外我還取材自：Vincent Martino, Jason A. Santamaria, and Eric K. Clemons, *The Marine Corps Way: Using Maneuver Warfare to Lead a Winning Organization* (New York: McGraw-Hill, 2005); James Woulfe, *Into the Crucible: Making Marines for the 21st Century* (Novato, Calif.: Presidio Press, 2009); Jon R. Katzenbach, *Peak Performance: Aligning the Hearts and Minds of Your Employees* (Boston: Harvard Business Press, 2000); Megan M. Thompson and Donald R. McCreary, *Enhancing Mental Readiness in Military Personnel* (Toronto: Defense Research and Development, 2006); Ross R. Vickers Jr. and Terry L. Conway, "Changes in Perceived Locus of Control During Basic Training" (1984); Raymond W. Novaco et al., *Psychological and Organizational Factors Related to Attrition and Performance in Marine Corps Recruit Training*, no. AR-001 (Seattle: Washington University Department of Psychology, 1979); Thomas M. Cook, Raymond W. Novaco, and Irwin G.

Sarason, "Military Recruit Training as an Environmental Context Affecting Expectancies for Control of Reinforcement," *Cognitive Therapy and Research* 6, no. 4 (1982): 409–27。

㉕一九五〇年代以來：Julian B. Rotter, "Generalized Expectancies for Internal Versus External Control of Reinforcement," *Psychological Monographs: General and Applied* 80, no. 1 (1966): 1; Timothy A. Judge et al., "Are Measures of Self-Esteem, Neuroticism, Locus of Control, and Generalized Self-Efficacy Indicators of a Common Core Construct?" *Journal of Personality and Social Psychology* 83, no. 3 (2002): 693; Herbert M. Lefcourt, *Locus of Control: Current Trends in Theory and Research* (Hillsdale, N.J.: L. Erlbaum, 1982); Cassandra Bolyard Whyte, "High-Risk College Freshmen and Locus of Control," *Humanist Educator* 16, no. 1 (1977): 2–5; Angela Roddenberry and Kimberly Renk, "Locus of Control and Self-Efficacy: Potential Mediators of Stress, Illness, and Utilization of Health Services in College Students," *Child Psychiatry and Human Development* 41, no. 4 (2010): 353–70; Victor A. Benassi, Paul D. Sweeney, and Charles L. Dufour, "Is There a Relation Between Locus of Control Orientation and Depression?" *Journal of Abnormal Psychology* 97, no. 3 (1988): 357。

㉖「內控能力」：Alexandra Stocks, Kurt A. April, and Nandani Lynton, "Locus of Control and Subjective Well-Being: A Cross-Cultural Study," *Problems and Perspectives in Management* 10, no. 1 (2012): 17–25。

㉗困難的題目：Claudia M. Mueller and Carol S. Dweck, "Praise for Intelligence Can Undermine Children's Motivation and Performance," *Journal of Personality and Social Psychology* 75, no 1 (1998): 33。

㉘參與了前述實驗，她表示：本章提到的德威克教授實驗著重「智力內隱理論」（implicit theory of intelligence），而不是控制力來源。德威克教授在訪談中比較了該研究與該研究可能顯示的控制力來源。

㉙「掌控人生」：若想進一步了解德威克教授的精彩研究，我推薦：Carol S. Dweck and Ellen L. Leggett, "A Social-Cognitive Approach to Motivation and Personality," *Psychological Review* 95, no. 2 (1988): 256; Carol S. Dweck, "Motivational Processes Affecting Learning," *American Psychologist* 41, no 10 (1986): 1040; Carol S. Dweck, Chi-yue Chiu, and Ying-yi Hong, "Implicit Theories and Their Role in Judgments and Reactions: A Word from Two Perspectives," *Psychological Inquiry* 6, no. 4 (1995): 267–85; Carol Dweck, *Mindset: The New Psychology of Success* (New York: Random House, 2006)。

㉚番茄醬瓶子：海軍陸戰隊聖地牙哥招募站新兵訓練團指揮官格努尼上校在查證信上表示：「你的內容聽起來符合海軍陸戰隊所描述的當時的新兵訓練。目前新兵已不再需要清理亂糟糟的餐廳，不過那個場景的確精準

描繪出教育班長的訓練方式，以及他們希望新兵學到的事。」

㉛障礙道路：海軍陸戰隊發言人在查證信上強調，新兵在「嚴酷大挑戰」的全程都有人在旁監督，而且「嚴酷大挑戰」的訓練地點爲海軍陸戰隊名下產業。加州的「嚴酷大挑戰」在南加州帕里斯島（Parris Island）彭德爾頓營地（Camp Pendleton）進行，在舊飛機跑道附近。海軍陸戰隊聖地牙哥招募站新兵訓練團指揮官格努尼上校表示：「庫拉克將軍是價值觀訓練的先驅，『嚴酷大挑戰』的目的是強化新兵的價值觀內化。將軍表示，『嚴酷大挑戰』原先作爲訓練的結業活動有三種目的。第一，『嚴酷大挑戰』是教育班長判定新兵是否合格的最後機會。第二，強化新兵訓練期所有的核心價值觀訓練……第三，『嚴酷大挑戰』讓新兵從自律到能夠無私上戰場……未能完成『嚴酷大挑戰』的新兵，可以與其他梯次再度進行挑戰，除非反覆失敗或因傷無法服役，才會退訓。」武器戰地訓練營（Weapons and Field Training Battalion）克里斯多福．納許上校（Christopher Nash）指揮官寫道：「『嚴酷大挑戰』是五十四小時耐力賽，昭示著新兵從平民成爲海軍陸戰隊隊員。新兵在三天之中，將徒步穿越約六十八公里路，期間不能吃超過三次口糧，夜間睡眠不到四小時。『嚴酷大挑戰』的重點是核心價值觀與團隊合作。新兵必須在三天期間內克服二十四關障礙，參與三次核心價值觀討論，以及兩次晚間耐力測驗，沒有任何一關能獨立完成。『嚴酷大挑戰』最後一關爲十六公里的『死神丘』，交託徽章的儀式在那裡舉行，接著新兵正式成爲海軍陸戰隊的一員。」

㉜在受訓期間：Joey E. Klinger, “Analysis of the Perceptions of Training Effectiveness of the Crucible at Marine Corps Recruit Depot, San Diego” (PhD diss., Naval Postgraduate School, 1999); S. P. Dynan, *Updating Tradition: Necessary Changes to Marine Corps Recruit Training* (Quantico, Va.: Marine Corps Command and Staff College, 2006); M. C. Cameron, *Crucible Marine on Point: Today's Entry-Level Infantry Marine* (Quantico, Va.: Marine Corps Command and Staff College, 2006); Michael D. Becker, “ ‘We Make Marines’: Organizational Socialization and the Effects of ‘The Crucible’ on the Values Orientation of Recruits During US Marine Corps Training” (PhD diss., Indiana University of Pennsylvania, 2013); Benjamin Eiseman, “Into the Crucible: Making Marines for the 21st Century,” *Military Review* 80, no. 1 (2000): 94; Terry Terriff, “Warriors and Innovators: Military Change and Organizational Culture in the US Marine Corps,” *Defense Studies* 6, no. 2 (2006): 215–47; Antonio B. Smith, *United States Marine Corps' Entry-Level Training for Enlisted Infantrymen: The Marginalization of Basic Warriors* (Quantico, Va.: Marine Corps Command and Staff College, 2001); William Berris, *Why General Krulak*

Is the Marine Corps' Greatest Strategic Leader (Carlisle Barracks, Penn.: U.S. Army War College, 2011); Terry Terriff, "Of Romans and Dragons: Preparing the US Marine Corps for Future Warfare," *Contemporary Security Policy* 28, no. 1 (2007): 143–62; Marie B. Caulfield, *Adaptation to First Term Enlistment Among Women in the Marine Corps* (Boston: Veterans Administration Medical Center, 2000); Craig M. Kilhenny, "An Organizational Analysis of Marine Corps Recruit Depot, San Diego" (PhD diss., Naval Postgraduate School, 2003); Larry Smith, *The Few and the Proud: Marine Corps Drill Instructors in Their Own Words* (New York: W. W. Norton, 2007); Thomas M. Cook, Raymond W. Novaco, and Irwin G. Sarason, "Military Recruit Training as an Environmental Context Affecting Expectancies for Control of Reinforcement," *Cognitive Therapy and Research* 6, no. 4 (1982): 409–27; Ross R. Vickers Jr. and Terry L. Conway, *The Marine Corps Basic Training Experience: Psychosocial Predictors of Performance, Health, and Attrition* (San Diego: Naval Health Research Center, 1983); Ross R. Vickers Jr. and Terry L. Conway, "Changes in Perceived Locus of Control During Basic Training" (paper presented at the Annual Meeting of the American Psychological Association: Toronto, Canada, August 24–28 (1984); Thomas M. Cook, Raymond W. Novaco, and Irwin G. Sarason, *Generalized Expectancies, Life Experiences, and Adaptation to Marine Corps Recruit Training* (Seattle: Washington University: Department of Psychology, 1980); R. R. Vickers Jr. et al., *The Marine Corps Training Experience: Correlates of Platoon Attrition Rate Differences* (San Diego: Naval Health Research Center, 1983)。

㉝ 強迫老人遵守：Rosalie A. Kane et al., "Everyday Matters in the Lives of Nursing Home Residents: Wish for and Perception of Choice and Control," *Journal of the American Geriatrics Society* 45, no. 9 (1997): 1086–93; Rosalie A. Kane et al., "Quality of Life Measures for Nursing Home Residents," *The Journals of Gerontology Series A: Biological Sciences and Medical Sciences* 58, no. 3 (2003): 240–48; James R. Reinardy and Rosalie A. Kane, "Anatomy of a Choice: Deciding on Assisted Living or Nursing Home Care in Oregon," *Journal of Applied Gerontology* 22, no. 1 (2003): 152–74; Robert L. Kane and Rosalie A. Kane, "What Older People Want from Long-Term Care, and How They Can Get It," *Health Affairs* 20, no. 6 (2001): 114–27; William J. McAuley and Rosemary Blieszner, "Selection of Long-Term Care Arrangements by Older Community Residents," *The Gerontologist* 25, no. 2 (1985): 188–93; Bart J. Collopy, "Autonomy in Long Term Care: Some Crucial Distinctions," *The Gerontologist* 28, supplement (1988): 10–17; Elizabeth H. Bradley et al., "Expanding the Andersen Model: The Role of Psychosocial Factors in Long-Term Care Use," *Health Services Research* 37, no. 5 (2002): 1221–42; Virginia G. Kasser and Richard M. Ryan, "The Relation of Psychological Needs for Autonomy and Relatedness to Vitality, Well-

Being, and Mortality in a Nursing Home: Effects of Control and Predictability on the Physical and Psychological Well-Being of the Institutionalized Aged," *Journal of Applied Social Psychology* 29, no. 5 (1999): 935–54; James F. Fries, "The Compression of Morbidity," *The Milbank Memorial Fund Quarterly: Health and Society* 83, no. 4 (2005): 801–23; Richard Schulz, "Effects of Control and Predictability on the Physical and Psychological Well-Being of the Institutionalized Aged," *Journal of Personality and Social Psychology* 33, no. 5 (1976): 563。

㉞一點感覺也沒有：哈比普醫生在查證信上進一步解釋，病患並非不理解情感，比較精確的說法是：「重點在於情感的表達，而不是情感本身。病患能夠回憶從前的感覺，而且沒有證據顯示他們再也無法感受到情感，只是由於他們不再尋求滿足感，看起來像是缺乏情感。這是值得探討的觀察，情感強度要看個人多能尋求滿足感或獎勵。」

2 團隊

①網站介紹：Alex Roberts, "What a Real Study Group Looks Like," Yale School of Management, *MBA Blog,* August 31, 2010, http://som.yale.edu/what-real-study-group-looks。

②「我很失望」：茱莉亞．羅佐夫斯基在查證信上表示：「我與某幾位讀書小組的組員培養出親密友誼，不過我和案例小組更親。」

③全國第一名："Yale SOM Team Wins National Net Impact Case Competition," Yale School of Management, November 10, 2011, http://som.yale.edu/news/news/yale-som-team-wins-national-net-impact-case-competition。

④一直到畢業都一起合作：茱莉亞在查證信上表示：「我們每次都選擇參加競賽，每一次的競賽都是不一樣的團隊／參賽／分組／過程，只是我相當常與同樣的團隊合作。」

⑤如何利用時間：Google 女發言人在查證信上表示：「『人員分析』的整體目標，是以科學方式精確研究是什麼讓 Google 人健康、快樂與具有生產力……Google 沒有任何掌控或監督聘雇升遷的部門，由 Google 人與經理或是以其他方式自行決定。」Google 的人資政策請見：Thomas H. Davenport, Jeanne Harris, and Jeremy Shapiro, "Competing on Talent Analytics," *Harvard Business Review* 88, no. 10 (2010): 52–58; John Sullivan, "How Google Became the #3 Most Valuable Firm by Using People Analytics to Reinvent HR," ERE Media, February 25, 2013, http://www.eremedia.com/ere/how-google-became-the-3-most-valuable-firm-by-usig-people-analytics-to-reinvent-hr/; David A. Garvin, "How Google Sold Its Engineers on Management," *Harvard Business Review* 91, no. 12 (2013): 74–82; Adam Bryant, "Google's Quest to Build a Better Boss," *The New York Times,* March 12, 2011; Laszlo Bock, *Work Rules! Insights from Inside Google That Will Transform the Way You Live and Lead* (New York: Twelve, 2015)。

⑥全美最佳工作地點：Google 在二〇〇七年、二〇〇八年、二〇一二年、二〇一三年、二〇一四年被《財星雜誌》列為第一。

⑦在這個時候加入他們的陣容：茱莉亞在查證信上表示：「我在加入亞理斯多德專案團隊之前，加入過其他數個專案。我的內部簡歷是：『茱莉亞・羅佐夫斯基二〇一二年八月加入 Google 人員分析團隊，她在 Google 的工作期間參與人力規劃與策略設計，分析人力彈性計劃帶來的影響，執行領袖賦權研究。茱莉亞目前為亞理斯多德專案的專案經理，致力於改善 Google 的團隊效率。茱莉亞加入 Google 前與哈佛商學院學者合作，研究競爭力策略與組織行為，專長為賽局理論、倫理與財務控管、組織架構。茱莉亞先前為精品行銷分析公司策略顧問，耶魯管理學院 MBA，塔夫茨大學數學與經濟學士。』」

⑧有效團隊：Google 女發言人在查證信上表示：「我們首先得定義團隊，我們認為團隊是指為了專案密切合作、一起為了共同的目標努力的一群人。接下來，由於我們知道階層團隊的定義對我們的工作環境來講過於狹隘，我們不同層級的人會一起合作，因此必須想辦法用一定的方法定義團隊，以及團隊確切的成員，才能進行研究。最後我們採取的方式是一個一個詢問，問資深領袖他們在組織裡有哪些團隊，並請主事者確認成員名單。」

⑨「合宜的集體規範」：David Lyle Light Shields et al., "Leadership, Cohesion, and Team Norms Regarding Cheating and Aggression," *Sociology of Sport Journal* 12 (1995): 324–36。

⑩服從團體：集體規範請見：Muzafer Sherif, *The Psychology of Social Norms* (London: Octagon Books, 1965); Jay Jackson, "Structural Characteristics of Norms," *Current Studies in Social Psychology* 301 (1965): 309; P. Wesley Schultz et al., "The Constructive, Destructive, and Reconstructive Power of Social Norms," *Psychological Science* 18, no. 5 (2007): 429–34; Robert B. Cialdini, "Descriptive Social Norms as Underappreciated Sources of Social Control," *Psychometrika* 72, no. 2 (2007): 263–68; Keithia L. Wilson et al., "Social

Rules for Managing Attempted Interpersonal Domination in the Workplace: Influence of Status and Gender," *Sex Roles* 44, nos. 3–4 (2001): 129–54; Daniel C. Feldman, "The Development and Enforcement of Group Norms," *Academy of Management Review* 9, no. 1 (1984): 47–53; Deborah J. Terry, Michael A. Hogg, and Katherine M. White, "The Theory of Planned Behaviour: Self-Identity, Social Identity and Group Norms," *The British Journal of Social Psychology* 38 (1999): 225; Jolanda Jetten, Russell Spears, and Antony S. R. Manstead, "Strength of Identification and Intergroup Differentiation: The Influence of Group Norms," *European Journal of Social Psychology* 27, no. 5 (1997): 603–9; Mark G. Ehrhart and Stefanie E. Naumann, "Organizational Citizenship Behavior in Work Groups: A Group Norms Approach," *Journal of Applied Psychology* 89, no. 6 (2004): 960; Daniel C. Feldman, "The Development and Enforcement of Group Norms," *Academy of Management Review* 9, no. 1 (1984): 47–53; Jennifer A. Chatman and Francis J. Flynn, "The Influence of Demographic Heterogeneity on the Emergence and Consequences of Cooperative Norms in Work Teams," *Academy of Management Journal* 44, no. 5 (2001): 956–74。

⑪因團隊成員而氣餒：Sigal G. Barsade, "The Ripple Effect: Emotional Contagion and Its Influence on Group Behavior," *Administrative Science Quarterly* 47, no. 4 (2002): 644–75; Vanessa Urch Druskat and Steven B. Wolff, "Building the Emotional Intelligence of Groups," *Harvard Business Review* 79, no. 3 (2001): 80–91; Vanessa Urch Druskat and Steven B. Wolff, "Group Emotional Intelligence and Its Influence on Group Effectiveness," in *The Emotionally Intelligent Workplace: How to Select for, Measure, and Improve Emotional Intelligence in Individuals, Groups and Organizations,* ed. Cary Cherniss and Daniel Goleman (San Francisco: Jossey-Bass, 2001), 132–55; Daniel Goleman, Richard Boyatzis, and Annie McKee, "The Emotional Reality of Teams," *Journal of Organizational Excellence* 21, no. 2 (2002): 55–65; William A. Kahn, "Psychological Conditions of Personal Engagement and Disengagement at Work," *Academy of Management Journal* 33, no. 4 (1990): 692–724; Tom Postmes, Russell Spears, and Sezgin Cihangir, "Quality of Decision Making and Group Norms," *Journal of Personality and Social Psychology* 80, no. 6 (2001): 918; Chris Argyris, "The Incompleteness of Social-Psychological Theory: Examples from Small Group, Cognitive Consistency, and Attribution Research," *American Psychologist* 24, no. 10 (1969): 893; James R. Larson and Caryn Christensen, "Groups as Problem-Solving Units: Toward a New Meaning of Social Cognition," *British Journal of Social Psychology* 32, no. 1 (1993): 5–30; P. Wesley Schultz et al., "The Constructive, Destructive, and Reconstructive Power of Social Norms," *Psychological Science* 18, no. 5 (2007): 429–34。

⑫ 處於警戒狀態：茱莉亞在查證信上表示：「有時讀書小組給人這種感覺，不是永遠都這樣。」

⑬ 一樣很成功：Google 女發言人在查證信上表示：「我們希望盡量測試我們認為重要的小組規範，不過在測試階段我們不知道『how』會比『who』重要。我們開始跑統計模型時發現，不只是規範重要性更高，有五個主題比其他主題突出。」

⑭ 波士頓醫院：Amy C. Edmondson, “Learning from Mistakes Is Easier Said than Done: Group and Organizational Influences on the Detection and Correction of Human Error,” *The Journal of Applied Behavioral Science* 32, no. 1 (1996): 5–28; Druskat and Wolff, “Group Emotional Intelligence,” 132–55; David W. Bates et al., “Incidence of Adverse Drug Events and Potential Adverse Drug Events: Implications for Prevention,” *Journal of the American Medical Association* 274, no. 1 (1995): 29–34; Lucian L. Leape et al., “Systems Analysis of Adverse Drug Events,” *Journal of the American Medical Association* 274, no. 1 (1995): 35–43。

⑮「一不小心就會出錯」：艾蒙森在查證信上表示：「錯誤會發生是因為制度複雜（不同病患有不同複雜組合）這點，不是我提出的……我只是把那個觀點呈現在某些聽眾面前。不過的確，事情永遠可能不小心出錯，因此醫院的挑戰是讓大家隨時注意，促進團隊合作，彼此糾錯與預防失誤。」

⑯ 組員行為：艾蒙森在查證信上表示：「我的目標是找出這種情境下的人際互動氣氛，是否不同於其他組織的氣氛，特別是同一組織中不同團隊的差異，後來我稱之為心理安全感（或團隊心理安全感）。我也想知道如果的確不同，背後的原因是否與學習行為（及表現）有關。」艾蒙森的研究，請見：Amy C. Edmondson, “Psychological Safety and Learning Behavior in Work Teams,” *Administrative Science Quarterly* 44, no. 2 (1999): 350–83; Ingrid M. Nembhard and Amy C. Edmondson, “Making It Safe: The Effects of Leader Inclusiveness and Professional Status on Psychological Safety and Improvement Efforts in Health Care Teams,” *Journal of Organizational Behavior* 27, no. 7 (2006): 941–66; Amy C. Edmondson, Roderick M. Kramer, and Karen S. Cook, “Psychological Safety, Trust, and Learning in Organizations: A Group-Level Lens,” *Trust and Distrust in Organizations: Dilemmas and Approaches* 10 (2004): 239–72; Amy C. Edmondson, *Managing the Risk of Learning: Psychological Safety in Work Teams* (Boston: Division of Research, Harvard Business School, 2002); Amy C. Edmondson, Richard M. Bohmer, and Gary P. Pisano, “Disrupted Routines: Team Learning and New Technology Implementation in Hospitals,” *Administrative Science Quarterly* 46, no. 4 (2001): 685–716; Anita L. Tucker and Amy C. Edmondson, “Why Hospitals Don’t Learn from Failures,” *California Management Review*

45, no. 2 (2003): 55–72; Amy C. Edmondson, "The Competitive Imperative of Learning," *Harvard Business Review* 86, nos. 7–8 (2008): 60; Amy C. Edmondson, "A Safe Harbor: Social Psychological Conditions Enabling Boundary Spanning in Work Teams," Research on Managing Groups and Teams 2 (1999): 179–99; Amy C. Edmondson and Kathryn S. Roloff, "Overcoming Barriers to Collaboration: Psychological Safety and Learning in Diverse Teams," *Team Effectiveness in Complex Organizations: Cross-Disciplinary Perspectives and Approaches* 34 (2009): 183–208。

⑰ 一九九九年的論文：Amy C. Edmondson, "Psychological Safety and Learning Behavior in Work Teams," *Administrative Science Quarterly* 44, no. 2 (1999): 350–83。

⑱ 茱莉亞和 Google 同事：Google 女發言人在查證信上表示：「我們試圖分類重要的後設主題（meta-theme）規範時，艾蒙森談心理安全感的論文派上大用場。我們回顧談心理安全感的論文，發現好幾項規範都屬於心理安全感的範圍，例如失敗不會被處罰、尊重不同意見、不覺得別人在搞破壞等等。心理安全感成為我們五個關鍵主題之一，其他幾個主題為『可靠性』、『架構／透明度』、『工作意義』與『影響力』。」

⑲ 感覺有看不完的表演：感謝編劇、劇組成員挪出時間讓我了解《週六夜現場》的早期歲月，此外我還參考：Tom Shales and James Andrew Miller, *Live from New York: An Uncensored History of "Saturday Night Live"* (Boston: Back Bay Books, 2008); Ellin Stein, *That's Not Funny, That's Sick: The National Lampoon and the Comedy Insurgents Who Captured the Mainstream* (New York: Norton, 2013); Marianne Partridge, ed., *"Rolling Stone" Visits "Saturday Night Live*" (Garden City, N.Y.: Dolphin Books, 1979); Doug Hill and Jeff Weingrad, *Saturday Night: A Backstage History of "Saturday Night Live"* (San Francisco: Untreed Reads, 2011)。

⑳「從此再也見不到那個人」：席勒在查證信上表示：「對我來說壓力很大，因為我沒住過紐約，也不曾替喜劇節目做事。我們之中很多人沒住過曼哈頓，我們經常待在一起，因為紐約當時治安不是太好，也因為我們不認識太多當地的人，而且我們正在組成節目團隊。當時我們的年紀是二十幾歲到三十出頭。沒錯，就算出了攝影棚，我們會一起到餐廳吃飯，接著一起上酒吧。我們集體行動，試著逗彼此笑。」

㉑「節目的班底」：Malcolm Gladwell, "Group Think: What Does *Saturday Night Live* Have in Common with German Philosophy?" *The New Yorker,* December 2, 2002。

㉒ 團隊默契十足：Donelson Forsyth, *Group Dynamics* (Boston: Cengage Learning, 2009)。

㉓「這是一個戰俘營」：Alison Castle, *"Saturday Night Live": The Book* (Reprint, Cologne: Taschen, America, 2015)。

㉔「代表有人失敗」：貝斯在查證信上表示：「我的猶太大屠殺笑話絕對是在開玩笑，還能是什麼。那個笑話與劇組其他編劇絕對無關。我說：『要是希特勒沒殺六百萬猶太人，在紐約要找到公寓就難了。』我是在用紐約的大量猶太人口與整體的族群分布給人的感覺，開在紐約找房子有多難的玩笑，就像是在說：『你不用是猶太人，也能享受列維（Levy's）黑麥麵包，但總是有幫助。』我的笑話完全不是在暗指其他編劇。米勒光是聽到希特勒與大屠殺就不舒服，她不認爲那種事可以拿來開玩笑……至於編劇之間的競爭，不是說大家彼此不會競爭，的確會競爭，但是……每個人下週永遠有機會扳回一城。此外，不管是其他編劇或所有人，雖然大家希望自己上場時間會多一點，想爭取邁克爾斯的認可，以及想讓觀衆喜歡自己，我們永遠大力支持其他人的努力，也會同情彼此的失敗時刻。沒有人會開心地搓著手說：哈哈，你的劇本被砍，我的過關，怎麼樣！大家的態度比較像是『下次會更走運』。我認爲每一個人都覺得自己是大家庭的一分子，這個大家庭可能有問題，但依舊是關係很密切的家庭。就我在《週六夜現場》待過的時光而言，我會說一般中學操場上背後的小動作、嫉妒、敵意、競爭、小圈圈，多過《週六夜現場》。」

㉕留給別的演員：威貝爾在查證信上表示：「我生氣跟那個角色或寫作流程無關，當時她和我彼此不講話的原因，我眞的已經想不起來。不過大約三次我沒和她一起寫劇本後（以及沒替她寫劇本），我們兩個人都發現我們的表現變差，我們合作比分開努力好，所以我們盡釋前嫌，再度合作。」

㉖「打擊會很大」：席勒在查證信上表示：「我會說不是全部，而是有的喜劇編劇與脫口秀演員人生中曾有悲哀或憤怒，他們因而有了喜劇素材。他們妙語如珠，腦筋動得很快，而且脫口秀演員原本就習慣別人的攻擊，你說什麼他們就回你什麼，因此他們可以說出超好笑的話，也能狠狠給你一記回馬槍（但依舊好笑）……《週六夜現場》的氣氛是雖然我們全都喜歡彼此，編劇有十個，但每次節目只能演幾個劇本，所以有時我們競爭激烈，盡量寫出會脫穎而出的劇本，或是以我來說，我會能努力寫出帶來最佳短劇的劇本。」

㉗五八%：正確答案是「沮喪」、「堅決」、「質疑」、「警覺」。圖片取自：Simon Baron-Cohen et al., "Another Advanced Test of Theory of Mind: Evidence from Very High Functioning Adults with Autism or Asperger Syndrome," *Journal of Child Psychology and Psychiatry* 38, no. 7 (1997): 813–22. And Simon Baron-Cohen et al., "The 'Reading the Mind in the Eyes' Test Revised Version: A

Study with Normal Adults, and Adults with Asperger Syndrome or High-Functioning Autism," *Journal of Child Psychology and Psychiatry* 42, no. 2 (2001): 241–51。

㉘二〇一〇年《科學》（*Science*）期刊：Anita Williams Woolley et al., "Evidence for a Collective Intelligence Factor in the Performance of Human Groups," *Science* 330, no. 6004 (2010): 686–88。

㉙「不是個人特質」：Anita Woolley and Thomas Malone, "What Makes a Team Smarter? More Women," *Harvard Business Review* 89, no. 6 (2011): 32–33; Julia B. Bear and Anita Williams Woolley, "The Role of Gender in Team Collaboration and Performance," *Interdisciplinary Science Reviews* 36, no. 2 (2011): 146–53; David Engel et al., "Reading the Mind in the Eyes or Reading Between the Lines? Theory of Mind Predicts Collective Intelligence Equally Well Online and Face-to-Face," *PloS One* 9, no. 12 (2014); Anita Williams Woolley and Nada Hashmi, "Cultivating Collective Intelligence in Online Groups," in *Handbook of Human Computation,* ed. Pietro Michelucci (New York: Springer, 2013), 703–14; Heather M. Caruso and Anita Williams Woolley, "Harnessing the Power of Emergent Interdependence to Promote Diverse Team Collaboration," *Research on Managing Groups and Teams: Diversity and Groups* 11 (2008): 245–66; Greg Miller, "Social Savvy Boosts the Collective Intelligence of Groups," *Science* 330, no. 6000 (2010): 22; Anita Williams Woolley et al., "Using Brain-Based Measures to Compose Teams: How Individual Capabilities and Team Collaboration Strategies Jointly Shape Performance," *Social Neuroscience* 2, no. 2 (2007): 96–105; Peter Gwynne, "Group Intelligence, Teamwork, and Productivity," *Research Technology Management* 55, no. 2 (2012): 7。

㉚劍橋大學：Baron-Cohen et al., " 'Reading the Mind in the Eyes' Test Revised Version," 241–51。

㉛「他就愈高興」：威貝爾在查證信上表示：「〔邁克爾斯〕說過，他喜歡看到上面有很多名字，因為那代表有各式各樣的意見與各方觀點。我認為這個節目能做四十年，是因為邁克爾斯知人善任，與時俱進，還鼓勵每一個人彼此合作（但又培養每個人不同的聲音），因此團結力量大。」

㉜「痛死了！」：在最後播出的劇本，奧多諾霍說：「我知道我能！我知道我能！我知道我能！心臟病！心臟病！心臟病！心臟病！噢，天啊，痛死了！噢，天啊，痛死了！噢，天啊，痛死了！」在這裡附註，最初提出孩子心情不好的故事點子的人是奧多諾霍，不是莫利斯。

3 專注

①預備前往巴黎：我要感謝多位專家協助我了解法航四四七號班機的細節，包括威廉・朗格維齊（William Langewiesche）、卡斯納、克里斯多福・威肯斯（Christopher Wickens）、米卡・恩斯里（Mica Endsley）。此外，我大量引用後列資料：William Langewiesche, "The Human Factor," *Vanity Fair,* October 2014; Nicola Clark, "Report Cites Cockpit Confusion in Air France Crash," *The New York Times,* July 6, 2012; Nicola Clark, "Experts Say Pilots Need More Air Crisis Training," *The New York Times,* November 21, 2011; Kim Willsher, "Transcripts Detail the Final Moments of Flight from Rio," *Los Angeles Times,* October 16, 2011; Nick Ross and Neil Tweedie, "Air France Flight 447: 'Damn It, We're Going to Crash,' " *The Daily Telegraph,* May 1, 2012; "Air France Flight 447: When All Else Fails, You Still Have to Fly the Airplane," *Aviation Safety,* March 1, 2011; "Concerns over Recovering AF447 Recorders," *Aviation Week,* June 3, 2009; Flight Crew Operating Manual, *Airbus 330—Systems—Maintenance System;* Tim Vasquez, "Air France Flight 447: A Detailed Meteorological Analysis," Weather Graphics, June 3, 2009, http://www.weathergraphics.com/tim/af447/; Cooperative Institute for Meteorological Satellite Studies, "Air France Flight #447: Did Weather Play a Role in the Accident?" *CIMSS Satellite Blog,* June 1, 2009, http://cimss.ssec.wisc.edu/goes/blog/archives/2601; Richard Woods and Matthew Campbell, "Air France 447: The Computer Crash," *The Times,* June 7, 2009; "AF 447 May Have Come Apart Before Crash," Associated Press, June 3, 2009; Wil S. Hylton, "What Happened to Air France Flight 447?" *The New York Times Magazine,* May 4, 2011; "Accident Description F-GZC," Flight Safety Foundation, Web; "List of Passengers Aboard Lost Air France Flight," Associated Press, June 4, 2009; "Air France Jet 'Did Not Break Up in Mid-Air,' Air France Crash: First Official Airbus A330 Report Due by Air Investigations and Analysis Office," *Sky News,* July 2, 2009; Matthew Wald, "Clues Point to Speed Issues in Air France Crash," *The New York Times,* June 7, 2009; Air France, "AF 447 RIO-PARIS-CDG, Pitot Probes," October 22, 2011, http://corporate.airfrance.com/en/press/af-447-rio-paris-cdg/pitot-probes/; Edward Cody, "Airbus Recommends Airlines Replace Speed Sensors," *The Washington Post,* July 31, 2009; Jeff Wise, "What Really Happened Aboard Air France 447," *Popular Mechanics,* December 6, 2011; David Kaminski-Morrow, "AF447 Stalled but Crew Maintained Nose-Up Attitude," *Flight International,* May 27, 2011; David Talbot, "Flight 447's Fatal Attitude Problem," *Technology Review,* May 27, 2011; Glenn Pew, "Air France 447—How Did This Happen?" *AVweb,* May 27, 2011; Bethany Whitfield, "Air France 447 Stalled at High Altitude, Official BEA Report Confirms," *Flying,* May 27, 2011; Peter Garrison, "Air France 447: Was It a Deep Stall?" *Flying,* June 1, 2011; Gerald Traufetter, "Death in the Atlantic: The Last Four Minutes of Air France Flight 447," *Spiegel Online,* February 25, 2010; Nic Ross and Jeff Wise, "How Plane Crash Forensics Lead to Safer Aviation," *Popular Mechanics,* December 18, 2009; *Interim Report on the Accident on 1 June 2009 to the Airbus A330-203 Registered F-GZCP Operated by Air France Flight AF 447 Rio de Janeiro–Paris* (Paris: Bureau d'Enquêtes et d'Analyses pour la sécurité de l'aviation civile［BEA］, 2012); *Interim Report No. 3 on the Accident on 1 June 2009 to the Airbus A330-203 registered F-GZCP Operated by Air France Flight AF 447 Rio de Janeiro–Paris* (Paris: BEA, 2011); *Final Report on the Accident on 1st June 2009 to the Airbus A330-203 Registered F-GZCP Operated by Air France Flight AF 447 Rio de Janeiro–Paris* (Paris: BEA, 2012); "Appendix 1 to *Final Report on the Accident on 1st June 2009 to the Airbus A330-203 Registered F-GZCP Operated by Air France Flight AF 447 Rio de Janeiro–Paris*" (Paris: BEA, July 2012); *Lost: The Mystery of Flight 447*, BBC One, June 2010; "Crash of Flight 447," *Nova,* 2010, produced by Nacressa Swan; "Air France 447, One Year Out," *Nova,* 2010, produced by Peter Tyson。

②帶大家回家：法航認爲，法航四四七號班機的失事主因，不該歸咎機師疏失（許多飛航專家爭議此一觀點）。我列出完整問題清單，請法航就本書細節提出解釋，法航拒絕評論「法國航空事故調查處」（Bureau d'Enquêtes et d'Analyses pour la sécurité de l'aviation civile, BEA）發表的法航四四七號班機官方報告以外的議題。ＢＥＡ是法國負責調查航空意外的主管機關。法航發言人表示：「ＢＥＡ的調查報告是目前爲止唯一的官方調查與公開調查，該報告探討許多〔本章〕提到的主題，請上ＢＥＡ網站，有英文版本。記者的發問，我們僅能補充此一資料。」

③必須輪班：法航發言人表示，長程飛機的自動化比A330早二十年，一度「組員包括一名飛航工程師（flight engineer），負責在飛行途中監控所有飛行系統。現代的飛行組員不再包括飛航工程師，但依舊需要監控飛行系統，此一責任今日由機師負責。此外，不管是過去或現在，超過一定飛行時數後會加派一至兩名機師，確保每一位機師都有休息時間。」

④起飛後失事：Isabel Wilkerson, "Crash Survivor's Psychic Pain May Be the Hardest to Heal," *The New York Times,* August 22, 1987; Mike Householder, "Survivor of 1987 Mich. Plane Crash Breaks Silence," Associated Press, May 15, 2013。

⑤大沼澤地：Ken Kaye, "Flight 401 1972 Jumbo Jet Crash Was Worst Aviation Disaster in State History," *Sun Sentinel,* December 29,

1992。

⑥一〇一人喪命：九十九人當場喪命，其餘兩人後來死於併發症。

⑦人爲疏失：Aviation Safety Network, NTSB records。

⑧爬升三千英尺：法航發言人回答問題時表示：「ＢＥＡ並未指出上升動作是因爲機師碰上機身搖晃後做出反應，而是因爲高度讀數下降、垂直下降速度每分鐘六百英尺、噪音、幾秒前停止的警示音等等。」

⑨博南說：法航發言人回答問題時表示：「內容爲眞，但並未完整描述當時情境，缺乏關鍵元素，例如『失速！』警示音在本起事件的開頭兩度響起，不斷響起的警示音可能造成機師懷疑系統有誤。ＢＥＡ報告指出警示音並非『無法忽視』，反而常爲第一件被忽略的事。」

⑩一邊顧孩子：Zheng Wang and John M. Tchernev, "The 'Myth' of Media Multitasking: Reciprocal Dynamics of Media Multitasking, Personal Needs, and Gratifications," *Journal of Communication* 62, no. 3 (2012): 493–513; Daniel T. Willingham, *Cognition: The Thinking Animal,* 3rd ed. (Upper Saddle River, N.J.: Pearson, 2007)。

⑪自動化：Juergan Kiefer et al., "Cognitive Heuristics in Multitasking Performance," Center of Human-Machine Systems, Technische Universität Berlin, 2014, http://www.prometei.de/fileadmin/prometei.de/publikationen/Kiefer_eurocogsci2007.pdf。

⑫自動化與手動之間切換時：Barnaby Marsh et al., "Cognitive Heuristics: Reasoning the Fast and Frugal Way," in *The Nature of Reasoning,* eds. J. P. Leighton and R. J. Sternberg (New York: Cambridge University Press, 2004); "Human Performance," Aerostudents, http://aerostudents.com/files/humanMachineSystems/humanPerformance.pdf。

⑬一個小失誤就可能釀成悲劇：此一主題的進一步解釋，我特別推薦：Martin Sarter, Ben Givens, and John P. Bruno, "The Cognitive Neuroscience of Sustained Attention: Where Top-Down Meets Bottom-Up," *Brain Research Reviews* 35, no. 2 (2001): 146–60; Michael I. Posner and Steven E. Petersen, "The Attention System of the Human Brain," *Annual Review of Neuroscience* 13, no. 1 (1990): 25–42; Eric I. Knudsen, "Fundamental Components of Attention," *Annual Review of Neuroscience* 30 (2007): 57–78; Steven E. Petersen and Michael I. Posner, "The Attention System of the Human Brain: 20 Years After," *Annual Review of Neuroscience* 35 (2012): 73; Raja Parasuraman, Robert Molloy, and Indramani L. Singh, "Performance Consequences of Automation-Induced 'Complacency,'" *The International Journal of Aviation Psychology* 3, no. 1 (1993): 1–23; Raymond S. Nickerson et al., *Handbook of Applied Cognition,* ed. Francis T. Durso (Hoboken, N.J.: Wiley, 2007); Christopher D. Wickens, "Attention in Aviation," University of Illinois at Urbana-Champaign Institute of Aviation, Research Gate, February 1987, http://www.researchgate.net/publication/4683852_Attention_in_aviation; Christopher D. Wickens, "The Psychology of Aviation Surprise: An 8 Year Update Regarding the Noticing of Black Swans," *Proceedings of the 15th International Symposium on Aviation Psychology,* 2009。

⑭**史無前例地關鍵**：Ludwig Reinhold Geissler, "The Measurement of Attention," *The American Journal of Psychology* (1909): 473–529; William A. Johnston and Steven P. Heinz, "Flexibility and Capacity Demands of Attention," *Journal of Experimental Psychology: General* 107, no. 4 (1978): 420; Robin A. Barr, "How Do We Focus Our Attention?" *The American Journal of Psychology* (1981): 591–603。

⑮**驚慌地集中注意力**：G. R. Dirkin, "Cognitive Tunneling: Use of Visual Information Under Stress," *Perceptual and Motor Skills* 56, no. 1 (1983): 191–98; David C. Foyle, Susan R. Dowell, and Becky L. Hooey, "Cognitive Tunneling in Head-Up Display (HUD) Superimposed Symbology: Effects of Information Location" (2001); Adrien Mack and Irvin Rock, *Inattentional Blindness* (Cambridge, Mass.: MIT Press, 2000); Steven B. Most, Brian J. Scholl, Daniel J. Simons, and Erin R. Clifford, "What You See Is What You Get: Sustained Inattentional Blindness and the Capture of Awareness," *Psychological Review* 112, no. 1 (2005): 217–42; Daniel J. Simons, "Attentional Capture and Inattentional Blindness," *Trends in Cognitive Sciences* 4, no. 4 (2000): 147–55; Gustav Kuhn and Benjamin W. Tatler, "Misdirected by the Gap: The Relationship Between Inattentional Blindness and Attentional Misdirection," *Consciousness and Cognition* 20, no. 2 (2011): 432–36; William J. Horrey and Christopher D. Wickens, "Examining the Impact of Cell Phone Conversations on Driving Using Meta-Analytic Techniques," *Human Factors: The Journal of the Human Factors and Ergonomics Society* 48, no. 1 (2006): 196–205。

⑯**紅燈**：G. D. Logan, "An Instance Theory of Attention and Memory," *Psychological Review* 109 (2002): 376–400; D. L. Strayer and F. A. Drews, "Attention," *Handbook of Applied Cognition,* ed. Francis T. Durso (Hoboken, N.J.: Wiley, 2007); A. D. Baddeley, "Selective Attention and Performance in Dangerous Environments," *British Journal of Psychology* 63 (1972): 537–46; E. Goldstein, *Cognitive Psychology: Connecting Mind, Research and Everyday Experience* (Independence, Ky.: Cengage Learning, 2014)。

⑰**常識**：史垂爾在查證信中進一步解釋：「有了自動化系統後，我們可能不會專心於手中的工作，如果是無聊或重複性的事務——我們甚至會開始神遊。專心需要花力氣，帶給大腦很大的工作量，造成『警覺性下降』

（vigilance decrement），注意力不集中（我們因而犯錯或錯過關鍵事件）。監視工作（看著自動系統）常會發生這種事。事情如果出錯，我們不會注意到，或是自動反應（即便自動做出的反應不是正確反應——我們稱這種情形爲自動駕駛模式掌控情勢時的失誤）。」

⑱ 儀表板與控制鈕：Airbus, *Airbus A330 Aircraft Recovery Manual Airbus,* 2005, http://www.airbus.com/fileadmin/media_gallery/files/tech_data/ARM/ARM_A330_20091101.pdf。

⑲ 所有感應器恢復正常：該 A330 的自動警示系統程式設定爲失速最嚴重時，失速警示音會停止。有時仰角太高，通過皮氏管的氣流過少，電腦會假設此時蒐集到的數據有誤，因此不會發出警示音。四四七號班機皮氏管解凍時，因而出現不合常理的情境：有時博南做了讓失速更爲嚴重的操作動作，警示音會停止。電腦依據程式設定運作，然而結果是資訊可能混淆機師。

⑳「反應式思考」：Koji Jimura, Maria S. Chushak, and Todd S. Braver, "Impulsivity and Self-Control During Intertemporal Decision Making Linked to the Neural Dynamics of Reward Value Representation," *The Journal of Neuroscience* 33, no. 1 (2013): 344–57; Ayeley P. Tchangani, "Modeling for Reactive Control and Decision Making in Uncertain Environment," in *Control and Learning in Robotic Systems,* ed. John X. Liu (New York: Nova Science Publishers, 2005), 21–58; Adam R. Aron, "From Reactive to Proactive and Selective Control: Developing a Richer Model for Stopping Inappropriate Responses," *Biological Psychiatry* 69, no. 12 (2011): 55–68; Veit Stuphorn and Erik Emeric, "Proactive and Reactive Control by the Medial Frontal Cortex," *Frontiers in Neuroengineering* 5 (2012): 9; Todd S. Braver et al., "Flexible Neural Mechanisms of Cognitive Control Within Human Prefrontal Cortex," *Proceedings of the National Academy of Sciences* 106, no. 18 (2009): 7351–56; Todd S. Braver, "The Variable Nature of Cognitive Control: A Dual Mechanisms Framework." *Trends in Cognitive Sciences* 16, no. 2 (2012): 106–13; Yosuke Morishima, Jiro Okuda, and Katsuyuki Sakai, "Reactive Mechanism of Cognitive Control System," *Cerebral Cortex* 20, no. 11 (2010): 2675–83; Lin Zhiang and Kathleen Carley, "Proactive or Reactive: An Analysis of the Effect of Agent Style on Organizational Decision Making Performance," *Intelligent Systems in Accounting, Finance and Management* 2, no. 4 (1993): 271–87。

㉑ 心理學家史垂爾二〇〇九年：Joel M. Cooper et al., "Shifting Eyes and Thinking Hard Keep Us in Our Lanes," *Human Factors and Ergonomics Society Annual Meeting Proceedings* 53, no. 23 (2009): 1753–56. For more on this topic, please see Frank A. Drews and

David L. Strayer, "Chapter 11: Cellular Phones and Driver Distraction," in *Driver Distraction: Theory, Effects, and Mitigation,* ed. Michael A. Regan, John D. Lee, and Kristie L. Young (Boca Raton, Fla.: CRC Press, 2008): 169–90; Frank A. Drews, Monisha Pasupathi, and David L. Strayer, "Passenger and Cell Phone Conversations in Simulated Driving," *Journal of Experimental Psychology: Applied* 14, no. 4 (2008): 392; Joel M. Cooper, Nathan Medeiros-Ward, and David L. Strayer, "The Impact of Eye Movements and Cognitive Workload on Lateral Position Variability in Driving," *Human Factors: The Journal of the Human Factors and Ergonomics Society* 55, no. 5 (2013): 1001–14; David B. Kaber et al., "Driver Performance Effects of Simultaneous Visual and Cognitive Distraction and Adaptation Behavior," *Transportation Research Part F: Traffic Psychology and Behaviour* 15, no. 5 (2012): 491–501; I. J. Faulks et al., "Update on the Road Safety Benefits of Intelligent Vehicle Technologies—Research in 2008–2009," 2010 Australasian Road Safety Research, Policing and Education Conference, August 31–September 3, 2010, Canberra, Australia。

㉒沒有廣播：ＮＡＳＡ心理研究人員卡斯納在查證對話中表示，如果飛機每分鐘下降一萬以上英尺，Ｇ力接近一，乘客不太可能發現事情不對勁。不過卡斯納接著又補充：「事實上，**沒人知道**那是什麼感覺。曾經感覺過每分鐘失速一萬英尺的人，感受過後立刻死亡。」

㉓每分鐘一萬英尺：法航發言人回答問題時表示：「基本事實是失速警示音會在速度低於六十節（kt）時停止，造成機師以爲失速狀態解除，尤其是他們每次推操縱桿試圖擺脫失速情形時，失速警示再度作用，造成他們取消仰角操作！此外，在最後階段，垂直速度的顯示並不穩定，造成機師更是心中充滿懷疑與疑惑。」

㉔家住代頓市：克蘭達在查證信中表示：「我一九八六年開始與蓋瑞．克萊恩博士在他創立的克萊恩諮詢顧問公司一起工作。你提到的消防員與軍事將領研究在我加入公司時已經開始，接下來又持續數年，範圍遠超過滅火與軍事指揮控制，執行者是蓋瑞與克萊恩公司研究團隊（他們是最優秀的一群人）。我在克萊恩諮詢顧問公司同時做過研究與管理工作，參與過部分相關研究。蓋瑞是老闆和首席科學家，他帶著我們研究爲什麼有些人『能在混亂環境中臨危不亂』，特別是某些人是如何在面臨壓力、危機、時間壓力時，依舊能有效做出決定……沒錯，我們進行訪談，問受訪者怎麼知道某個情境下要做Ｘ，他們是如何做出決定，答案通常是『經驗』、『靈感』、『直覺』或『我就是知道』……所謂的『依憑直覺』成爲我們的研究基礎……我們在新生兒加護病房做的研究，證實了我們在其他工作領域發現的事——經驗特別豐富、技巧純熟的人員，他們特別

懂得把注意力放在特定情境最重要的事（關鍵線索），不會因爲次要資訊而分心……他們多次經歷過相似的情境後，得知哪些事重要、哪些事不重要。他們學會快速正確評估情勢，看出不同線索之間的關聯（集合、分類、連結），找出有意義的模式。有的人稱之爲完形（gestalt），有的人稱之爲『心智模型』（mental models）或模式（schema）。」進一步的研究請見：Beth Crandall and Karen Getchell-Reiter, “Critical Decision Method: A Technique for Eliciting Concrete Assessment Indicators from the Intuition of NICU Nurses,” *Advances in Nursing Science* 16, no. 1 (1993): 42–51; B. Crandall and R. Calderwood, “Clinical Assessment Skills of Experienced Neonatal Intensive Care Nurses,” *Contract* 1 (1989): R43; B. Crandall and V. Gamblian, “Guide to Early Sepsis Assessment in the NICU,” *Instruction Manual Prepared for the Ohio Department of Development Under the Ohio SBIR Bridge Grant Program* (Fairborn, Ohio: Klein Associates, 1991)。

㉕「事情的全貌」：克蘭達在查證信中表示：「另一位護士是『新進人員』（preceptee），也就是新生兒加護病房還在接受訓練的護士。達琳是她的『護理臨床教師』（preceptor），在她學習照顧早產兒時協助她、監督她、引導她，因此從達琳負責監督與指導那位新護士的角度來看，文中提到的嬰兒其實算是由達琳負責。你說的沒錯，達琳注意到嬰兒看起來『怪怪的』，我們的訪談筆記中記下這次的事件：『發生這起事件時，我正以護理臨床教師的身分指導新護士。我們已經一起工作好一陣子，她的新進人員訓練已經進入尾聲，因此由她負責主要的照顧，我比較像監督者。當時值班快結束了，我走近嬰兒保溫箱，那個嬰兒讓我覺得不對勁，皮膚顏色怪怪的，有斑點，肚子看起來也微微突起。我看著記錄卡，上面說嬰兒體溫不穩定。我還注意到嬰兒的腳跟有幾分鐘前驗血留下的痕跡，還在流血。我問新護士她覺得嬰兒情況如何，她說嬰兒看起來有點嗜睡。我馬上去找醫生，告訴他那個嬰兒『麻煩大了』。我說嬰兒體溫不穩定，皮膚顏色怪怪的，嗜睡，而且腳跟抽血的地方在流血。醫生立刻採取行動，讓嬰兒打抗生素、做血液培養。我懊惱新進人員沒留意到這些線索，或是她留意到了，卻沒想到那代表出問題了。我們後來談這件事的時候，我問嬰兒體溫讀數下降四次是怎麼一回事，她說她注意到了，然而她的反應是調高保溫箱的溫度，她只解決了『表面上』的問題，沒試著找出是什麼原因造成那個問題。」

㉖「建立心智模型」：Thomas D. LaToza, Gina Venolia, and Robert DeLine, “Maintaining Mental Models: A Study of Developer Work Habits,” *Proceedings of the 28th International Conference on Software Engineering* (New York: ACM, 2006); Philip Nicholas Johnson-

Laird, "Mental Models and Cognitive Change," *Journal of Cognitive Psychology* 25, no. 2 (2013): 131–38; Philip Nicholas Johnson-Laird, *How We Reason* (Oxford: Oxford University Press, 2006); Philip Nicholas Johnson-Laird, *Mental Models,* Cognitive Science Series, no. 6 (Cambridge, Mass.: Harvard University Press, 1983); Earl K. Miller and Jonathan D. Cohen, "An Integrative Theory of Prefrontal Cortex Function," *Annual Review of Neuroscience* 24, no. 1 (2001): 167–202; J. D. Sterman and D. V. Ford, "Expert Knowledge Elicitation to Improve Mental and Formal Models," *Systems Approach to Learning and Education into the 21st Century,* vol. 1, 15th International System Dynamics Conference, August 19–22, 1997, Istanbul, Turkey; Pierre Barrouillet, Nelly Grosset, and Jean-François Lecas, "Conditional Reasoning by Mental Models: Chronometric and Developmental Evidence," *Cognition* 75, no. 3 (2000): 237–66; R. M. J. Byrne, *The Rational Imagination: How People Create Alternatives to Reality* (Cambridge, Mass.: MIT Press, 2005); P. C. Cheng and K. J. Holyoak, "Pragmatic Reasoning Schemas," in *Reasoning: Studies of Human Inference and Its Foundations,* eds. J. E. Adler and L. J. Rips (Cambridge: Cambridge University Press, 2008), 827–42; David P. O'Brien, "Human Reasoning Includes a Mental Logic," *Behavioral and Brain Sciences* 32, no. 1 (2009): 96–97; Niki Verschueren, Walter Schaeken, and Gery d'Ydewalle, "Everyday Conditional Reasoning: A Working Memory–Dependent Tradeoff Between Counterexample and Likelihood Use," *Memory and Cognition* 33, no. 1 (2005): 107–19。

㉗保溫箱上：克蘭達在查證信中表示：「（至少對我來說），這個故事的關鍵是專家會看見有意義的模式，新手則視而不見……達琳是有經驗的新生兒加護病房護士，照顧過數百名嬰兒，她並未個別想著每一個嬰兒……而是心中有一個整體的感覺，知道早產兒 X 週大的時候一般是什麼樣子。此外她見過許多敗血症的嬰兒（新生兒加護病房常因爲各種與照護品質無關的原因出現敗血症），所有的線索加在一起（染血的 OK 繃、下降的體溫、腫脹的肚子、嗜睡）讓她知道『這個孩子有麻煩了』與『大概是敗血症』，或至少那是她在訪談中告訴我們的事……我同意人們常會想出一個說法來解釋周遭發生什麼事，讓自己找出意義，特別是他們覺得想不通的時候。以這個例子來講，達琳一下子就找出發生什麼事——她立刻辨識出情況……我認爲達琳的故事說明了專業經驗，以及專家與新手看到同一件事時有不同的理解……說故事需要時間，而且故事是線性的（發生 A，接著發生 B，再來發生 C）。有經驗的人描述達琳這種事件時，事情發生在一瞬間：他們『解讀』情境，知道發生什麼事，然後就知道該做什麼。」

㉘「這年頭要專心更難」：卡斯納在查證信中進一步解釋：「我不會說機師『被動』，而是他們很難一直把注意

力放在可靠的自動系統。人類不擅長坐著盯著看……人類的注意力資源有限（因此我們的孩子在我們背後做壞事，我們沒發現），因此我們永遠得把注意力放在我們心中最重要的事情上。如果我面前的駕駛艙電腦已經完美運行一百小時，我很難把電腦當成我最該思考的事，例如在同一時間，我的孩子可能在偷偷做傻事。我們的機師走神研究（*Thoughts in Flight: Automation Use and Pilots' Task-Related and Task-Unrelated Thought*）發現，操控機師（pilot flying）在飛行時大約三成的時間想著『與任務無關的事』，一旁的監控機師（monitoring pilot）大約有五成的時間在神遊。怎麼會不神遊？如果你不給我重要或急迫的事情想，我會自己開始想別的事。」

㉙人類如何建立心智模型：Sinan Aral, Erik Brynjolfsson, and Marshall Van Alstyne, "Information, Technology, and Information Worker Productivity," *Information Systems Research* 23, no. 3 (2012): 849–67; Sinan Aral and Marshall Van Alstyne, "The Diversity-Bandwidth Trade-Off," *American Journal of Sociology* 117, no. 1 (2011): 90–171; Nathaniel Bulkley and Marshall W. Van Alstyne, "Why Information Should Influence Productivity" (2004); Nathaniel Bulkley and Marshall W. Van Alstyne, "An Empirical Analysis of Strategies and Efficiencies in Social Networks," Boston U. School of Management research paper no. 2010-29, MIT Sloan research paper no. 4682-08, February 1, 2006, http://ssrn.com/abstract=887406; Neil Gandal, Charles King, and Marshall Van Alstyne, "The Social Network Within a Management Recruiting Firm: Network Structure and Output," *Review of Network Economics* 8, no. 4 (2009): 302–24。

㉚原有技能派上用場：范．阿爾斯泰在查證信上進一步解釋：「原本的假設是接案量少比較好與專精帶來的好處有關，專心做一件事會讓人精通那件事。這個概念可以回溯到亞當．斯密（Adam Smith）的年代，大頭針工廠專心做同樣的事比較有效率。以我們這個例子來說，跨領域代表同時接金融、教育、商業ＩＴ領域的案子，那幾個產業相當不同，同時做那些專案需要不同的知識，而且需要不同人脈。以顧問案來講，專精的意思是只做一個產業，例如只做金融案。只專注在金融領域時可以帶來更深入的知識，以及金融產業的專業人脈，至少這是專精為什麼會比較理想的理論。專精會限制能接多少案子——可能一時沒有新的金融案，卻有一個或好幾個教育案或ＩＴ案，不過也許等一等的話，就會接到另一個金融案。」

㉛要是成功：范．阿爾斯泰在查證信上進一步解釋，為什麼少接幾個案子以及在案子初期就加入會有好處：「第一個原因是多工。一開始，接新案子會讓產出一路增加，也就是新顧問案帶來的營收。營收可能一直成長，即使在案子生產力開始下降時也一樣。我們可以把一個案子想成不同的工作任務集合在一起（評估

客戶需求、找出目標人選、篩選人選、審查履歷、提供選項給客戶、結案……），一個人接了新工作後，新工作的任務會排擠手上原先的任務，原先的案子需要花的時間變長，拿到費用的時間會拉長，不過一個人接下新專案時，總生產量依舊可能上升一段時間。同時做六個案子的人帶來的營收流，一般比同時做四個案子的人高，雖然六個案子的作業時間都拉長，不會像只做四個案子那麼快。然而過了某個點之後，關聯趨勢會完全反轉。新案子拖太久，營收下降。多接案子一路造成生產力下降，如同某位顧問所言：『同時有太多球要接，可能接不到的球太多。』完成任務開始花太長時間，有的事完全被擱置，營收會有很長一段時間變成涓涓細流，因此的確有所謂的最佳專案數，而且數目是十二個以下。第二個原因則是如你所說，加入新專案可以取得豐富資訊，資訊量也是呈現倒過來的U字形。我們靠著追蹤研究對象的電子郵件通訊，判斷他們得到多少新鮮資訊。我們以『多元程度』（variance）來評估，也就是新專案提供的資訊，多麼不同於一般接收到的資訊。此外，我們也依據『量』來評估，也就是研究對象得知多少新事實……一開始，取得更多新鮮資訊會增加生產力，超級明星的確比一般的同事多得到二五%左右的新鮮資訊，此點可以預測他們的成功，然而最終離群值的人（接收到的資訊新鮮度最高的人），生產力遜於超級明星。他們接收到的高度新鮮資訊可能過於非傳統、過於離題、無法使用，或是資訊多到無法處理。對白領工作者來說，新鮮資訊太大量的時候，會變成『威利在哪裡？』（Where's Waldo），無法在一堆不必要的資訊中找出重要資訊。兩個因素在統計上都是超級明星的顯著預測指標。」

㉜天氣晴朗：Richard De Crespigny, *QF32* (Sydney: Pan Macmillan Australia, 2012); *Aviation Safety Investigation Report 089: In-Flight Uncontained Engine Failure Airbus A380–842, VH-OQA* (Canberra: Australian Transport Safety Bureau, Department of Transport and Regional Services, 2013); Jordan Chong, "Repaired Qantas A380 Arrives in Sydney," *The Sydney Morning Herald,* April 22, 2012; Tim Robinson, "Qantas QF32 Flight from the Cockpit," *The Royal Aeronautical Society,* December 8, 2010; "Qantas Airbus A380 Inflight Engine Failure," Australian Transport Safety Bureau, December 8, 2010; "Aviation Occurrence Investigation AO-2010–089 Interim-Factual," Australian Transport Safety Bureau, May 18, 2011; "In-Flight Uncontained Engine Failure—Overhead Batam Island, Indonesia, November 4, 2010, VH-OQA, Airbus A380–842," Australian Transport Safety Bureau, investigation no. AO-2010–089, Sydney。

㉝他告訴我：感謝迪克雷斯皮尼機長撥出時間，此外我也參考了他的《澳航三十二號班機》（*QF32*）。迪克雷斯

皮尼機長在訪談中強調，他在回憶事件時是替自己發言，不代表澳航立場。

㉞「模型就能派上用場」：布利恩在查證信上進一步解釋，「注意力從『哪裡有問題／故障／無法操作』，轉移到『能用的部分／正常運轉／可操作』是關鍵。我提到的是迪克雷斯皮尼機長如何在這次的特定情境下轉換，不過轉換心態也幫過許多機師，特別是面對著多處失靈的情境時……現代的飛機技術高度先進，系統設計緊密整合，而且相當不透明，機師很難知道爲什麼某些地方會失靈，以及數種機械失靈彼此之間可能有什麼關聯。與其試著找出各種機械失靈，想著它們彼此之間的關係，以及它們代表什麼意思，注意力如果轉換到機身還有哪些地方能用，可以減輕認知負擔，讓人有辦法決定該怎麼做……發生危險事件時，非常優秀的機師會做幾件事——他們會判斷何處最關鍵，需要第一個處理（縮小注意力範圍），不過他們也會不時做兩件事（擴大注意力範圍）：一、確認自己並未漏掉可能抵觸或改變他們對於現場情形的了解的線索／資訊，以及二、評估最關鍵、最需要注意的事情時，也追蹤整體情況。舉例來說，空中發生緊急事件時（需要緊急迫降），機組人員有一些時間處理現場情形，不過他們的注意力必須在某個時間點從直接處理系統失靈／狀況，轉移到準備好降落。優秀的機師會不斷評估目前採取的行動，評估有效性，以及以飛機整體狀態與飛行階段來說，還需要採取哪些行動。當然，優秀機師會讓每一個人幫上忙（良好的機員資源管理〔CRM〕），並且在任何事件發生之前，做很多『萬一』練習，在心中設想各種情境，想一想應該怎麼做、事件可能如何開展、可能改變應變方式的情境等等。一般機師受訓時，也會學在飛行時做類似的事，他們會告訴自己一路上該怎麼做：『如果現在失去（唯一的）引擎（引擎壞掉），我該在哪裡降落？』」

㉟「讓飛機降落」：迪克雷斯皮尼機長在查證信上進一步解釋：「大衛（Dave）用機上的電腦程式確認降落距離，第一次因爲故障的地方太多，程式算不出降落方式，告訴我們『無解』，接著大衛簡化他輸入的故障，LDPA程式（landing distance performance application，落地距離性能應用）接著顯示誤差僅一百公尺的落地距離。大衛和其他人計算性能（結果不正確，因爲LDPA程式錯誤與飛機實際毀損的部分〔煞車〕多過通報的部分），我則留心整體情形：機身、燃料、關鍵路徑、機師責任、機組人員、乘客、空中交通管制、緊急服務……把A380（四千個零件）簡化成塞斯納（航空版的一九三八年艾瑞爾紅色獵人摩托車〔Ariel Red Hunter motorcycle〕），讓事情變得非常簡單，去掉複雜的部分，讓每一個系統簡單到可以從機械的角度理解（而不是

機械電子學的角度），簡化我的飛機系統心智模型，讓大腦有餘力處理整體事件。發生緊急事件時，一定要權責分明，更重要的是一組只有兩名機師自行操作飛機時（澳航三十二號班機一般的情形），此時機師沒有外援，但四百六十九條生命操控在他們手裡，他們必須了解自己扮演的角色、任務與團隊合作。」

㊱ 無人過關：迪克雷斯皮尼機長在查證信上解釋，不可能讓模擬器重現澳航三十二號班機當時的情景，因爲當時的機身問題過於極端。

4 目標

① 攻擊以色列：感謝巴爾—喬瑟夫教授讓我了解贖罪日戰爭的前因後果，他提供大量書面解釋，此外我還參考了後列資料來源：Abraham Rabinovich, *The Yom Kippur War: The Epic Encounter That Transformed the Middle East* (New York: Schocken, 2007); Uri Bar-Joseph, *The Watchman Fell Asleep: The Surprise of Yom Kippur and Its Sources* (Albany: State University of New York Press, 2012); Uri Bar-Joseph, "Israel's 1973 Intelligence Failure," *Israel Affairs* 6, no. 1 (1999): 11–35; Uri Bar-Joseph and Arie W. Kruglanski, "Intelligence Failure and Need for Cognitive Closure: On the Psychology of the Yom Kippur Surprise," *Political Psychology* 24, no. 1 (2003): 75–99; Yosef Kuperwaser, *Lessons from Israel's Intelligence Reforms* (Washington, D.C.: Saban Center for Middle East Policy at the Brookings Institution, 2007); Uri Bar-Joseph and Jack S. Levy, "Conscious Action and Intelligence Failure," *Political Science Quarterly* 124, no. 3 (2009): 461–88; Uri Bar-Joseph and Rose McDermott, "Personal Functioning Under Stress Accountability and Social Support of Israeli Leaders in the Yom Kippur War," *Journal of Conflict Resolution* 52, no. 1 (2008): 144–70; Uri Bar-Joseph, " 'The Special Means of Collection': The Missing Link in the Surprise of the Yom Kippur War," *The Middle East Journal* 67, no. 4 (2013): 531–46; Yaakov Lapin, "Declassified Yom Kippur War Papers Reveal Failures," *The Jerusalem Post,* September 20, 2012; Hamid Hussain, "Opinion: The Fourth Round—A Critical Review of 1973 Arab-Israeli War," *Defence Journal,* November 2002, http://www.defencejournal.com/2002/nov/4th-round.htm; P. R. Kumaraswamy, *Revisiting the Yom Kippur War* (London: Frank Cass, 2000); Charles Liebman, "The Myth of Defeat: The Memory of the Yom Kippur War in Israeli Society," *Middle Eastern Studies* 29, no. 3 (1993): 411; Simon Dunstan, *The Yom Kippur War: The Arab-Israeli War of 1973* (Oxford: Osprey Publishing, 2007); Asaf Siniver, *The Yom Kippur War: Politics, Legacy, Diplomacy* (Oxford: Oxford University Press, 2013)。

②「精確評估」：Bar-Joseph, *Watchman Fell Asleep*。

③放狠話：歷史學者巴爾—喬瑟夫在電子郵件中提到，以色列的情勢評估標準概念是「依據阿什拉夫・馬爾萬（Ashraf Marwan）提供給以色列的文件資料而來的一套假設。馬爾萬是已故總統納賽爾（Nasser）女婿與沙達特的貼身顧問，一九七〇年代晚期開始替莫薩德工作。主要假設包括：㈠埃及要能夠讓以色列失去空中優勢，才可能占據西奈半島，方法是一開戰就攻擊〔以色列空軍〕基地。埃及要做到這件事的話將需要長程戰機，而一直到一九七五年埃及才有那樣的武器。㈡為了避免以色列攻擊埃及境內的戰略地點，埃及需要能攻擊台拉維夫的飛毛腿飛彈。飛毛腿飛彈在一九七三年夏天開始運抵埃及，但預計要到一九七四年二月才能啓用。㈢敘利亞會與埃及聯手，不會獨自開戰。齊拉深信這些假設，抱著那些概念不放，直到戰爭爆發。」

④接下來十年：Bar-Joseph and Kruglanski, "Intelligence Failure and Need for Cognitive Closure," 75–99。

⑤「認知閉合需求」：認知閉合進一步的資訊請見：Steven L. Neuberg and Jason T. Newsom, "Personal Need for Structure: Individual Differences in the Desire for Simpler Structure," *Journal of Personality and Social Psychology* 65, no. 1 (1993): 113; Cynthia T. F. Klein and Donna M. Webster, "Individual Differences in Argument Scrutiny as Motivated by Need for Cognitive Closure," *Basic and Applied Social Psychology* 22, no. 2 (2000): 119–29; Carsten K. W. De Dreu, Sander L. Koole, and Frans L. Oldersma, "On the Seizing and Freezing of Negotiator Inferences: Need for Cognitive Closure Moderates the Use of Heuristics in Negotiation," *Personality and Social Psychology Bulletin* 25, no. 3 (1999): 348–62; A. Chirumbolo, A. Areni, and G. Sensales, "Need for Cognitive Closure and Politics: Voting, Political Attitudes and Attributional Style," *International Journal of Psychology* 39 (2004): 245–53; Arie W. Kruglanski, *The Psychology of Closed Mindedness* (New York: Psychology Press, 2013); Arie W. Kruglanski et al., "When Similarity Breeds Content: Need for Closure and the Allure of Homogeneous and Self-Resembling Groups," *Journal of Personality and Social Psychology* 83, no. 3 (2002): 648; Steven L. Neuberg and Jason T. Newsom, "Personal Need for Structure: Individual Differences in the Desire for Simpler Structure," *Journal of Personality and Social Psychology* 65, no. 1 (1993): 113。

⑥「困惑與模稜兩可」：Bar-Joseph, *Watchman Fell Asleep;* Donna M. Webster and Arie W. Kruglanski, "Individual Differences in Need for Cognitive Closure," *Journal of Personality and Social Psychology* 67, no. 6 (1994): 1049。

⑦「認知閉合需求導致偏見」：Bar-Joseph and Kruglanski, "Intelligence Failure and Need for Cognitive Closure," 75–99。

⑧唐娜・韋斯特（Donna Webster）在一九九六年：Arie W. Kruglanski and Donna M. Webster, "Motivated Closing of the Mind: 'Seizing' and 'Freezing,'" *Psychological Review* 103, no. 2 (1996): 263。

⑨一旦選定目標：出處同前；De Dreu, Koole, and Oldersma, "On the Seizing and Freezing of Negotiator Inferences," 348–62。

⑩正在犯下錯誤：克魯藍斯基在查證信上表示：「處於高閉合需求的人無法理解他人觀點。此外，處於高閉合需求的人也偏好階級、專制與團隊決策架構，因爲比起一般較爲混亂的水平式架構或民主架構，這些元素提供更多的閉合。處於高閉合需求的人因此無法容忍多元與團體中不一樣的聲音，創造力不高。從政治角度來看，保守派的閉合需求一般高過自由派，不過高閉合需求的人一般比低閉合需求的人更爲認眞以及看重價值觀。」

⑪「別想升官」：Bar-Joseph and Kruglanski, "Intelligence Failure and Need for Cognitive Closure," 75–99。

⑫「組織之外」：Uri Bar-Joseph, "Intelligence Failure and Success in the War of Yom Kippur," unpublished paper。

⑬「在戰爭爆發前」：Abraham Rabinovich, "Three Years Too Late, Golda Meir Understood How War Could Have Been Avoided," *The Times of Israel,* September 12, 2013。

⑭以色列死傷：Zeev Schiff, *A History of the Israeli Army, 1874 to the Present* (New York: Macmillan, 1985)。

⑮「整個世代幾乎成爲失落的一代」：Richard S. Lazarus, *Fifty Years of the Research and Theory of RS Lazarus: An Analysis of Historical and Perennial Issues* (New York: Psychology Press, 2013)。

⑯「即便過了二十五年」：Kumaraswamy, *Revisiting the Yom Kippur War*。

⑰「善於選擇目標」：我對於奇異公司的了解來自：Joseph L. Bower and Jay Dial, "Jack Welch: General Electric's Revolutionary," Harvard Business School case study no. 394-065, October 1993, revised April 1994; Francis Aguilar and Thomas W. Malnight, "General Electric Co: Preparing for the 1990s," Harvard Business School case study no. 9-390, December 20, 1989; Francis J. Aguilar, R. Hamermesh, and Caroline Brainard, "General Electric: Reg Jones and Jack Welch," Harvard Business School case study no. 9-391-144, June 29, 1991; Kirsten Lungberg, "General Electric and the National Broadcasting Company: A Clash of Cultures," Harvard University John F. Kennedy School of Government case study, 1989; Nitin Nohria, Anthony J. Mayo, and Mark Benson, "General Electric's 20th Century CEOs," Harvard Business School case study, December 2005; Jack Welch and John A. Byrne, *Jack: Straight from the Gut* (New York: Warner, 2003); Larry Greiner, "Steve Kerr and His Years with Jack Welch at GE," *Journal of Management Inquiry* 11, no. 4 (2002): 343–50; Stratford Sherman, "The Mind of Jack Welch," *Fortune,* March 27, 1989; Marilyn Harris et al., "Can Jack Welch Reinvent GE?" *BusinessWeek,* June 30, 1986; Mark Potts, "GE Chief Hopes to Shape Agile Giant," *Los Angeles Times,* June 1, 1988; Noel Tichy and Ram Charan, "Speed Simplicity and Self-Confidence: An Interview with Jack Welch," *Harvard Business Review,* September 1989; Ronald Grover and Mark Landler, "NBC Is No Longer a Feather in GE's Cap," *BusinessWeek*, June 2, 1991; Harry Bernstein, "The Two Faces of GE's 'Welchism,' " *Los Angeles Times,* January 12, 1988; "Jack Welch Reinvents General Electric. Again," *The Economist*, March 30, 1991; L. J. Dans, "They Call Him 'Neutron,' " *Business Month,* March 1988; Richard Ellsworth and Michael Kraft, "Jack Welch at GE: 1981–1989," Claremont Graduate School, Peter F. Drucker and Masatoshi Ito Graduate School of Management case study; Peter Petre, "Jack Welch: The Man Who Brought GE to Life," *Fortune,* January 5, 1987; Peter Petre, "What Welch Has Wrought at GE," *Fortune,* July 7, 1986; Stephen W. Quickel, "Welch on Welch," *Financial World,* April 3, 1990; Monica Roman, "Big Changes Are Galvanizing General Electric," *BusinessWeek,* December 18, 1989; Thomas Stewart, "GE Keeps Those Ideas Coming," *Fortune,* August 12, 1991。

⑱「工作契約」：Nitin Nohria, Anthony J. Mayo, and Mark Benson, "General Electric's 20th Century CEOs," *Harvard Business Review,* December 19, 2005, revised April 2011; John Cunningham Wood and Michael C. Wood, *Peter F. Drucker: Critical Evaluations in Business and Management,* vol. 1 (London: Routledge, 2005)。

⑲最佳的目標設定法：Gary P. Latham, Terence R. Mitchell, and Dennis L. Dossett, "Importance of Participative Goal Setting and Anticipated Rewards on Goal Difficulty and Job Performance," *Journal of Applied Psychology* 63, no. 2 (1978): 163; Gary P. Latham and Gerard H. Seijts, "The Effects of Proximal and Distal Goals on Performance on a Moderately Complex Task," *Journal of Organizational Behavior* 20, no. 4 (1999): 421–29; Gary P. Latham and J. James Baldes, "The 'Practical Significance' of Locke's Theory of Goal Setting," *Journal of Applied Psychology* 60, no. 1 (1975): 122; Gary P. Latham and Craig C. Pinder, "Work Motivation Theory and Research at the Dawn of the Twenty-First Century," *Annual Review of Psychology* 56 (2005): 485–516; Edwin A. Locke and Gary P. Latham, "Building a Practically Useful Theory of Goal Setting and Task Motivation: A Thirty-Five-Year Odyssey," *American Psychologist* 57, no. 9 (2002): 705; A. Bandura, "Self-Regulation of Motivation and Action Through Internal Standards and Goal Systems," in *Goal Concepts in Personality and Social Psychology*, ed. L. A. Pervin (Hillsdale, N.J.: Erlbaum, 1989), 19–85; Travor C. Brown and Gary P. Latham, "The Effects of Goal Setting and Self-Instruction Training on the Performance of Unionized Employees," *Relations Industrielles/Industrial Relations* 55, no. 1 (2000): 80–95; Judith F. Bryan and Edwin A. Locke, "Goal Setting as a Means of Increasing Motivation," *Journal of Applied Psychology* 51, no. 3 (1967): 274; Scott B. Button, John E. Mathieu, and Dennis M. Zajac, "Goal Orientation in Organizational Research: A Conceptual and Empirical Foundation," *Organizational Behavior and Human Decision Processes* 67, no. 1 (1996): 26–48; Dennis L. Dossett, Gary P. Latham, and Terence R. Mitchell, "Effects of Assigned Versus Participatively Set Goals, Knowledge of Results, and Individual Differences on Employee Behavior When Goal Difficulty Is Held Constant," *Journal of Applied Psychology* 64, no. 3 (1979): 291; Elaine S. Elliott and Carol S. Dweck, "Goals: An Approach to Motivation and Achievement," *Journal of Personality and Social Psychology* 54, no. 1 (1988): 5; Judith M. Harackiewicz et al., "Predictors and Consequences of Achievement Goals in the College Classroom: Maintaining Interest and Making the Grade," *Journal of Personality and Social Psychology* 73, no. 6 (1997): 1284; Howard J. Klein et al., "Goal Commitment and the Goal-Setting Process: Conceptual Clarification and Empirical Synthesis," *Journal of Applied Psychology* 84, no. 6 (1999): 885; Gary P. Latham and Herbert A. Marshall, "The Effects of Self-Set, Participatively Set, and Assigned Goals on the Performance of Government Employees," *Personnel Psychology* 35, no. 2 (June 1982): 399–404; Gary P. Latham, Terence R. Mitchell, and Dennis L. Dossett, "Importance of Participative Goal Setting and Anticipated Rewards on Goal Difficulty and Job Performance," *Journal of Applied Psychology* 63, no. 2 (1978): 163; Gary P. Latham and Lise M. Saari, "The Effects of Holding Goal Difficulty Constant on Assigned and Participatively Set Goals," *Academy of Management Journal* 22, no. 1 (1979): 163–68; Don VandeWalle, William L. Cron, and John W. Slocum, Jr., "The Role of Goal Orientation Following Performance Feedback," *Journal of Applied Psychology* 86, no. 4 (2001): 629; Edwin A. Locke and Gary P. Latham, eds., *New Developments in Goal Setting and Task Performance* (London: Routledge, 2013)。

⑳打字有多快：Gary P. Latham and Gary A. Yukl, "Assigned Versus Participative Goal Setting with Educated and Uneducated Woods Workers," *Journal of Applied Psychology* 60, no. 3 (1975): 299。

㉑「把目標分解成」：萊森姆在回答查證問題的信上寫道，達成目標還需要取得必要資源，並在達成目標的過程中得到意見回饋。「長期/遠程目標必須設定近程/子目標。子目標可以做到兩件事，第一，維持完成遠程目標的動力，因爲完成一個子目標會讓人想要繼續完成下一個子目標。第二，完成每一個子目標時得到的回饋會讓我們知道自己是否偏離正軌。」

㉒萊森姆在一九九〇年寫道：Edwin A. Locke and Gary P. Latham, "New Directions in Goal-Setting Theory," *Current Directions in Psychological Science* 15, no. 5 (2006): 265–68。

㉓萊森姆表示：「……自己做的事有沒有意義。」：萊森姆在回答查證問題的信上寫道：「人如果缺乏得出績效目標的能力（與希望達成的明確結果有關的目標，例如高爾夫打八十桿，或是營收增加二三%），注意力可能擺錯地方或造成認知隧道。解決之道是設立明確、具有挑戰性的學習目標，重點放在找出或擬定能改善績效的程序、流程或體系，例如找出五種能改善推球的方式，而不是希望在兩桿之內把球送進推球杯。」

㉔向商學院求助：柯爾最初名列威爾許請去推廣奇異合力促進會議的二十四名顧問。

㉕長期計劃：Noel M. Tichy and Stratford Sherman, "Walking the Talk at GE," *Training and Development* 47, no. 6 (1993): 26–35; Ronald Henkoff, "New Management Secrets from Japan," *Fortune*, November 27, 1995; Ron Ashkenas, "Why Work-Out Works: Lessons from GE's Transformation Process," *Handbook of Business Strategy* 4, no. 1 (2003): 15–21; Charles Fishman, "Engines of Democracy," *Fast Company*, October 1999, http://www.fastcompany.com/37815/engines-democracy; Thomas A. Stewart, "GE Keeps Those Ideas Coming," in Rosabeth Moss Kanter, Barry A. Stein, and Todd D. Jick, *The Challenge of Organizational Change: How Companies Experience It and Leaders Guide It* (New York: The Free Press, 1992): 474–482; Joseph P. Cosco, "General Electric Works It All Out," *Journal of Business Strategy* 15, no. 3 (1994): 48–50。

㉖「績效會好很多」：柯爾在回答查證問題的信上寫道：「我向管理團隊強調『向壞點子說不與向好點子說好一樣重要』，但不能隨便打發別人的建議，例如：『我們已經想過那個點子』或『我們以前試過，沒用』。我一向強調合力促進會議是教大家商業是怎麼一回事很好的機會，管理團隊應該用專業、彬彬有禮的方式解釋爲什麼他們不支持某項提議。」

㉗SMART標準：柯爾在回答查證問題的信上寫道，他不曾鼓勵大家不先有大概的計劃與時間表就提出點子。「計劃細節可以在計劃獲得批准後再擬定」。

㉘「搞不好提出下一個好點子的人就是自己」：Cosco, "General Electric Works It All Out," 48–50。

㉙日本鐵路系統：Ronald Henkoff, "New Management Secrets from Japan," *Fortune*, November 27, 1995。

㉚發明出更快的火車：威爾許聽到的日本子彈列車故事（以及大衆非小說類書籍提到的版本），稍稍不同於歷

史記錄。本書提到的版本爲威爾許聽到的版本，不過那個版本的故事並未提到某些細節，例如二戰之前，日本鐵路就探討過高速鐵路的概念，不過後來並未採用。JR東海代表在查證信上表示，在一九五〇年代，「由於戰後經濟成長，日本的主要鐵路『東海道鐵路』十分擁擠，乘客不斷增加，日本必須滿足愈來愈多乘客來往東京（首都與日本最大城市）與大阪（第二大城）的需求。事實上，一九三九年爆發二戰之前就有『子彈列車』的概念……不過由於戰爭的緣故，計劃被擱置，日本國鐵於一九五七年決定依據標準軌蓋新鐵路線（日本許多傳統鐵路線爲窄軌），政府一九五八年通過該計劃並開始興建鐵路。」值得一提的是，日本在同一時間也有私鐵希望研發更快的火車，例如小田急電鐵當時正在研發時速九十英里的火車。若想進一步了解子彈列車的歷史，我推薦：Toshiji Takatsu, "The History and Future of High-Speed Railways in Japan," *Japan Railway and Transport Review* 48 (2007): 6–21; Mamoru Taniguchi, "High Speed Rail in Japan: A Review and Evaluation of the Shinkansen Train" (working paper no. UCTC 103, University of California Transportation Center, 1992); Roderick Smith, "The Japanese Shinkansen: Catalyst for the Renaissance of Rail," *The Journal of Transport History* 24, no. 2 (2003): 222–37; Moshe Givoni, "Development and Impact of the Modern High-Speed Train: A Review," *Transport Reviews* 26, no. 5 (2006): 593–611。

㉛時速一九三公里：JR東海代表在查證信上表示：「在當時的日本，日本國鐵的工程師被視爲日本工程師中的精英，設計新幹線的工程師（島先生）是日本國鐵工程師……當時他已在國鐵工作很長一段時間，擁有豐富知識與資歷。」發言人表示，島先生一九五五年起監製東海道新幹線。「我前文提到的一九三一年子彈列車計劃出爐時，他們已經在計劃設計時速最高爲二〇一公里的火車。新幹線的工程師一開始就明確定出東京到大阪只需三小時的目標，『1000型』電聯車（Series 1000）在一九六二年達成時速二五六公里（一六〇英里）的目標。」

㉜一九八〇年代：Andrew B. Bernard, Andreas Moxnes, and Yukiko U. Saito, *Geography and Firm Performance in the Japanese Production Network* (working paper no. 14034, National Bureau of Economic Research, 2014)。

㉝「子彈列車思考」：S. Kerr and S. Sherman, "Stretch Goals: The Dark Side of Asking for Miracles," *Fortune*, November 13, 1995; Sim B. Sitkin et al., "The Paradox of Stretch Goals: Organizations in Pursuit of the Seemingly Impossible," *Academy of Management Review* 36, no. 3 (2011): 544–66; Scott Jeffrey, Alan Webb, and Axel K-D. Schulz, "The Effectiveness of Tiered Goals Versus Stretch Goals,"

CAAA 2006 Annual Conference Paper (2006); Kenneth R. Thompson, Wayne A. Hochwarter, and Nicholas J. Mathys, "Stretch Targets: What Makes Them Effective?" *The Academy of Management Executive* 11, no. 3 (1997): 48–60; S. Kerr and D. LePelley, "Stretch Goals: Risks, Possibilities, and Best Practices," *New Developments in Goal Setting and Task Performance* (2013): 21–31; Steven Kerr and Steffen Landauer, "Using Stretch Goals to Promote Organizational Effectiveness and Personal Growth: General Electric and Goldman Sachs," *The Academy of Management Executive* 18, no. 4 (2004): 134–38; Kelly E. See, "Motivating Individual Performance with Challenging Goals: Is It Better to Stretch a Little or a Lot?" (manuscript presented for publication, Duke University, June 2003); Adrian D. Manning, David B. Lindenmayer, and Joern Fischer, "Stretch Goals and Backcasting: Approaches for Overcoming Barriers to Large-Scale Ecological Restoration," *Restoration Ecology* 14, no. 4 (2006): 487–92; Jim Heskett, "Has the Time Come for 'Stretch' in Management?" Harvard Business School, *Working Knowledge,* August 1, 2008, http://hbswk.hbs.edu/item/5989.html。

㉞自己的工作流程：Fishman, "Engines of Democracy," 33。

㉟從來沒有ＳＭＡＲＴ目標能創下這樣的佳績：奇異發言人在回答查證問題的信件上表示：「德罕廠擁有包容如此巨大改變的彈性，許多調整在一九九二年工廠開廠時已經在進行。德罕廠從一開始就是奇異航空（GE Aviation）新型製造法的『育成中心』。是的，威爾許先生提高標準，不過由於航空業激烈的競爭，這樣的目標是必要的，這樣的目標才足以帶來能夠贊助當時新引擎（GE90）研發的營收。」

㊱全公司：Thompson, Hochwarter, and Mathys, "Stretch Targets," 48–60。

㊲新雪麗保溫材料：William E. Coyne, "How 3M Innovates for Long-Term Growth," *Research-Technology Management* 44, no. 2 (2001): 21–24。

㊳「一起多方研究，一起用玩心學習新事物」：Sitkin et al., "Paradox of Stretch Goals," 544–66。

㊴研究人員寫道：Jeffrey, Webb, and Schulz, "The Effectiveness of Tiered Goals Versus Stretch Goals"。

㊵滑鐵盧大學：出處同前。

㊶墨爾本大學：Thompson, Hochwarter, and Mathys, "Stretch Targets," 48–60。

㊷清空收件匣：Gil Yolanda et al., "Capturing Common Knowledge About Tasks: Intelligent Assistance for To-Do Lists," *ACM Transactions on Interactive Intelligent Systems (TiiS)* 2, no. 3 (2012): 15; Victoria Bellotti et al., "What a To-Do: Studies of Task Management Towards the Design of a Personal Task List Manager," *Proceedings of the SIGCHI Conference on Human Factors in Computing Systems* (2004): 735–42; Gabriele Oettingen and Doris Mayer, "The Motivating Function of Thinking About the Future: Expectations Versus Fantasies," *Journal of Personality and Social Psychology* 83, no. 5 (2002): 1198; Anja Achtziger et al., "Metacognitive Processes in the Self-Regulation of Goal Pursuit," in *Social Metacognition,* ed. Pablo Briñol and Kenneth DeMarree, Frontier of Social Psychology series (New York: Psychology Press, 2012), 121–39。

㊸美國各地：登月目標的批評者表示，如果不加以限制，登月目標會帶給組織負面影響，詳情請見：Lisa D. Ordóñez et al., "Goals Gone Wild: The Systematic Side Effects of Overprescribing Goal Setting," *The Academy of Management Perspectives* 23, no. 1 (2009): 6–16. And the response of Edwin A. Locke and Gary P. Latham, "Has Goal Setting Gone Wild, or Have Its Attackers Abandoned Good Scholarship?" *The Academy of Management Perspectives* 23, no. 1 (2009): 17–23。

㊹調查人員最後的結論：The Commission of Inquiry, *The Yom Kippur War, an Additional Partial Report: Reasoning and Complement to the Partial Report of April 1, 1974*, vol. 1 (Jerusalem: 1974)。

㊺所有人都有錯：Mitch Ginsberg, "40 Years On, Yom Kippur War Intel Chiefs Trade Barbs," *The Times of Israel,* October 6, 2013; "Eli Zeira's Mea Culpa," *Haaretz,* September 22, 2004; Lilach Shoval, "Yom Kippur War Intelligence Chief Comes Under Attack 40 Years Later," *Israel Hayom,* October 7, 2013。

㊻「你這個騙子！」：出處同前。

5 管理他人

①打發他們走：如同正文所述，我寄給聯邦調查局、法蘭克・簡森、克麗斯蒂・簡森（Christie Janssen）、科琳・簡森本章摘要，並請他們回應報導細節。聯邦調查局提供後列資料，其餘的則拒絕評論，簡森一家人並未回應我多次致電與寄信。簡森案的報導細節取自訪談，以及：*United States of America v. Kelvin Melton, Quantavious Thompson, Jakym Camel Tibbs, Tianna Daney Maynard, Jenna Martin, Clifton James Roberts, Patricia Ann Kramer, Jevante Price, and Michael Martell Gooden* (nos. 5:14-CR-72–1; 5:14-CR-72–2; 5:14-CR-72–3; 5:14-CR-72–4; 5:14-CR-72–5; 5:14-CR-72–6; 5:14-CR-72–7; 5:14-CR-72–8; 5:14-CR-72–9), filed in the U.S. District Court for the Eastern District of North Carolina Western Division; Affidavit in

Support of Application for a Court Order Approving Emergency Interceptions, in the Matter of the Application of the United States of America for an Order Authorizing the Interception of Wire and Electronic Communications, no. 5:14-MJ-1315-D, filed in the U.S. District Court Eastern District of North Carolina Western Division; *United States v. Kelvin Melton,* Criminal Case no. 5:14-MJ-1316, filed in the U.S. District Court Eastern District of North Carolina; *United States v. Clifton James Roberts,* Criminal Case no. 5:14-MJ-1313, filed in the U.S. District Court Eastern District of North Carolina; *United States v. Chason Renee Chase, a/k/a "Lady Jamaica,"* Criminal Case no. 3:14-MJ-50, filed in the U.S. District Court for the District of South Carolina, and other court filings related to the alleged Janssen abduction. Details also came from Alan G. Breed and Michael Biesecher, "FBI: NC Inmate Helped Orchestrate Kidnapping," Associated Press, April 11, 2014; Kelly Gardner, "FBI Now Investigating Wake Forest Man's Disappearance," WRAL.com, April 8, 2014; Alyssa Newcomb, "FBI Rescued Kidnap Victim as Suspects Discussed Killing Him, Feds Say," *Good Morning America,* April 10, 2014; Anne Blythe and Ron Gallagher, "FBI Rescues Wake Forest Man; Abduction Related to Daughter's Work as Prosecutor, Investigators Say," *The Charlotte Observer,* April 10, 2014; Michael Biesecher and Kate Brumbach,"NC Inmate Charged in Kidnapping of DA's Father," Associated Press, April 12, 2014; Lydia Warren and Associated Press, "Bloods Gang Member Who Is Serving Life Sentence 'Masterminded Terrifying Kidnap of Prosecutor's Father Using a Cell Phone He'd Smuggled in to Prison,' " *Daily Mail,* April 11, 2014; Lydia Warren and Associated Press, "Gang Members Who 'Kidnapped Prosecutor's Father and Held Him Captive for Days Had Meant to Capture HER—But They Went to Wrong Address,' " *Daily Mail,* April 23, 2014; Ashley Frantz and AnneClaire Stapleton, "Prosecutor's Dad Kidnapped in 'Elaborate' Plot; FBI Rescues Him," CNN.com, April 10, 2014; Shelley Lynch, "Kidnapping Victim Rescued by FBI Reunited with Family," FBI press release, April 10, 2014, https://www.fbi.gov/charlotte/press-releases/2014/kidnapping-victim-rescued-by-fbi-reunited-with-family; Scott Pelley and Bob Orr, "FBI Told How Its Agents Rescued a North Carolina Man Who Was Kidnapped by Gang Members and Terrorized for Five Days," *CBS Evening News,* April 10, 2014; Marcus K. Garner, "Indictment: Kidnapping Crew Had Wrong Address, Took Wrong Person," *Atlanta Journal Constitution,* April 22, 2014; Andrew Kenney, "Prisoner Charged in Kidnap Conspiracy May Have Had Phone for Weeks," *The Charlotte Observer,* April 11, 2014; "Criminal Complaint Filed Against Kelvin Melton in Kidnapping Case," FBI press release, April 11, 2014, https://www.fbi.gov/charlotte/press-releases/2014/criminal-complaint-filed-against-kelvin-melton-in-kidnapping-case; Colleen Jenkins and Bernadette Baum, "Two More Charged in Gang-Linked Kidnapping of N.C. Prosecutor's Father," Reuters, April

16, 2014; "McDonald's Receipt Leads to Arrest in Wake Forest Kidnapping," *The News and Observer,* April 17, 2014; "Prosecutor—Not Her Father—Was Intended Victim in Wake Forest Kidnapping, Officials Say," The *News and Observer,* April 22, 2014; Patrik Jonsson, "N.C. Prosecutor Kidnap Plot: Home Attacks on Justice Officials on the Upswing," *The Christian Science Monitor, April* 23, 2014; "NC Kidnapping Victim Writes Thank-You Letter," Associated Press, April 29, 2014; Thomas McDonald, "Documents Detail Kidnapping Plot of Wake Prosecutor's Father," *The Charlotte Observer,* July 23, 2014; Daniel Wallis, "Alleged Gangster Admits Lying in North Carolina Kidnap Probe," Reuters, August 29, 2014; Spink John, "FBI Team Rescues a North Carolina Kidnapping Victim," *Atlanta Journal Constitution,* April 11, 2014。

②梅爾頓的女兒：簡森案的部分觀察家指出，官方偵查本案時運用被稱爲「魔鬼魚」（stingray）的裝置辨識手機正確位置。聯邦調查局被其他媒體問到使用基地台模擬器時表示：「地點資訊對於聯邦層級、州層級與地方層級的執法調查而言十分重要，聯邦調查局不討論執法時爲取得地點資訊所採用的特定科技，此一資訊爲執法敏感資訊（Law Enforcement Sensitive），公開披露可能造成相關科技失效，危及各層級的執法努力。聯邦調查局僅蒐集案件調查相關資訊，且遵守相關聯邦法與司法政策。除涉及特定調查，聯邦調查局不會爲了調查以外之目的，儲存手機基地台資料，且僅於取得局內批准與法院相關命令後，始蒐集基地台資料。若取得之資訊被視爲與案件相關，特定手機記錄將登載於案件檔案。聯邦調查局依據美國國家檔案館（ＮＡＲＡ）核准之檔案留存規定，留存調查案件檔案。若聯邦調查局希望透過科技取得之個人資訊，屬判例法判定之個人隱私範圍，聯邦調查局的政策爲取得搜查令。」

③主使者是梅爾頓本人：如同正文所述，凱文．梅爾頓、可能化名爲提安娜．梅納德(Tianna Maynard)的提安娜．布魯克斯、其他簡森綁票案嫌疑犯與相關人士之報導細節，取自法院檔案與訪談。本書寫成之時，梅爾頓、布魯克斯及其他相關人士已被起訴，但尚未開庭。法院開始審理與判決結果出爐前，所有的指控僅爲指控，法庭尚未證實本章提及之犯罪行爲。二〇一六年一月，梅爾頓告訴法院自己與簡森綁票案無關，其他嫌疑犯預計也將否認犯案。我曾提供梅爾頓與布魯克斯的律師本章細節，請他們詢問自己因他案而坐牢中或等待開庭的客戶是否願意回應。布魯克斯的律師並未回應，梅爾頓的律師萊恩．史坦普（Ryan D. Stump）的電子郵件則指出：「法院命令我們不得討論梅爾頓先生之案件細節與調查結果，我們因而無法提供任何意見。」

④數十年前的老前輩：聯邦調查局女發言人在查證信中表示：哨兵系統問世之前，調查局除了使用索引卡，亦使用電子索引系統。受訪的探員亦證實此事，不過他們表示電子系統收錄的資料通常不完整，也因此不夠可靠。

⑤推出哨兵系統：聯邦調查局女發言人在查證信中表示：「哨兵系統爲管理記錄之工具，可記錄案件調查活動，保存局內取得之資訊。哨兵系統可提供拼圖線索，記錄調查局工作成果，並與其他局內透過合作所蒐集或取得之資訊一齊發揮作用。」

⑥「敏捷開發」：「精實」與「敏捷」等詞彙在不同情境下有不同意思，相關詞彙包括精實產品開發、精實新創公司、敏捷管理、敏捷化等等，有的定義與方法十分明確，本章一般指最通用的意思。相關管理哲學的詳細解釋請見：Rachna Shah and Peter T. Ward, "Lean Manufacturing: Context, Practice Bundles, and Performance," *Journal of Operations Management* 21, no. 2 (2003): 129–49; Jeffrey K. Liker, *Becoming Lean: Inside Stories of U.S. Manufacturers* (Portland, Ore.: Productivity Press, 1997); J. Ben Naylor, Mohamed M. Naim, and Danny Berry, "Leagility: Integrating the Lean and Agile Manufacturing Paradigms in the Total Supply Chain," *International Journal of Production Economics* 62, no. 1 (1999): 107–18; Robert Cecil Martin, *Agile Software Development: Principles, Patterns, and Practices* (Upper Saddle River, N.J.: Prentice Hall, 2003); Paul T. Kidd, *Agile Manufacturing: Forging New Frontiers* (Reading, Mass.: Addison-Wesley, 1995); Alistair Cockburn, *Agile Software Development: The Cooperative Game* (Upper Saddle River, N.J.: Addison-Wesley, 2006); Pekka Abrahamsson, Outi Salo, and Jussi Ronkainen, *Agile Software Development Methods: Review and Analysis* (Oulu, Finland: VTT Publications, 2002)。

⑦「北加州最強大的春藥」：瑞克・馬德里已於二〇一一年去世。我對於馬德里先生、新聯合汽車製造公司、通用汽車的了解，來自全國公共廣播電台（National Public Radio）的法蘭克・藍飛特（Frank Langfitt）、《美國生活》（*This American Life*）的布萊恩・里德（Brian Reed），以及其他各新聞媒體的記者，大家慷慨分享筆記與訪談逐字稿，此外我也要感謝與我分享馬德里生平的馬德里前同事。馬德里的相關細節，包括他說過的話，取自各種來源，包括他接受其他記者訪問的訪談錄音、筆記與逐字稿，以及同事的回憶。除此之外，我還參考了：Harry Bernstein, "GM Workers Proud of Making the Team," *Los Angeles Times,* June 16, 1987; Clara Germani, "GM-Toyota Venture in California Breaks Tradition, Gets Results," *The Christian Science Monitor*, December 21, 1984; Michelle Levander, "The Divided Workplace: Exhibit Traces Battle for Control of Factory," *Chicago Tribune,* September 17, 1989; Victor F. Zonana, "Auto Venture at Roadblock: GM-Toyota Fremont Plant Produces Happy Workers, High-Quality Product—and a Glut of Unsold Chevrolet Novas," *Los Angeles Times*, December 21, 1987; "NUMMI," *This American Life,* WBEZ Chicago, March 26, 2010; Charles O'Reilly III, "New United Motors Manufacturing, Inc. (NUMMI)," Stanford Business School Case Studies, no. HR-11, December 2, 1998; Maryann Keller, *Rude Awakening: The Rise, Fall, and Struggle for Recovery of General Motors* (New York: William Morrow, 1989); Joel Smith and William Childs, "Imported from America: Cooperative Labor Relations at New United Motor Manufacturing, Inc.," *Industrial Relations Law Journal* (1987): 70–81; John Shook, "How to Change a Culture: Lessons from NUMMI," *MIT Sloan Management Review* 51, no. 2 (2010): 42–51; Michael Maccoby, "Is There a Best Way to Build a Car?" *Harvard Business Review,* November 1997; Daniel Roos, James P. Womack, and Daniel Jones, *The Machine That Changed the World: The Story of Lean Production* (New York: HarperPerennial, 1991); Jon Gertner, "From 0 to 60 to World Domination," *The New York Times,* February 18, 2007; Ceci Connolly, "Toyota Assembly Line Inspires Improvements at Hospital," *The Washington Post,* June 3, 2005; Andrew C. Inkpen, "Learning Through Alliances: General Motors and NUMMI," *Strategic Direction* 22, no. 2 (2006); Paul Adler, "The 'Learning Bureaucracy': New United Motor Manufacturing, Inc." *Research in Organizational Behavior* 15 (1993); "The End of the Line For GM-Toyota Joint Venture," *All Things Considered,* NPR, March 2010; Martin Zimmerman and Ken Basinger, "Toyota Considers Halting Operations at California's Last Car Plant," *Los Angeles Times,* July 24, 2009; Soyoung Kim and Chang-ran Kim, "UPDATE 1—Toyota May Drop U.S. Joint Venture with GM," Reuters, July 10, 2009; Alan Ohnsman and Kae Inoue, "Toyota Will Shut California Plant in First Closure," Bloomberg, August 28, 2009; Jeffrey Liker, *The Toyota Way: 14 Management Principles from the World's Greatest Manufacturer* (New York: McGraw-Hill, 2003); Steven Spear and H. Kent Bowen, "Decoding the DNA of the Toyota Production System," *Harvard Business Review* 77 (1999): 96–108; David Magee, *How Toyota Became #1: Leadership Lessons from the World's Greatest Car Company* (New York: Penguin, 2007)。

⑧蓋住刺青：Keller, *Rude Awakening,* chapter 6。

⑨費利蒙廠：豐田發言人在查證信上寫道：「豐田無法評論費利蒙廠在通用汽車獨資時期的情形。有關於豐田哲學的段落以及提及特定史實的部分，大致符合我們的實際做法與我們的了解，例如拉安燈、送前通用汽車員工至日本，以及新聯合汽車製造公司成立後致力於改善產品品質，不過很抱歉，我們無法證實您所提到的

特定細節，也無法提供進一步的評論，不過我們可以提供以下合資企業新聯合汽車製造公司的描述，歡迎您自由使用：『新聯合汽車製造是日本與美國產業合作的開創性模式，我們爲公司的成就感到自豪。我們感謝新聯合汽車製造的所有成員，包括供應商、地方社區，以及我們最重要的團隊成員。新聯合汽車製造這個開創性的合資企業能夠成功，都要感謝他們的才幹。』」通用汽車女發言人寫道：「我無法評論您所分享的一九八〇年代初期費利蒙與新聯合汽車製造經驗，不過我能證實今日的通用汽車廠絕非如此……通用汽車的全球製造系統（Global Manufacturing System, GMS）讓所有員工一起致力於最佳流程、最佳實務與科技，以求消弭任何浪費……通用全球製造系統的確源自豐田生產方式（TPS），也就是一九八四年新聯合汽車製造採行的系統。通用全球製造系統的衆多元素，來自我們在全球各地採行精實生產的努力……通用全球製造系統能夠成功，所有的原則與元素都很重要，不過『持續改善』（Continuous Improvement）的確是通用全球製造系統具備彈性的重要原因。我們讓所有的員工一起動起來，運用通用全球製造系統改善生產方式，讓工作環境更安全，並爲客戶改善產品品質。」

⑩日本低廉的成本：深入研究與書寫豐田汽車的傑弗瑞．萊克（Jeffrey Liker）在查證信中表示：「豐田汽車知道，要成爲一家全球企業，就得在海外成立營運部門，而公司除了銷售之外，少有這方面的經驗。豐田汽車認爲豐田生產方式是自己能夠成功的主因，公司必須能讓員工深入掌握此一哲學，並且在充滿信任的環境中持續做出改善。豐田汽車視新聯合汽車製造爲豐田生產方式能否在美國成功、適用於美國勞工與管理者的重大實驗。事實上，豐田與通用最初僅協議製造雪佛蘭汽車，但雪佛蘭汽車品牌的負面形象造成銷售量不佳後，它們推出豐田卡羅拉（Toyota Corolla）。對通用汽車而言，豐田最主要的吸引力是能帶來利潤的高品質小車，通用想學習製造這種車的方式。通用對豐田生產方式的興趣似乎十分短暫。對豐田而言，新聯合汽車製造是邁向未來的關鍵里程碑，豐田盡全力研究每一天發生的事，公司想知道該如何在美國營運，並在海外培養豐田文化。」

⑪證明自己的說法：貝倫教授在查證信上寫道：「我們專注的點比『文化』稍微廣一些，我們想知道創始人早期的組織設計聘雇架構決定，如何影響他們剛成立的公司日後的走向。」

⑫回答問卷：貝倫教授在查證信上指出，他們不只翻閱《聖荷西信使新聞報》：「我們尋找新公司的時候參考

了《聖荷西信使新聞報》等許多資料來源，還參考了企業科技（CorpTech，該公司瞄準小型科技公司的行銷）等公司提供的產業名單。我們從各種資料來源，依據次產業（生物科技、半導體等等）整理公司名單，接著從清單上選取樣本公司，依據公司成立年數、是否有創投資金等等，取得具有代表性的樣本。網路興起後，我們讓研究設計特別專注於該產業，以求了解網路公司與我們原本在研究的其他公司的異同之處，結果發現模式相同。」

⑬近兩百家公司：James N. Baron and Michael T. Hannan, "The Economic Sociology of Organizational Entrepreneurship: Lessons from the Stanford Project on Emerging Companies," in *The Economic Sociology of Capitalism*, ed. Victor Nee and Richard Swedberg (New York: Russell Sage, 2002), 168–203; James N. Baron and Michael T. Hannan, "Organizational Blueprints for Success in High-Tech Start-Ups: Lessons from the Stanford Project on Emerging Companies," *Engineering Management Review, IEEE* 31, no. 1 (2003): 16; James N. Baron, M. Diane Burton, and Michael T. Hannan, "The Road Taken: Origins and Evolution of Employment Systems in Emerging Companies," *Articles and Chapters* (1996): 254; James N. Baron, Michael T. Hannan, and M. Diane Burton, "Building the Iron Cage: Determinants of Managerial Intensity in the Early Years of Organizations," *American Sociological Review* 64, no. 4 (1999): 527–47。

⑭搜集到足夠資料：貝倫教授在查證信上表示：「或許有一點雞蛋裡挑骨頭，不過我們當時是在找公司成立時，創始人有相似文化『藍圖』或理念的公司。我會強調這點，是因爲我們當時的分類標準不是靠可觀察的公司做法，而是創始人怎麼想，以及他們如何描述自己剛成立的公司。」

⑮五種類型：其他尚有爲數不少的公司不完全符合此五種類別。

⑯「步調很一致」：貝倫教授在查證信上表示，他不該被視爲研究臉書的專家，參與該研究的公司身分採匿名方式。貝倫教授並表示「我們發現工程師型的公司經常不斷演變，有時成爲科層體制，有時成爲承諾型的公司。它們的轉變比其他公司順利，顯示新創公司喜愛工程師型的藍圖，是因爲那樣的藍圖讓公司逐步成熟時，具備『轉型』成不同模式的能力」。

⑰貝倫教授指出：「……我就給你薪水」：貝倫教授在查證信上表示，科層體制與獨裁型的模式不同，但有些地方類似，包括：㈠這兩種模式在此產業的新創公司相當罕見；㈡科學與技術人員不喜歡這兩種模式。」

⑱全球最成功的企業：研究人員讓參與研究的公司匿名，無法透露他們研究了哪些公司。

⑲公司文化會帶來：James N. Baron, Michael T. Hannan, and M. Diane Burton, "Labor Pains: Change in Organizational Models and Employee Turnover in Young, High-Tech Firms," *American Journal of Sociology* 106, no. 4 (2001): 960–1012。

⑳《加州管理評論》期刊：Baron and Hannan, "Organizational Blueprints for Success in High-Tech Start-Ups," 16。

㉑「強大的競爭優勢」：貝倫教授在查證信上進一步表示：「此處沒有提到承諾型的公司一般靠著比他人優秀的客戶關係長期競爭。除了與銷售人員的關係，還包括穩定的技術人員團隊，以及與面對客戶的人員相互合作，這些特點讓這些公司有辦法研發出滿足長期客戶需求的技術。」

㉒「公司的永續經營」：Steve Babson, ed., *Lean Work: Empowerment and Exploitation in the Global Auto Industry* (Detroit: Wayne State University Press, 1995)。

㉓保住大家的飯碗：傑弗瑞・萊克在查證信上表示，豐田的人資長告訴聯合汽車工會代表：「在裁掉任何人之前會先幫大家找內部工作，接著管理階層減薪，接著減少工作時數，然後才會考慮裁員。公司做出保證，而工會也必須同意三件事：一、升遷要看員工的能力而非年資；二、要有最低限度的職位分類，擁有做不同工作的彈性；三、管理人員與工會一起改善生產力。雪佛蘭 Nova 在第一年賣得不好，工廠大約多了四成員工，公司讓全部的人留任，訓練他們做幾個月的改善（*kaizen*）工作，直到卡羅拉車款（Corolla）能夠投產。」

㉔哈佛研究人員寫道：Paul S. Adler, "Time-and-Motion Regained," *Harvard Business Review* 71, no. 1 (1993): 97–108。

㉕每個人都是公司的主人：要特別指出的是，新聯合汽車製造公司雖然很成功，並非完美無缺。公司的盛衰要看汽車產業的景氣，因此整體汽車銷售下降時，新聯合汽車製造的利潤亦隨之下滑。新聯合汽車製造工廠的營運費用比低成本的外國競爭者高，因此別人用低價競爭時，新聯合汽車承受了壓力。此外，通用汽車嘗試將新聯合汽車的文化輸出至其他工廠時，某些工廠不成功，工會領袖與管理者之間的對立太深。部分主管拒絕相信放手讓員工去做的話，員工會好好運用手中的權力。有的員工則不願意相信通用汽車的保證。

㉖「我們為了彼此努力」：汽車業面臨金融海嘯時，新聯合汽車製造是受害者。通用汽車由於公司其他部門的負債走向破產，二〇〇九年退出新聯合汽車製造的合夥，豐田判定自己無法獨立經營工廠，二〇一〇年新聯合汽車製造在製造過近八百萬輛車後結束營運。

㉗依舊在建置當中：哨兵系統的研發史來自訪談，以及：Glenn A. Fine, *The Federal Bureau of Investigation's Pre-Acquisi-*

tion Planning for and Controls over the Sentinel Case Management System, Audit Report 06-14 (Washington, D.C.: U.S. Department of Justice, Office of the Inspector General, Audit Division, March 2006); Glenn A. Fine, *Sentinel Audit II: Status of the Federal Bureau of Investigation's Case Management System,* Audit Report 07-03 (Washington, D.C.: U.S. Department of Justice, Office of the Inspector General, Audit Division, December 2006); Glenn A. Fine, *Sentinel Audit III: Status of the Federal Bureau of Investigation's Case Management System,* Audit Report 07-40 (Washington, D.C.: U.S. Department of Justice, Office of the Inspector General, Audit Division, August 2007); Raymond J. Beaudet, *Sentinel Audit IV: Status of the Federal Bureau of Investigation's Case Management System,* Audit Report 09-05 (Washington, D.C.: U.S. Department of Justice, Office of the Inspector General, Audit Division, December 2008); Glenn A. Fine, *Sentinel Audit V: Status of the Federal Bureau of Investigation's Case Management System,* Audit Report 10-03 (Washington, D.C.: U.S. Department of Justice, Office of the Inspector General, Audit Division, November 2009); *Status of the Federal Bureau of Investigation's Implementation of the Sentinel Project,* Audit Report 10-22 (Washington, D.C.: U.S. Department of Justice, Office of the Inspector General, March 2010); Thomas J. Harrington, "Response to OIG Report on the FBI's Sentinel Project," FBI press release, October 20, 2010, https://www.fbi.gov/news/pressrel/press-releases/mediaresponse_102010; Cynthia A. Schnedar, *Status of the Federal Bureau of Investigation's Implementation of the Sentinel Project,* Report 12-08 (Washington, D.C.: U.S. Department of Justice, Office of the Inspector General, December 2011); Michael E. Horowitz, *Interim Report on the Federal Bureau of Investigation's Implementation of the Sentinel Project,* Report 12-38 (Washington, D.C.: U.S. Department of Justice, Office of the Inspector General, September 2012); Michael E. Horowitz, *Audit of the Status of the Federal Bureau of Investigation's Sentinel Program,* Report 14-31 (Washington, D.C.: U.S. Department of Justice, Office of the Inspector General, September 2014); William Anderson et al., *Sentinel Report* (Pittsburgh: Carnegie Mellon Software Engineering Institute, September 2010); David Perera, "Report Questions FBI's Ability to Implement Agile Development for Sentinel," *FierceGovernmentIT,* December 5, 2010, http://www.fiercegovernmentit.com/story/report-questions-fbis-ability-implement-agile-development-sentinel/2010-12-05; David Perera, "FBI: We'll Complete Sentinel with $20 Million and 67 Percent Fewer Workers," *FierceGovernmentIT,* October 20, 2010, http://www.fiercegovernmentit.com/story/fbi-well-complete-sentinel-20-million-and-67-percent-fewer-workers/2010-10-20; Jason Bloomberg, "How the FBI Proves Agile Works for Government Agencies," *CIO,* August 22, 2012, http://www.cio.com/article/2392970/agile-development/how-the-fbi-proves-agile-works-for-government-agencies.html; Eric Lichtblau, "FBI Faces

New Setback in Computer Overhaul," *The New York Times,* March 18, 2010; "More Fallout from Failed Attempt to Modernize FBI Computer System," Office of Senator Chuck Grassley, July 21, 2010; "Technology Troubles Plague FBI, Audit Finds," *The Wall Street Journal,* October 20, 2010; "Audit Sees More FBI Computer Woes," *The Wall Street Journal,* October 21, 2010; "FBI Takes Over Sentinel Project," *Information Management Journal* 45, no. 1 (2011); Curt Anderson, "FBI Computer Upgrade Is Delayed," Associated Press, December 23, 2011; Damon Porter, "Years Late and Millions over Budget, FBI's Sentinel Finally On Line," *PC Magazine,* July 31, 2012; Evan Perez, "FBI Files Go Digital, After Years of Delays," *The Wall Street Journal,* August 1, 2012。

㉘非汽車產業的主管也紛紛模仿豐田生產方式：精實與敏捷管理法請見：Craig Larman, *Agile and Iterative Development: A Manager's Guide* (Boston: Addison-Wesley Professional, 2004); Barry Boehm and Richard Turner, *Balancing Agility and Discipline: A Guide for the Perplexed* (Boston: Addison-Wesley Professional, 2003); James Shore, *The Art of Agile Development* (Farnham, UK: O'Reilly Media, 2007); David Cohen, Mikael Lindvall, and Patricia Costa, "An Introduction to Agile Methods," *Advances in Computers* 62 (2004): 1–66; Matthias Holweg, "The Genealogy of Lean Production," *Journal of Operations Management* 25, no. 2 (2007): 420–37; John F. Krafcik, "Triumph of the Lean Production System," *MIT Sloan Management Review* 30, no. 1 (1988): 41; Jeffrey Liker and Michael Hoseus, *Toyota Culture: The Heart and Soul of the Toyota Way* (New York: McGraw-Hill, 2007); Steven Spear and H. Kent Bowen, "Decoding the DNA of the Toyota Production System," *Harvard Business Review* 77 (1999): 96–108; James P. Womack and Daniel T. Jones, *Lean Thinking: Banish Waste and Create Wealth in Your Corporation* (New York: Simon & Schuster, 2010); Stephen A. Ruffa, *Going Lean: How the Best Companies Apply Lean Manufacturing Principles to Shatter Uncertainty, Drive Innovation, and Maximize Profits* (New York: American Management Association, 2008); Julian Page, *Implementing Lean Manufacturing Techniques: Making Your System Lean and Living with It* (Cincinnati: Hanser Gardner, 2004)。

㉙軟體應該如何設計："What Is Agile Software Development?" Agile Alliance, June 8, 2013, http://www.agilealliance.org/the-alliance/what-is-agile/; Kent Beck et al., "Manifesto for Agile Software Development," Agile Manifesto, 2001, http://www.agilemanifesto.org/。

㉚眾多科技公司：Dave West et al., "Agile Development: Mainstream Adoption Has Changed Agility," *Forrester Research* 2 (2010): 41。

㉛「處理問題？」：Ed Catmull and Amy Wallace, *Creativity, Inc.: Overcoming the Unseen Forces That Stand in the Way of True Inspi-*

ration (New York: Random House, 2014)。

㉜二〇〇五年寫道：J. P. Womack and D. Miller, *Going Lean in Health Care* (Cambridge, Mass.: Institute for Healthcare Improvement, 2005)。

㉝才能上線：Jeff Stein, "FBI Sentinel Project Is over Budget and Behind Schedule, Say IT Auditors," *The Washington Post,* October 20, 2010。

㉞事先計劃：此種計劃方式一般稱為「瀑布法」（waterfall approach），因為那是一種一連串的設計方式，流程會從醞釀、創始、分析、設計、建構、測試、製造/執行、維護，一路往下「流」。瀑布法的基本精神是每一個階段都可事先預期與計劃。

㉟放手讓開發者做事：富格漢在查證信上進一步解釋：「我請科技長（傑夫・強森）擔任日常監督者。我們請敏捷開發人員馬克・克蘭達（Mark Crandall，Agile Scrum Master）擔任教練與導師（而非專案經理）。我們在地下室佈置開放的實體工作空間，讓團隊成員可以彼此溝通。我們請三位網路特別探員（Cyber Special Agents）帶領前端研發，局長、副局長和我授權大家提出流程改善與格式整合（不要只是數位化所有可能已經過時的流程/表格）的建議。我與最重要的產品合作廠商執行長合作，讓哨兵系統得到他們的支援與他們最適合的人員。團隊（在克蘭達的指導下）採行敏捷法，所有的聯邦調查局相關人士都參與哨兵團隊的實務面向，確保哨兵系統符合他們的需求。技術團隊會自行衝刺兩週。我們有夜間組建自動化，研發團隊內部有熱心的QA團隊，我也兩週開一次會，檢視完整的函數編程（而非模型）並正式核准需求。所有相關部會，包括司法部、司法部督察長辦公室（DOJ IG）、白宮及其他政府相關單位，都會出席示範日，觀摩我們的進展與流程。」

㊱幫忙破案：聯邦調查局女發言人在查證信中評論哨兵系統：「我們不是在預測犯罪，而是找出趨勢與威脅。」

㊲「改變局內」：Jeff Sutherland, *Scrum: The Art of Doing Twice the Work in Half the Time* (New York: Crown Business, 2014)。

㊳「文化思維」：Robert S. Mueller III, "Statement Before the House Permanent Select Committee on Intelligence," Washington, D.C., October 6, 2011, https://www.fbi.gov/news/testimony/the-state-of-intelligence-reform-10-years-after-911。

6 決策

① 第二名獎金：本文描述的順序與實際的二〇〇四年撲克冠軍錦標賽事略有出入，以凸顯每一局的重點，不過除了各局順序，本章並未更動其他事實。我對於二〇〇四年撲克冠軍錦標賽與撲克的理解，來自安妮、霍華與赫爾姆斯，我要感謝他們挪出時間提供建議。除此之外，本章的描述來自ＥＰＳＮ提供的二〇〇四年撲克冠軍錦標賽影片，以及：Annie Duke, with David Diamond, *How I Raised, Folded, Bluffed, Flirted, Cursed and Won Millions at the World Series of Poker* (New York: Hudson Street Press, 2005); "Annie Duke: The Big Things You Don't Do," *The Moth Radio Hour,* September 13, 2012, http://themoth.org/posts/stories/the-big-things-you-dont-do; "Annie Duke: A House Divided," *The Moth Radio Hour,* July 20, 2011, http://themoth.org/posts/stories/a-house-divided; "Dealing with Doubt," *Radiolab,* season 11, episode 4, http://www.radiolab.org/story/278173-dealing-doubt/; Dina Cheney, "Flouting Convention, Part II: Annie Duke Finds Her Place at the Poker Table," *Columbia College Today,* July 2004, http://www.college.columbia.edu/cct_archive/jul04/features4.php; Ginia Bellafante, "Dealt a Bad Hand? Fold 'Em. Then Raise," *The New York Times,* January 19, 2006; Chuck Darrow, "Annie Duke, Flush with Success," *The Philadelphia Inquirer,* June 8, 2010; Jamie Berger, "Annie Duke, Poker Pro," *Columbia Magazine,* March 4, 2013, http://www.columbia.edu/cu/alumni/Magazine/Spring2002/Duke.html; "Annie Duke Profile," *The Huffington Post,* February 21, 2013; Del Jones, "Know Yourself, Know Your Rival," *USA Today,* July 20, 2009; Richard Deitsch, "Q&A with Annie Duke," *Sports Illustrated,* May 26, 2005; Mark Sauer, "Annie Duke Found Her Calling," *San Diego Union-Tribune,* October 9, 2005; George Sturgis Coffin, *Secrets of Winning Poker* (Wilshire, 1949); Richard D. Harroch and Lou Krieger, *Poker for Dummies* (New York: Wiley, 2010); David Sklansky, *The Theory of Poker* (Two Plus Two Publishers, 1999); Michael Bowling et al., "Heads-Up Limit Hold'em Poker Is Solved," *Science* 347, no. 6218 (2015): 145–49; Darse Billings et al., "The Challenge of Poker," *Artificial Intelligence* 134, no. 1 (2002): 201–40; Kevin B. Korb, Ann E. Nicholson, and Nathalie Jitnah, "Bayesian Poker," *Proceedings of the Fifteenth Conference on Uncertainty in Artificial Intelligence* (San Francisco: Morgan Kaufmann, 1999)。

② 四十五萬美元：本章提到的籌碼數字皆爲估計值，不過此類錦標賽用籌碼判定誰是贏家，而不是拿來一比一換現金，獎金多寡依據名次計算。因此錦標賽第五名的人可能贏得二十萬美元籌碼，但抱走三十萬現金。本

文提到的賽事獎金爲兩百萬美元，恰巧總籌碼亦爲兩百萬。

③以爲自己這一局要贏了：Gerald Hanks, "Poker Math and Probability," *Pokerology,* http://www.pokerology.com/lessons/math-and-probability/。

④榮獲諾貝爾獎：Daniel Kahneman and Amos Tversky, "Prospect Theory: An Analysis of Decision Under Risk," *Econometrica: Journal of the Econometric Society* 47, no. 2 (1979): 263–91。

⑤百萬電視觀衆：該錦標賽的收視率估計値爲一百五十萬人。

⑥安妮實在無法確定：本章做查證時，安妮在電話中提到當時的心情：「如果格雷戈有 J 或更好的牌，我就慘了。我實在不確定他可能有什麼牌，而且當時我眞的必須知道一些確定的事。我必須決定萬一他有 A 或 K，就得蓋牌。此外，我當時不了解格雷戈・瑞梅爾是什麼樣的人，不過哥哥和我看過他打撲克的影片，我們覺得他有『馬腳』（tell），他手上有好牌時會有肢體動作，我看到他做了我覺得是他拿到好牌時會有的小動作。這種事很難講，所謂的馬腳並非百分之百準確，但肢體動作讓我覺得他那一局牌很好。」

⑦情報預測："Aggregative Contingent Estimation," Office of the Director of National Intelligence (IARPA), 2014, Web。

⑧新鮮點子：我對「優秀判斷計劃」的了解來自：Barbara Mellers et al., "Psychological Strategies for Winning a Geopolitical Forecasting Tournament," *Psychological Science* 25, no. 5 (2014): 1106–15; Daniel Kahneman, "How to Win at Forecasting: A Conversation with Philip Tetlock," *Edge,* December 6, 2012, https://edge.org/conversation/how-to-win-at-forecasting; Michael D. Lee, Mark Steyvers, and Brent Miller, "A Cognitive Model for Aggregating People's Rankings," *PloS One* 9, no. 5 (2014); Lyle Ungar et al., "The Good Judgment Project: A Large Scale Test" (2012); Philip Tetlock, *Expert Political Judgment: How Good Is It? How Can We Know?* (Princeton, N.J.: Princeton University Press, 2005); Jonathan Baron et al., "Two Reasons to Make Aggregated Probability Forecasts More Extreme," *Decision Analysis* 11, no. 2 (2014): 133–45; Philip E. Tetlock et al., "Forecasting Tournaments Tools for Increasing Transparency and Improving the Quality of Debate," *Current Directions in Psychological Science* 23, no. 4 (2014): 290–95; David Ignatius, "More Chatter than Needed," *The Washington Post,* November 1, 2013; Alex Madrigal, "How to Get Better at Predicting the Future," *The Atlantic,* December 11, 2012; Warnaar et al., "Aggregative Contingent Estimation System"; Uriel Haran, Ilana Ritov, and Barbara A. Mellers, "The Role of Actively Open-Minded Thinking in Information Acquisition, Accuracy, and Calibration," *Judgment and Decision Making* 8, no. 3

(2013): 188–201; David Brooks, "Forecasting Fox," *The New York Times,* March 21, 2013; Philip Tetlock and Dan Gardner, *Seeing Further* (New York: Random House, 2015)。

⑨聯合團隊：「優秀判斷計劃」：實際參與的研究人員數目各階段不同。

⑩和專家一起回答相同的外交問題：梅勒斯與另一位優秀判斷計劃主持人菲利浦．泰拉克（Philip Tetlock）在查證信上表示：「我們在第一年有兩種訓練方式，一種是概率推理，一種是情境訓練。概率推理的效果較爲理想，所以接下來幾年我們只做概率訓練，訓練方式每年不斷修正，後來演變成地緣政治推理與另一種概率推理……訓練方式如下：我們依據最新推薦定出概率推理與情境訓練的教育課程。概率推理教預測者推測新的未來，自己得出更多可能性，運用決策樹，避開思考偏誤，例如過度預測改變、想出不連貫的情境、給出互斥機率或總機率超過一等等。概率訓練引導預測者考量參考類別（reference classes）、現有模型、民調、專家小組的多項預測平均，在變量具持續性時做推理，避開判斷陷阱，例如過度自信、確認偏誤（confirmation bias）、忽視基本比率。每一個訓練課程都提供問答互動時間，確認計劃參與者了解課程內容。」

⑪尤其能提升預測未來的能力：摩爾教授在查證信上表示：「平均而言，受過訓練的人表現較佳，不過不是每一位受訓者都比其他沒接受過訓練的人厲害。」

⑫「比較有用的方法」：Brooks, "Forecasting Fox."

⑬「坦承還有疑慮」：摩爾教授在查證信上表示：「我們如果預測得很準，那很好，不過預測時要謙遜。就算事情理應如此，也不一定就會如此。最好要清楚自己對於未來的預測何時很有把握，何時沒有。」

⑭大約是二〇%：贏過兩屆世界撲克大賽的霍華．列德在電子郵件上解釋這一局更複雜的分析方法：「你用來舉例的例子，實際上比那複雜許多。」列德表示，就已知的條件來說，贏的機率其實超過兩成。「原因是如果你知道對手有A或K，你會知道七張牌，包括你的兩張牌、對手的一張牌、桌上的四張公共牌。也就是說，有四十五張未知的牌（你不知道對手的另一張牌），九張紅心會讓你贏，其他三十六張非紅心的牌會讓你輸，機率是一比四或一比五，百分比是二〇%。只要你不押超過二〇%的錢，就是好的跟注。你可能想問：如果我只有二〇%贏過A或K的機會，怎麼能打敗兩成機率獲勝？你的對手可能沒有A或K！他可能是沒有A或K的黑桃同花，他可能是有五和六的順子，他可能是牌比你小的紅心，那就太棒了！此外，

他也可能一手爛牌，根本是空手套白狼。一般來講，我會說對手有那些牌或是在唬牌的機率大約是三○%（要看有多少可能性），所以我們來算一下機率：七○%的可能他有A或K，你有兩成勝率。二五%的可能他有其他牌，你有八二%的勝率（把對方可能拿到的各種牌機率加在一起），五%的可能他完全是在唬牌，他有一手爛牌的話你的勝率是八九%，因此你贏的總可能性是：(.7 × .2) + (.25 × .82) + (.05 × .89) = 39%！這是很簡單的期望值計算。算式中的.7、.25、.05、相加起來是1，意思是說我們要考慮所有可能的牌，各給一個機率。我們努力猜每一種牌的機率，牌桌上不可能有時間算完所有的數學，但你『直覺』就感覺到機率，很容易便能跟注。如果你沒拿到同花，而對手下注，你應該鄭重考慮還是跟注，勝率超過十比一，而且對手唬牌的機率比那高。這裡只是簡單介紹一下撲克有多複雜。」

⑮新手會退出這一局：進一步的撲克機率計算，請見：Pat Dittmar, *Practical Poker Math: Basic Odds and Probabilities for Hold'em and Omaha* (Toronto: ECW Press, 2008); "Poker Odds for Dummies," CardsChat, https://www.cardschat.com/odds-for-dummies.php; Kyle Siler, "Social and Psychological Challenges of Poker," *Journal of Gambling Studies* 26, no. 3 (2010): 401–20。

⑯「就能利用機率」：霍華．列德在查證信上表示：「事情比那複雜。業餘玩家會犯許多錯誤，有的人太隨便，只想要賭，蒙著眼睛玩。有的人太保守，只想小輸就好，不肯冒險讓自己贏。職業撲克選手要做的事，就是每一局都盡量玩。長期而言，你會因爲更會做決定，打敗不會做決定的對手，不管對手是誰都一樣。撲克在社會上有價值的地方，在於撲克是一種在不確定的情境下學習做決定的絕佳訓練。領悟了撲克的竅門，就學會了在生活中靠機率做決定的本領。」

⑰霍華也在妹妹安妮那一桌：雖然與本章描述的事件無關，我有義務在此揭露霍華．列德是全速公司（Tiltware, LLC）創始者與董事。全速公司是熱門網站全速撲克（Full Tilt Poker）的母公司，美國司法部控告全速撲克銀行詐欺與非法賭博。二○一二年，列德與司法部達成全速撲克的民事和解，不承認有罪，但同意繳交兩百五十多萬罰金。

⑱霍華這一局有八二%的機率：嚴格來講是八一點五%，但由於撲克很難贏半局，所以取八二%。

⑲荷官翻開最後的公共牌：霍華．列德在查證信上表示：「我會說在有3的情況下，翻牌前一對7有九成機率會贏。如果是在翻牌前，不管是誰來玩那一局，都會做出和安妮、和我一樣的決定。我們都全押之後，我其

實贏面很大，德州撲克特別就特別在這裡。如果你牌稍稍比對手好，通常贏面很大。一對7大約有八一%的機會可以打敗一對6。」

⑳「堅強到能夠接受壞消息」：霍華．列德在查證信上表示：「選擇『輸』比『贏』還多的職業並不容易。你得眼光放遠，如果勝率是十比一，有足夠的五比一，你就會領先，但你得接受六次裡有五次會輸。」

㉑「人腦」處理資訊：德南鮑姆教授在查證信上解釋自己的研究：「我們通常從人與電腦表面上的差距著手，人勝過一般的電腦，我們人有看起來不像運算的直覺……不過我們靠著了解人類直覺其實建立於運算基礎，並將相關知識運用在電腦上，讓機器變得更聰明、更像人，想辦法縮小人與電腦之間的差距。」

㉒「看幾個例子」：Joshua B. Tenenbaum et al., "How to Grow a Mind: Statistics, Structure, and Abstraction," *Science* 331, no. 6022 (2011): 1279–85。

㉓「只看過一兩個例子」：出處同前。

㉔（沒有明顯模式）：德南鮑姆教授在查證信上表示，他們使用的例子許多都很複雜，「預測函數的形狀，要同時看㈠事前機率，加上㈡假設事件大概會在何時採樣（「可能性」），㈢事前機率到事後機率（posterior）的貝氏思考更新，㈣利用事後機率的第五十百分位數當成預測依據。你說的沒錯，在我們簡單的模型，在電影、議員、人類壽命等各種不同領域，僅有㈠會不一樣，㈡到㈣一樣。然而因果過程（每個領域不同）再加上其他的統計計算（每個領域相同），預測函數才出現各自的形狀。」要注意的是，內文中的分布圖並非百分之百精確的實證結果，而是預測模式——代表第五十百分位數的對錯預測。

㉕你讀到某部電影：本書內文列出的是問題摘要，實驗時問的題目是：「想像一下，你聽說某部電影票房目前已經達六千萬美元，但不知道上映多久了。你會預測那部電影的總票房是多少？」「保險公司請精算人員依據人口統計數據預測壽命長度，找出人們幾歲會去世。如果請你評估某位三十九歲男性的保案，你預測他會活多久？」「想像一下，你在某人的廚房，你發現烤箱裡有蛋糕，定時器顯示已經烤了十四分鐘，你預測那個蛋糕要烤好，一共要花多少時間？」「如果你聽說某位眾議員已經當了十一年議員，你預測他一共會在眾議院待多久？」

㉖某種貝氏法則：德南鮑姆教授在查證信上表示：「用電腦運算此類預測最自然的方式，就是跑採取貝氏法則

邏輯的演算法。電腦一般不會明白『採用』貝氏法則，因為除非是簡單的例子，一般難以直接執行貝氏法則運算。程式設計者幫電腦設定的是各式各樣近似貝氏法則的預測演算法，包括此處的例子。」

㉗……資訊，以及我們個人的假設：Sheldon M. Ross, *Introduction to Probability and Statistics for Engineers and Scientists* (San Diego: Academic Press, 2004)。

㉘預測跟著出問題：「基準機率」一般為是非題。德南鮑姆教授的實驗請受試者做數字預測，而不是回答「是」或「否」，所以最精確的名稱應該是「事前分布」(prior distribution)。

㉙失敗的例子我們視而不見：德南鮑姆教授在查證信上表示：「依據我們所做的事件預測研究來看，看不出是否愈有某方面的經驗，就愈能預測那方面的事。有時如此，有時不是如此。此外，多體驗也不是取得事前機率唯一的辦法。如同法老王的例子，以及就我們與其他研究者的研究計劃來看，除了直接體驗某類型的事，人們還能以多種方式取得事前機率，包括聽說事情、比較其他類似事件與做出類推等等。」

㉚「撲克小子」：Eugene Kim, "Why Silicon Valley's Elites Are Obsessed with Poker," *Business Insider,* November 22, 2014, http://www.businessinsider.com/best-poker-players-in-silicon-valley-2014-11。

㉛「該唬牌時」：赫爾姆斯在查證信上表示：「安妮是很優秀的撲克選手，經得起時間的考驗，我敬重她，也敬重她在德州撲克賽事的表現。」

㉜決定蓋牌：赫爾姆斯在查證信上表示：「我覺得安妮當時讓我看她的9，是故意讓我情緒激動。很多選手如果拿到我那一局的牌（頂對〔top pair〕），又碰上『安全的』(Safe) 第四張公共牌，他們會破產，但我靠著背離常規與相信直覺吃這一行飯（我的魔法，我識人的能力）。我相信自己的直覺，所以蓋牌。」

㉝牌桌中央：赫爾姆斯在查證信上表示：「我當時手上是10和8（有頂對，可能變成同花，也可能湊成順子）。依我當時的籌碼數來看，我得全下。那完全是標準玩法。如果你是在暗示我之所以全下，是因為我被激怒，那你就錯了，那種情況下我沒有別的選擇。」

㉞赫爾姆斯出局：赫爾姆斯在查證信上表示，他和安妮達成協議，錦標賽剩他們兩人對決時，不管誰贏都會給對方七十五萬，他們是為了剩下的五十萬而比。安妮證實了此一協議。

7 創新

①先睹為快公司最新的作品：我要特別感謝艾德．卡特姆、珍妮佛．李、安德魯．米爾斯坦、彼得．德維寇、克莉絲汀．安德森—羅培茲、鮑比．羅培茲、艾美．華萊士、艾美．亞斯特里（Amy Astley），以及其他選擇匿名的迪士尼員工，他們讓我了解《冰雪奇緣》的製作過程，我非常感謝他們慷慨撥出時間。其他參考資料包括：Charles Solomon, *The Art of Frozen* (San Francisco: Chronicle Books, 2015); John August, "*Frozen* with Jennifer Lee," *Scriptnotes,* January 28, 2014, http://johnaugust.com/2014/frozen-with-jennifer-lee; Nicole Laporte, "How *Frozen* Director Jennifer Lee Reinvented the Story of the Snow Queen," *Fast Company,* February 28, 2014; Lucinda Everett, "*Frozen:* Inside Disney's Billion-Dollar Social Media Hit," *The Telegraph,* March 31, 2014; Jennifer Lee, "*Frozen,* Final Shooting Draft," Walt Disney Animation Studios, September 23, 2013, http://gointothestory.blcklst.com/wp-content/uploads/2014/11/Frozen.pdf; "*Frozen:* Songwriters Kristen Anderson-Lopez and Robert Lopez Official Movie Interview," YouTube, October 31, 2013, https://www.youtube.com/watch?v=mzZ77n4Ab5E; Susan Wloszczyna, "With *Frozen,* Director Jennifer Lee Breaks Ice for Women Directors," *Indiewire,* November 26, 2013, http://blogs.indiewire.com/womenandhollywood/with-frozen-director-jennifer-lee-breaks-the-ice-for-women-directors; Jim Hill, "Countdown to Disney *Frozen:* How One Simple Suggestion Broke the Ice on the Snow Queen's Decades-Long Story Problems," *Jim Hill Media,* October 18, 2013, http://jimhillmedia.com/editor_in_chief1/b/jim_hill/archive/2013/10/18/countdown-to-disney-quot-frozen-quot-how-one-simple-suggestion-broke-the-ice-on-the-quot-snow-queen-quot-s-decades-long-story-problems.aspx; Brendon Connelly, "Inside the Research, Design, and Animation of Walt Disney's *Frozen* with Producer Peter Del Vecho," *Bleeding Cool,* September 25, 2013, http://www.bleedingcool.com/2013/09/25/inside-the-research-design-and-animation-of-walt-disneys-frozen-with-producer-peter-del-vecho/; Ed Catmull and Amy Wallace, *Creativity, Inc.: Overcoming the Unseen Forces That Stand in the Way of True Inspiration* (New York: Random House, 2014); Mike P. Williams,"Chris Buck Reveals True Inspiration Behind Disney's *Frozen* (Exclusive)," Yahoo! Movies, April 8, 2014; Williams College, "Exploring the Songs of *Frozen* with Kristen Anderson-Lopez '94," YouTube, June 30, 2014, https://www.youtube.com/watch?v=ftddAzabQMM; Dan Sarto, "Directors Chris Buck and Jennifer Lee Talk *Frozen,*" Animation World Network, November 7, 2013; Jennifer Lee, "Oscars 2014: *Frozen*'s Jennifer Lee on Being a Female Director," *Los Angeles Times,* March 1, 2014; Rob Lowman, "Unfreezing *Frozen*: The Making of the Newest Fairy Tale in 3D by Disney," *Los Angeles Daily News,* November 19, 2013; Jill Stewart, "Jennifer Lee: Disney's New Animation Queen," *LA Weekly,* May 15, 2013; Simon Brew, "A Spoiler-Y, Slightly Nerdy Interview About Disney's *Frozen,*" *Den of Geek!,* December 12, 2013, http://www.denofgeek.com/movies/frozen/28567/a-spoiler-y-nerdy-interview-about-disneys-frozen; Sean Flynn, "Is It Her Time to Shine?" *The Newport Daily News,* February 17, 2014; Mark Harrison, "Chris Buck and Jennifer Lee Interview: On Making *Frozen,*" *Den of Geek!* December 6, 2013, http://www.denofgeek.com/movies/frozen/28495/chris-buck-and-jennifer-lee-interview-on-making-frozen; Mike Fleming, "Jennifer Lee to Co-Direct Disney Animated Film *Frozen,*" *Deadline Hollywood,* November 29, 2012; Rebecca Keegan, "Disney Is Reanimated with *Frozen, Big Hero 6,*" *Los Angeles Times,* May 9, 2013; Lindsay Miller, "On the Job with Jennifer Lee, Director of *Frozen,*" *Popsugar,* February 28, 2014, http://www.popsugar.com/celebrity/Frozen-Director-Jennifer-Lee-Interview-Women-Film-33515997; Trevor Hogg, "Snowed Under: Chris Buck Talks About Frozen," *Flickering Myth*, March 26, 2014, http://www.flickeringmyth.com/2014/03/snowed-under-chris-buck-talks-about.html; Jim Hill, "Countdown to Disn*ey Froze*n: The Flaky Design Idea Behind the Look of Elsa's Ice Palace*," Jim Hill Medi*a, October 9, 2013, http://jimhillmedia.com/editor_in_chief1/b/jim_hill/archive/2013/10/09/countdown-to-disney-quot-frozen-quot-the-flaky-design-idea-behind-the-look-of-elsa-s-ice-palac.aspx; Rebecca Keegan, "Husband-Wife Songwriting Team's Emotions Flow in *Frozen," Los Angeles Time*s, November 1, 2013; Heather Wood Rudulph, "Get That Life: How I Co-Wrote the Music and Lyrics f*or Froze*n*," Cosmopolita*n, April 27, 2015; Simon Brew, "Jennifer Lee and Chris Buck Intervie*w: Froze*n, Statham*, Frozen 2," Den of G*eek!, April 4, 2014, http://www.denofgeek.com/movies/frozen/29346/jennifer-lee-chris-buck-interview-frozen-statham-frozen-2; Carolyn Giardina, "Oscar: With *Froz*en, Disney Invents a New Princes*s," The Hollywood Report*er, November 27, 2013; Steve Persall, "Review: Disne*y's Froz*en Has a Few Cracks in the Ic*e," Tampa Bay Tim*es, November 26, 2013; Kate Muir, "Jennifer Lee on Her Disney Hit *Froz*en: We Wanted the Princess to Kick As*s," The Tim*es, December 12, 2013; "Out of the Cold*," The Mail on Sunday*, December 29, 2013; Kathryn Shattuck, *"Frozen* Directors Take Divide-and-Conquer Approach," *The New York Times,* January 16, 2014; Ma'ayan Rosenzweig and Greg Atria, "The Story of *Frozen:* Making a Disney Animated Classic," *ABC News Special Report*, September 2, 2014, http://abcnews.go.com/Entertainment/fullpage/story-frozen-making-disney-animated-classic-movie-25150046; Amy Edmondson et al., "Case Study: Teaming at Disney Animation," *Harvard Business Review,* August 27, 2014。

②不意外大家那樣批評：迪士尼動畫工作室總裁米爾斯坦在查證信上表示：「那樣的評語會在電影製作過程激

發出創意，加快進度。電影的創意領袖常會太陷入自己的作品，失去客觀性。我們的故事智囊團就像是挑剔的專業觀衆，可以指出故事的缺點在哪裡，還有更重要的是他們會提供可能的解決辦法……你所描述的實驗、探索與發現過程，是我們所有電影作品的關鍵元素。批評不是壞事，我們製作電影時，對每一個製片團隊有很深的期待，我們用高標準在製作電影。」

③《摩門之書》：鮑比．羅培茲在查證信上清楚表明克莉絲汀是他在寫《Q大道》與《摩門之書》時的一大助力，但並未正式列名那些作品。

④冒出無數情節漏洞：迪士尼動畫工作室女發言人在查證信上表示，工作室希望強調「自從拉薩特與卡特姆開始領導我們之後，篩選流程、評論時間，以及拆解電影再拼裝回去，成爲每一部迪士尼動畫的標準製作程序。」

⑤「好點子會流產」：迪士尼動畫工作室總裁卡特姆在查證信上表示，本章提到的各則軼事是「《冰雪奇緣》製作過程中從不同角度、在不同時間截取的片段，老實講，換幾個字，就適用於描述每一部曾走過探索過程與修改的電影。我希望向大家強調《冰雪奇緣》並非特例」。

⑥建議聽起來不太妙：米爾斯坦在查證信上表示：「創意需要時間、空間，以及協助，才能同一時間完整探索各種點子。我們的創意領導必須放心讓每一個人實驗，失敗也沒關係，再接再厲，直到故事出現的問題獲得改善。此外，不管問題有多棘手，我們都得努力再努力，直到找出最佳的解決之道，不能因爲時間因素就滿足於馬馬虎虎的解決方案。我們的創意團隊必須相信執行高層全心全意支持這個流程。」

⑦出現前衛主義：Amanda Vaill, *Somewhere: The Life of Jerome Robbins* (New York: Broadway Books, 2008); “Q&A with Producer Director Judy Kinberg, ‘Jerome Robbins: Something to Dance About,’ ” directed by Judy Kinberg, *American Masters,* PBS, January 28, 2009, http://www.pbs.org/wnet/americanmasters/jerome-robbins-q-a-with-producerdirecto-judy-kinberg/1100/; Sanjay Roy, “Step-by-Step Guide to Dance: Jerome Robbins,” *The Guardian,* July 7, 2009; Sarah Fishko, “The Real Life Drama Behind West Side Story,” NPR, January 7, 2009, http://www.npr.org/2011/02/24/97274711/the-real-life-drama-behind-west-side-story; Jeff Lundun and Scott Simon, “Part One: Making a New Kind of Musical,” NPR, September 26, 2007, http://www.npr.org/templates/story/story.php?storyId=14730899; Jeff Lundun and Scott Simon, “Part Two: Casting Calls and Out of Town Trials,” NPR, September 26, 2007, http://www.npr.org/templates/story/story.

php?storyId=14744266; Jeff Lundun and Scott Simon, "Part Three: Broadway to Hollywood—and Beyond," NPR, September 26, 2007, http://www.npr.org/templates/story/story.php?storyId=14749729; "West Side Story Film Still Pretty, and Witty, at 50," NPR, October 17, 2011, http://www.npr.org/2011/10/17/141427333/west-side-story-still-pretty-and-witty-at-50; Jesse Green, "When You're a Shark You're a Shark All the Way," *New York Magazine*, March 15, 2009; Larry Stempel, "The Musical Play Expands," *American Music* 10, no. 2 (1992): 136–69; Beth Genné, " 'Freedom Incarnate': Jerome Robbins, Gene Kelly, and the Dancing Sailors as an Icon of American Values in World War II," *Dance Chronicle* 24, no. 1 (2001): 83–103; Bill Fischer and Andy Boynton, "Virtuoso Teams," *Harvard Business Review*, July 1, 2005; Otis L. Guernsey, ed., *Broadway Song and Story: Playwrights/Lyricists/Composers Discuss Their Hits* (New York: Dodd Mead, 1985); Larry Stempel, *Showtime: A History of the Broadway Musical Theater* (New York: W. W. Norton, 2010); Robert Emmet Long, "West Side Story," in *Broadway, the Golden Years: Jerome Robbins and the Great Choreographer-Directors: 1940 to the Present* (New York: Continuum, 2001); Leonard Bernstein, "A West Side Log" (1982); Terri Roberts, "West Side Story: 'We Were All Very Young,' " *The Sondheim Review* 9, no. 3 (Winter 2003); Steven Suskin, *Opening Night on Broadway: A Critical Quotebook of the Golden Era of the Musical Theatre, Oklahoma! (1943) to Fiddler on the Roof (1964)* (New York: Schirmer Trade Books, 1990); Amanda Vaill, "Jerome Robbins—About the Artist," *American Masters*, PBS, January 27, 2009, http://www.pbs.org/wnet/americanmasters/jerome-robbins-about-the-artist/1099/。

⑧劇情同時靠著演員和音樂：有幾部音樂劇不符合這個公式，最著名的例子是《奧克拉荷馬！》（*Oklahoma!*）用舞蹈來傳遞情節與情感。

⑨「我就一定要創作芭蕾」：Tim Carter, "Leonard Bernstein: West Side Story. By Nigel Simeone," *Music and Letters* 92, no. 3 (2011): 508–10。

⑩就叫《西城故事》：《西城故事》最終選定名字前數度更名。

⑪《西城故事》的男女主角：伯恩斯坦的信件節錄取自美國國會圖書館（Library of Congress）、其他作者各種形式的引用，以及紐約公共圖書館系統（New York Public Library system）。

⑫「吉魯巴」：引自伯恩斯坦，請見：*The Leonard Bernstein Letters* (New Haven, Conn.: Yale University Press, 2013)。

⑬「不然觀眾會無聊」：Jerome Robbins, as quoted in *The Leonard Bernstein Letters* (New Haven, Conn.: Yale University Press,

2013)。

⑭「兩次中場休息」：Vaill, *Somewhere*。

⑮「太拘泥於莎士比亞」：出處同前。

⑯「忘了安妮塔」：Deborah Jowitt, *Jerome Robbins: His Life, His Theater, His Dance* (New York: Simon & Schuster, 2004)。

⑰二〇一三年的《科學》期刊：Brian Uzzi et al., "Atypical Combinations and Scientific Impact," *Science* 342, no. 25 (2013): 468–72。

⑱布萊恩・烏濟（Brian Uzzi）與班・瓊斯（Ben Jones）：烏濟與瓊斯的研究請見：Stefan Wuchty, Benjamin F. Jones, and Brian Uzzi, "The Increasing Dominance of Teams in Production of Knowledge," *Science* 316, no. 5827 (2007): 1036–39; Benjamin F. Jones, Stefan Wuchty, and Brian Uzzi, "Multi-University Research Teams: Shifting Impact, Geography, and Stratification in Science," *Science* 322, no. 5905 (2008): 1259–62; Holly J. Falk-Krzesinski et al., "Advancing the Science of Team Science," *Clinical and Translational Science* 3, no. 5 (2010): 263–66; Ginger Zhe Jin et al., *The Reverse Matthew Effect: Catastrophe and Consequence in Scientific Teams* (working paper 19489, National Bureau of Economic Research, 2013); Brian Uzzi and Jarrett Spiro, "Do Small Worlds Make Big Differences? Artist Networks and the Success of Broadway Musicals, 1945–1989" (unpublished manuscript, Evanston, Ill., 2003); Brian Uzzi and Jarrett Spiro, "Collaboration and Creativity: The Small World Problem," *American Journal of Sociology* 111, no. 2 (2005): 447–504; Brian Uzzi, "A Social Network's Changing Statistical Properties and the Quality of Human Innovation," *Journal of Physics A: Mathematical and Theoretical* 41, no. 22 (2008); Brian Uzzi, Luis A.N. Amaral, and Felix Reed-Tsochas, "Small-World Networks and Management Science Research: A Review," *European Management Review* 4, no. 2 (2007): 77–91。

⑲有創意、有重要性：烏濟教授在查證信上表示：「還有一件事，則是團隊比較容易找到這種創意的甜蜜點。團隊比個人更可能把前人的努力拿來做不尋常的組合。此外，同樣是以適當比例混合傳統與非傳統的點子，團隊的效果也勝過單一作者，也就是說團隊比個人更能找出資料並想出不尋常的組合。」

⑳跑去買彩券：Amos Tversky and Daniel Kahneman, "Availability: A Heuristic for Judging Frequency and Probability," *Cognitive Psychology* 5, no. 2 (1973): 207–32; Daniel Kahneman and Amos Tversky, "Prospect Theory: An Analysis of Decision Under Risk," *Econometrica: Journal of the Econometric Society* 47, no. 2 (1979): 263–91; Amos Tversky and Daniel Kahneman, "Judgment Under Uncertainty: Heuristics and Biases," *Science* 185, no. 4157 (1974): 1124–31; Amos Tversky and Daniel Kahneman, "The Framing of Decisions and the Psychology of Choice," *Science* 211, no. 4481 (1981): 453–58; Daniel Kahneman and Amos Tversky, "Choices, Values, and Frames," *American Psychologist* 39, no. 4 (1984): 341; Daniel Kahneman, *Thinking, Fast and Slow* (New York: Farrar, Straus and Giroux, 2011); Daniel Kahneman and Amos Tversky, "On the Psychology of Prediction," *Psychological Review* 80, no. 4 (1973): 237。

㉑研究基因演化：Qiong Wang et al., "Naive Bayesian Classifier for Rapid Assignment of rRNA Sequences into the New Bacterial Taxonomy," *Applied and Environmental Microbiology* 73, no. 16 (2007): 5261–67; Jun S. Liu, "The Collapsed Gibbs Sampler in Bayesian Computations with Applications to a Gene Regulation Problem," *Journal of the American Statistical Association* 89, no. 427 (1994): 958–66。

㉒「鐵路、採礦」：Andrew Hargadon and Robert I. Sutton, "Technology Brokering and Innovation in a Product Development Firm," *Administrative Science Quarterly* 42, no. 4 (1997): 716–49。

㉓博弈技巧：René Carmona et al., *Numerical Methods in Finance: Bordeaux, June 2010*, Springer Proceedings in Mathematics, vol. 12 (Berlin: Springer Berlin Heidelberg, 2012); René Carmona et al., "An Introduction to Particle Methods with Financial Application," in *Numerical Methods in Finance,* 3–49; Pierre Del Moral, *Mean Field Simulation for Monte Carlo Integration* (Boca Raton, Fla.: CRC Press, 2013); Roger Eckhardt, "Stan Ulam, John von Neumann, and the Monte Carlo Method," *Los Alamos Science,* special issue (1987): 131–37。

㉔船殼形狀：Andrew Hargadon and Robert I. Sutton, "Technology Brokering and Innovation in a Product Development Firm," *Administrative Science Quarterly* 42, no. 4 (1997): 716–49; Roger P. Brown, "Polymers in Sport and Leisure," *Rapra Review Reports* 12, no. 3 (November 2, 2001); Melissa Larson, "From Bombers to Bikes," *Quality* 37, no. 9 (1998): 30。

㉕育兒技巧：Benjamin Spock, *The Common Sense Book of Baby and Child Care* (New York: Pocket Books, 1946)。

㉖「人們重視他們提出的東西」：Ronald S. Burt, "Structural Holes and Good Ideas," *American Journal of Sociology* 110, no. 2 (2004): 349–99。

㉗在其他哪些領域成功過：伯特教授在查證信中表示：「經理提供最好的點子，提升在公司的作用。兩名資深主管評估每一個點子（不具名），每一個點子的總評估分數，大致與提出點子的人的人脈有多跨公司群組、

職能、部門的界限（結構洞〔structural hole〕）成正比。」

㉘環境從旁推一把：仲介的概念請見：Ronald S. Burt, *Structural Holes: The Social Structure of Competition* (Cambridge, Mass.: Harvard University Press, 2009); Ronald S. Burt, "The Contingent Value of Social Capital," *Administrative Science Quarterly* 42, no. 2 (1997): 339–65; Ronald S. Burt, "The Network Structure of Social Capital," in B. M. Staw and R. I. Sutton, *Research in Organizational Behavior,* vol. 22 (New York: Elsevier Science JAI, 2000), 345–423; Ronald S. Burt, *Brokerage and Closure: An Introduction to Social Capital* (New York: Oxford University Press, 2005); Ronald S. Burt, "The Social Structure of Competition," *Explorations in Economic Sociology* 65 (1993): 103; Lee Fleming, Santiago Mingo, and David Chen, "Collaborative Brokerage, Generative Creativity, and Creative Success," *Administrative Science Quarterly* 52, no. 3 (2007): 443–75; Satu Parjanen, Vesa Harmaakorpi, and Tapani Frantsi, "Collective Creativity and Brokerage Functions in Heavily Cross-Disciplined Innovation Processes," *Interdisciplinary Journal of Information, Knowledge, and Management* 5, no. 1 (2010): 1–21; Thomas Heinze and Gerrit Bauer, "Characterizing Creative Scientists in Nano-S&T: Productivity, Multidisciplinarity, and Network Brokerage in a Longitudinal Perspective," *Scientometrics* 70, no. 3 (2007): 811–30; Markus Baer, "The Strength-of-Weak-Ties Perspective on Creativity: A Comprehensive Examination and Extension," *Journal of Applied Psychology* 95, no. 3 (2010): 592; Ajay Mehra, Martin Kilduff, and Daniel J. Brass, "The Social Networks of High and Low Self-Monitors: Implications for Workplace Performance," *Administrative Science Quarterly* 46, no. 1 (2001): 121–46。

㉙點出主要情節張力：感謝紐約公共圖書館提供《西城故事》的早期劇本。本書內文爲該版本經過簡化的節錄。

㉚靠舞蹈呈現：此處混合了《西城故事》最終版本的劇本、羅賓斯的筆記、該劇首次登台的舞蹈設計訪談及其他來源。

㉛「就已經傳達出戲劇張力」：Larry Stempel, "The Musical Play Expands," *American Music* (1992): 136–69。

㉜第一個演出《西城故事》女主角瑪莉亞：Fishko, "Real Life Drama Behind *West Side Story*"。

㉝咖啡與待辦事項：《冰雪奇緣》核心團隊成員包括巴克、德維寇、鮑比・羅培茲、克莉絲汀・安德森—羅培茲、保羅・布利格(Paul Briggs)、潔希卡・朱歷奧斯(Jessica Julius)、湯姆・麥克道格(Tom MacDougall)、克里斯・蒙坦，有時其他部門的人也會加入。

㉞紐約上州：迪士尼動畫工作室女發言人在查證信上表示：「珍妮佛和姐姐的吵吵鬧鬧，就跟一般小孩一樣。

兩個人一起長大，未曾疏遠……大學時兩人親近起來，甚至一起在紐約市住過一段時間。」

㉟直到把自己的人生放上銀幕：米爾斯坦在查證信上表示：「故事出的問題，解決方式（通常）與個人的情感經驗有關。我們自己的故事、歷史與情感是靈感的泉源……我們吸取迪士尼工作室其他人員的經驗，深入研究每部電影希望探索的領域。以《冰雪奇緣》來說，我們有迪士尼動畫工作室內部的研究團隊：有姐妹的人員。他們以第一手經驗說出有姐妹是什麼感覺，以及他們有過的人生經驗。他們是非常棒的第一手資料來源。」

㊱「比任何人都還要常想著自己的經驗」：Gary Wolf, “Steve Jobs: The Next Insanely Great Thing,” *Wired,* April 1996。

㊲「有時我們必須逼出創意」：卡特姆在查證信上表示：「光是說人們需要被逼，過於簡化事情。沒錯，人們需要被逼一下，不過人們也需要發揮創意的空間，我們必須讓人們安心找出新創意。米爾斯坦和我有義務讓製作有進度，但也不能害怕在必要時慢下腳步，這就是爲什麼我們的工作不好做。」

㊳讓書籤不會掉的黏著劑：Art Fry, “The Post-it note: An Intrapreneurial Success,” *SAM Advanced Management Journal* 52, no. 3 (1987): 4。

㊴染到酒漬：P. R. Cowley, “The Experience Curve and History of the Cellophane Business,” *Long Range Planning* 18, no. 6 (1985): 84–90。

㊵半夜：Lewis A. Barness, “History of Infant Feeding Practices,” *The American Journal of Clinical Nutrition* 46, no. 1 (1987): 168–70; Donna A. Dowling, “Lessons from the Past: A Brief History of the Influence of Social, Economic, and Scientific Factors on Infant Feeding,” *Newborn and Infant Nursing Reviews* 5, no. 1 (2005): 2–9。

㊶心理學家蓋瑞．克萊恩（Gary Klein）：Gary Klein, *Seeing What Others Don't: The Remarkable Ways We Gain Insights* (New York: PublicAffairs, 2013)。

㊷不再努力滿足他人期待時的海闊天空：鮑比在查證信上表示：「我們夫妻倆的故事版本是我們附上mp3檔案，按下電子郵件的『寄出』，接著等幾分鐘，幾小時，或幾天，才會得知他們的回應。歌有時可以用，有時不能用，〈Let It Go〉沒立刻得到回音，因此我們開始質疑歌夠不夠好，不過他們聯絡我們時顯然十分興奮。」

㊸「讓人覺得我們就是艾莎」：迪士尼動畫工作室女發言人在查證信上表示：「珍妮佛二〇一二年四月的劇本草稿，已經讓艾莎成爲較爲令人同情的角色，不過在那個版本，艾莎依舊隨時可能變壞人。大家在二〇一二年

八月首度聽到〈Let It Go〉，改變艾莎在劇中的性格。值得一提的是，艾莎也讓創意長拉薩特心有同感。艾莎讓他想起自己患有兒童糖尿病的兒子山姆（Sam）。山姆小時候不斷得打針時都會問爸爸：『爲什麼是我？』山姆有糖尿病不是他的錯，就跟艾莎有冰雪法力不是她的錯一樣。」

㊹「得讓觀眾覺得結局真的會是那樣」：迪士尼動畫工作室發言人在查證信上表示：導演巴克對於《冰雪奇緣》該如何收尾有想法。「要如何讓結局感人是個難題。二〇一二年十月，珍妮佛想出的結局是四個主角困在恐懼的大風雪之中，由故事藝術師約翰・瑞巴（John Ripa）呈現出來，獲得創意長拉薩特起立鼓掌。如同珍妮佛所言：『我們知道我們要什麼結局，只是我們需要激盪一下腦力。』」

㊺趕在期限前完成工作的壓力：Teresa M. Amabile et al., “Assessing the Work Environment for Creativity,” *Academy of Management Journal* 39, no. 5 (1996): 1154–84; Teresa M. Amabile, Constance N. Hadley, and Steven J. Kramer, “Creativity Under the Gun,” *Harvard Business Review* 80, no. 8 (2002): 52–61; Teresa M. Amabile, “How to Kill Creativity,” *Harvard Business Review* 76, no. 5 (1998): 76–87; Teresa M. Amabile, “A Model of Creativity and Innovation in Organizations,” *Research in Organizational Behavior* 10, no. 1 (1988): 123–67。

㊻「指派編劇珍妮佛・李也當導演」：卡特姆在查證信上表示，必須強調珍妮佛是第二位導演，而不是「共同導演」（codirector），因爲「共同導演」在好萊塢有好幾種意思，「有一種『共同導演』比『導演』低一階。迪士尼通常一次有兩名導演，兩個人的頭銜都是『導演』，珍妮佛與巴克是地位平等的導演……珍妮佛與巴克平起平坐。」

㊼在原地打轉：米爾斯坦在查證信上表示：「珍妮佛升爲導演，和巴克地位平等，以正面的方式改變了團隊的平衡，也讓他們兩人各自看出新的可能性……珍妮佛是非常敏銳的電影工作者，她對於團隊氣氛的敏銳度、她所扮演的角色、她提供的建議、她努力讓大家團結一心的努力，種種原因讓《冰雪奇緣》能夠成功。」巴克也表示，當時升珍妮佛爲導演，也是因爲顧慮到他的孩子健康出問題，需要費心照顧，因此「拉薩特、卡特姆、米爾斯坦照顧到我的個人需求，事先問我願不願意讓珍妮佛當共同導演，我說當然好，太棒了」。

㊽有的地方卻很貧瘠：我要特別感謝史丹佛霍普金斯海洋觀測站（Hopkins Marine Station）的帕隆比，以及紐約市立大學（City University of New York）的伊麗莎白・雅特（Elizabeth Alter）協助我了解「中等干擾假說」。

㊾分布如此不均勻：Joseph H. Connell, "Diversity in Tropical Rain Forests and Coral Reefs," *Science,* n.s. 199, no. 4335 (1978): 1302–10。

㊿中等干擾假說：中等干擾假說如同許多科學理論，有許多源頭。完整的歷史介紹請見：David M. Wilkinson, "The Disturbing History of Intermediate Disturbance," *Oikos* 84, no. 1 (1999): 145–47。

51「不多也不少時」：John Roth and Mark Zacharias, *Marine Conservation Ecology* (London: Routledge, 2011)。

52基本假設：中等干擾假說更爲詳細的解釋，包括挑戰此一理論的觀點，請見：Wilkinson, "The Disturbing History of Intermediate Disturbance"; Jane A. Catford et al., "The Intermediate Disturbance Hypothesis and Plant Invasions: Implications for Species Richness and Management," *Perspectives in Plant Ecology, Evolution and Systematics* 14, no. 3 (2012): 231–41; John Vandermeer et al., "A Theory of Disturbance and Species Diversity: Evidence from Nicaragua After Hurricane Joan," *Biotropica* 28, no. 4 (1996): 600–613; Jeremy W. Fox, "The Intermediate Disturbance Hypothesis Should Be Abandoned," *Trends in Ecology and Evolution* 28, no. 2 (2013): 86–92。

53珍妮佛和創意長拉薩特坐下來談：卡特姆在查證信上表示，《冰雪奇緣》的大結局是團隊一起合作的成果，由迪士尼動畫師瑞巴畫出結局的分鏡圖。「這是《冰雪奇緣》故事創作過程中影響非常大的部分……除此之外，製作能有大進展，來自一次重要的私下討論。」

54「去吧，去告訴團隊。」拉薩特說：迪士尼動畫工作室女發言人在查證信上表示：「珍妮佛覺得非常、非常重要的一點是，《冰雪奇緣》是珍妮佛與巴克一起創作出來的故事，《冰雪奇緣》是通力合作的成果。克莉絲汀分享的電子郵件，源自珍妮佛與巴克每日的討論，巴克參與的程度和珍妮佛、克莉絲汀、鮑比一樣深……《冰雪奇緣》首先是巴克的電影。」

8 吸收資訊

①乘法測驗：丹提・威廉斯是化名，用於保護事件發生時尚未成年的學生隱私。

②「和平盃」：Ben Fischer, "Slaying Halts 'Peace Bowl,' " *Cincinnati Enquirer,* August 13, 2007。

③辛辛那提輔導報告：Marie Bienkowski et al., *Enhancing Teaching and Learning Through Educational Data Mining and Learning Analytics: An Issue Brief* (Washington, D.C.: U.S. Department of Education, Office of Technology, October 2012), https://tech.ed.gov/wp-content/uploads/2014/03/edm-la-brief.pdf。

④「二話不說就加入了」：霍札培的研究與辛辛那提公立學校的數據教學法，請見：Elizabeth Holtzapple, "Criterion-Related Validity Evidence for a Standards-Based Teacher Evaluation System," *Journal of Personnel Evaluation in Education* 17, no. 3 (2003): 207–19; Elizabeth Holtzapple, *Report on the Validation of Teachers Evaluation System Instructional Domain Ratings* (Cincinnati: Cincinnati Public Schools, 2001)。

⑤基本教育門檻："South Avondale Elementary: Transformation Model," Ohio Department of Education, n.d.。

⑥「小學計劃」：「小學計劃」及其他辛辛那提公立學校的改革，可參見：Kim McGuire, "In Cincinnati, They're Closing the Achievement Gap," *Star Tribune,* May 11, 2004; Alyson Klein, "Education Week, Veteran Educator Turns Around Cincinnati Schools," *Education Week,* February 4, 2013; Nolan Rosenkrans, "Cincinnati Offers Toledo Schools a Road Map to Success," *The Blade*, May 13, 2012; Gregg Anrig, "How to Turn an Urban School District Around—Without Cheating," *The Atlantic,* May 9, 2013; John Kania and Mark Kramer, "Collective Impact," *Stanford Social Innovation Review* 9, no. 1 (Winter 2011): 36–41; Lauren Morando Rhim, *Learning How to Dance in the Queen City: Cincinnati Public Schools' Turnaround Initiative,* Darden/Curry Partnership for Leaders in Education (Charlottesville: University of Virginia, 2011); Emily Ayscue Hassel and Bryan C. Hassel, "The Big U Turn," *Education Next* 9, no. 1 (2009): 20–27; Rebecca Herman et al., *Turning Around Chronically Low-Performing Schools: A Practice Guide* (Washington, D.C.: National Center for Education Evaluation and Regional Assistance, Institute of Education Sciences, U.S. Department of Education, 2008); *Guide to Understanding Ohio's Accountability System, 2008–2009* (Columbus: Ohio Department of Education, 2009), Web; Daniela Doyle and Lyria Boast, *2010 Annual Report: The University of Virginia School Turnaround Specialist Program,* Darden/Curry Partnership for Leaders in Education, Public Impact (Charlottesville: University of Virginia, 2011); Dana Brinson et al., *School Turnarounds: Actions and Results,* Public Impact (Lincoln, Ill.: Center on Innovation and Improvement, 2008); L. M. Rhim and S. Redding, eds., *The State Role in Turnaround: Emerging Best Practices* (San Francisco: WestEd, 2014); William S. Robinson and LeAnn M. Buntrock, "Turnaround Necessities," *The School Administrator* 68, no. 3 (March 2011): 22–27; Susan McLester, "Turnaround Principals," *District Administration* (May 2011); Daniel Player and Veronica Katz, "School Improvement in Ohio and Missouri: An Evaluation of the School Turnaround Specialist Program" (CEPWC Working Paper Series no. 10, University of Virginia, Curry School of Education, June 2013), Web; Alison Damast,

"Getting Principals to Think Like Managers," *Bloomberg Businessweek,* February 16, 2012; "CPS 'Turnaround Schools' Lift District Performance," *The Cincinnati Herald,* August 21, 2010; Dakari Aarons, "Schools Innovate to Keep Students on Graduation Track,"*Education Week,* June 2, 2010; "Facts at a Glance," Columbia Public Schools K–12, n.d., Web。

⑦知道怎麼用：辛辛那提公立學校體系的「小學計劃」除指導教師使用數據，尙包括教老師分析數據得出有證據依據的決定；配合學區的策略計劃執行新式校長評估制度，將學生成績納入考量；擴展校園的教師學習團隊，提升所有學校的教學能力；訓練核心科目的初級與中級內容專家；以及讓家庭與社區參與教學。學區計劃摘要上寫道：「我們利用數據與證據，改善教學實務，因材施教，追蹤每一位學生的學習成果。」「我們的目標是建立合作的學習文化，讓家庭與學校通力合作，並有董事會、教育局、社區的支持。衆人一起努力的文化是小學計劃的核心理念……如同醫學界靠診斷判斷重症病患該如何治療，我們利用十五所重症學校的數據與分析，配合學生的課業需求、社會需求、情感需求，改造訓練方式、輔導方式與提供教學服務的方式。」（"Elementary Initiative: Ready for High School," Cincinnati Public Schools, 2014, http://www.cps-k12.org/academics/district-initiatives/elementary-initiative）。値得特別注意的是，雖然本章提到的人士都認爲數據推動了南埃文代爾小學的改造，他們也提到是因爲學校與教師的強力支持，事情才得以成功。

⑧改革貧民窟："Elementary Initiative: Ready for High School"。

⑨俄亥俄州的數學測驗：出處同前：South Avondale Elementary School Ranking," School Digger, 2014, http://www.schooldigger.com/go/OH/schools/0437500379/school.aspx; "South Avondale Elementary School Profile," Great Schools, 2013, Web。

⑩學區報告："School Improvement, Building Profiles, South Avondale," Ohio Department of Education, 2014, Web。

⑪反而讓數據變有用：數據扮演的教室改革角色，請見：Thomas J. Kane et al., "Identifying Effective Classroom Practices Using Student Achievement Data," *Journal of Human Resources* 46, no 3 (2011): 587–613; Pam Grossman et al., "Measure for Measure: A Pilot Study Linking English Language Arts Instruction and Teachers' Value-Added to Student Achievement" (CALDER Working Paper no. 45, Calder Urban Institute, May 2010); Morgaen L. Donaldson, "So Long, Lake Wobegon? Using Teacher Evaluation to Raise Teacher Quality," Center for American Progress, June 25, 2009, Web; Eric Hanushek, "Teacher Characteristics and Gains in Student Achievement: Estimation Using Micro-Data," *The American Economic Review* 61, no. 2 (1971): 280–88; Elizabeth Holtzapple, "Criterion-Related Validity Evidence for a Standards-Based Teacher Evaluation System," *Journal of Personnel Evaluation in Education* 17, no. 3 (2003): 207–19; Brian A. Jacob and Lars Lefgren, *Principals as Agents: Subjective Performance Measurement in Education* (working paper no. w11463, National Bureau of Economic Research, 2005); Brian A. Jacob, Lars Lefgren, and David Sims, *The Persistence of Teacher-Induced Learning Gains* (working paper no. w14065, National Bureau of Economic Research, 2008); Thomas J. Kane and Douglas O. Staiger, *Estimating Teacher Impacts on Student Achievement: An Experimental Evaluation* (working paper no. w14607, National Bureau of Economic Research, 2008); Anthony Milanowski, "The Relationship Between Teacher Performance Evaluation Scores and Student Achievement: Evidence from Cincinnati," *Peabody Journal of Education* 79, no. 4 (2004): 33–53; Richard J. Murnane and Barbara R. Phillips, "What Do Effective Teachers of Inner-City Children Have in Common?" *Social Science Research* 10, no. 1 (1981): 83–100; Steven G. Rivkin, Eric A. Hanushek, and John F. Kain, "Teachers, Schools, and Academic Achievement," *Econometrica* 73, no. 2 (2005): 417–58。

⑫減輕生活中的壓力：Jessica L. Buck, Elizabeth McInnis, and Casey Randolph, *The New Frontier of Education: The Impact of Smartphone Technology in the Classroom,* American Society for Engineering Education, 2013 ASEE Southeast Section Conference; Neal Lathia et al., "Smartphones for Large-Scale Behavior Change Interventions," *IEEE Pervasive Computing* 3 (2013): 66–73; "Sites That Help You Track Your Spending and Saving," *Money Counts: Young Adults and Financial Literacy,* NPR, May 18, 2011; Shafiq Qaadri, "Meet a Doctor Who Uses a Digital Health Tracker and Thinks You Should Too," *The Globe and Mail,* September 4, 2014; Claire Cain Miller, "Collecting Data on a Good Night's Sleep," *The New York Times,* March 10, 2014; Steven Beasley and Annie Conway, "Digital Media in Everyday Life: A Snapshot of Devices, Behaviors, and Attitudes," Museum of Science and Industry, Chicago, 2011; Adam Tanner, "The Web Cookie Is Dying. Here's the Creepier Technology That Comes Next," *Forbes,* June 17, 2013, http://www.forbes.com/sites/adamtanner/2013/06/17/the-web-cookie-is-dying-heres-the-creepier-technology-that-comes-next/。

⑬反而難以抉擇：資訊過量與資訊盲現象，請見：Martin J. Eppler and Jeanne Mengis, "The Concept of Information Overload: A Review of Literature from Organization Science, Accounting, Marketing, MIS, and Related Disciplines," *The Information Society* 20, no. 5 (2004): 325–44; Pamela Karr-Wisniewski and Ying Lu, "When More Is Too Much: Operationalizing Technology Overload and Exploring Its Impact on Knowledge Worker Productivity," *Computers in Human Behavior* 26, no. 5 (2010): 1061–72; Joseph M. Kayany, "Information Overload and Information Myths," Itera, n.d., http://www.itera.org/wordpress/wp-content/uploads/2012/09/ITERA12_Paper15.pdf; Marta

Sinclair and Neal M. Ashkanasy, "Intuition Myth or a Decision-Making Tool?" *Management Learning* 36, no. 3 (2005): 353–70。

⑭白茫茫一片：雪盲也可以指紫外線 B 光造成眼睛前方表層角膜灼傷。

⑮參加 401（K）退休金計劃：Sheena S. Iyengar, Gur Huberman, and Wei Jiang, "How Much Choice Is Too Much? Contributions to 401(k) Retirement Plans," *Pension Design and Structure: New Lessons from Behavioral Finance* (Philadelphia: Pension Research Council, 2004): 83–95。

⑯選項一旦超過三十個：該論文第一作者希娜．賽席—艾恩嘉（Sheena Sethi-Iyengar）的研究同仁塔克．庫曼（Tucker Kuman）在查證信上表示：「該分析觀察到其他條件一樣時，每多十個方案與員工參與率下降一點五％至二％有關（最高參與率七五％發生於公司提供兩種方案）……方案愈多，參與率下降程度愈快。論文圖 5-2 呈現出參與率與方案數之間的關係，當方案數目超過三十一個，參與率下降速度變快。」

⑰資訊過載：Jeanne Mengis and Martin J. Eppler, "Seeing Versus Arguing the Moderating Role of Collaborative Visualization in Team Knowledge Integration," *Journal of Universal Knowledge Management* 1, no. 3 (2006): 151–62; Martin J. Eppler and Jeanne Mengis, "The Concept of Information Overload: A Review of Literature from Organization Science, Accounting, Marketing, MIS, and Related Disciplines," *The Information Society* 20, no. 5 (2004): 325–44。

⑱「篩選」（winnowing）或「搭鷹架」（scaffolding）：Fergus I. M. Craik and Endel Tulving, "Depth of Processing and the Retention of Words in Episodic Memory," *Journal of Experimental Psychology: General* 104, no. 3 (1975): 268; Monique Ernst and Martin P. Paulus, "Neurobiology of Decision Making: A Selective Review from a Neurocognitive and Clinical Perspective," *Biological Psychiatry* 58, no. 8 (2005): 597–604; Ming Hsu et al., "Neural Systems Responding to Degrees of Uncertainty in Human Decision-Making," *Science* 310, no. 5754 (2005): 1680–83。

⑲幾乎渾然不覺：搭鷹架與認知決策請見：Gerd Gigerenzer and Wolfgang Gaissmaier, "Heuristic Decision Making," *Annual Review of Psychology* 62 (2011): 451–82; Laurence T. Maloney, Julia Trommershäuser, and Michael S. Landy, "Questions Without Words: A Comparison Between Decision Making Under Risk and Movement Planning Under Risk," *Integrated Models of Cognitive Systems* (2007): 297–313; Wayne Winston, *Decision Making Under Uncertainty* (Ithaca, N.Y.: Palisade Corporation, 1999); Eric J. Johnson and Elke U. Weber, "Mindful Judgment and Decision Making," *Annual Review of Psychology* 60 (2009): 53; Kai Pata, Erno Lehtinen, and Tago

Sarapuu, "Inter-Relations of Tutor's and Peers' Scaffolding and Decision-Making Discourse Acts," *Instructional Science* 34, no. 4 (2006): 313–41; Priscilla Wohlstetter, Amanda Datnow, and Vicki Park, "Creating a System for Data-Driven Decision Making: Applying the Principal-Agent Framework," *School Effectiveness and School Improvement* 19, no. 3 (2008): 239–59; Penelope L. Peterson and Michelle A. Comeaux, "Teachers' Schemata for Classroom Events: The Mental Scaffolding of Teachers' Thinking During Classroom Instruction," *Teaching and Teacher Education* 3, no. 4 (1987): 319–31; Darrell A. Worthy et al., "With Age Comes Wisdom: Decision Making in Younger and Older Adults," *Psychological Science* 22, no. 11 (2011): 1375–80; Pat Croskerry, "Cognitive Forcing Strategies in Clinical Decision-making," *Annals of Emergency Medicine* 41, no. 1 (2003): 110–20; Brian J. Reiser, "Scaffolding Complex Learning: The Mechanisms of Structuring and Problematizing Student Work," *The Journal of the Learning Sciences* 13, no. 3 (2004): 273–304; Robert Clowes and Anthony F. Morse, "Scaffolding Cognition with Words," in *Proceedings of the Fifth International Workshop on Epigenetic Robotics: Modeling Cognitive Development in Robotic Systems* (Lund, Sweden: Lund University Cognitive Studies, 2005), 101–5。

⑳做出選擇：「不流暢」研究請見：Adam L. Alter, "The Benefits of Cognitive Disfluency," *Current Directions in Psychological Science* 22, no. 6 (2013): 437–42; Adam L. Alter et al., "Overcoming Intuition: Metacognitive Difficulty Activates Analytic Reasoning," *Journal of Experimental Psychology: General* 136, no. 4 (2007): 569; Adam L. Alter, *Drunk Tank Pink: And Other Unexpected Forces That Shape How We Think, Feel, and Behave* (New York: Penguin, 2013); Adam L. Alter et al., "Overcoming Intuition: Metacognitive Difficulty Activates Analytic Reasoning," *Journal of Experimental Psychology: General* 136, no. 4 (2007): 569; Adam L. Alter and Daniel M. Oppenheimer, "Effects of Fluency on Psychological Distance and Mental Construal (or Why New York Is a Large City, but New York Is a Civilized Jungle)," *Psychological Science* 19, no. 2 (2008): 161–67; Adam L. Alter and Daniel M. Oppenheimer, "Uniting the Tribes of Fluency to Form a Metacognitive Nation," *Personality and Social Psychology Review* 13, no. 3 (2009): 219–35; John Hattie and Gregory C. R. Yates, *Visible Learning and the Science of How We Learn* (London: Routledge, 2013); Nassim Nicholas Taleb, *Antifragile: Things That Gain from Disorder* (New York: Random House, 2012); Daniel M. Oppenheimer, "The Secret Life of Fluency," *Trends in Cognitive Sciences* 12, no. 6 (2008): 237–41; Edward T. Cokely and Colleen M. Kelley, "Cognitive Abilities and Superior Decision Making Under Risk: A Protocol Analysis and Process Model Evaluation," *Judgment and Decision Making* 4, no. 1 (2009): 20–33; Connor Diemand-Yauman, Daniel M. Oppenheimer, and Erikka B. Vaughan, "Fortune Favors the Bold (and the Italicized): Effects of Disfluency on Educational Outcomes," *Cognition* 118, no. 1 (2011): 111–15; Hyunjin Song and Norbert Schwarz, "Fluency and the Detection of Misleading Questions: Low Processing Fluency Attenuates the Moses Illusion," *Social Cognition* 26, no. 6 (2008): 791–99; Anuj K. Shah and Daniel M. Oppenheimer, "Easy Does It: The Role of Fluency in Cue Weighting," *Judgment and Decision Making* 2, no. 6 (2007): 371–79。研究「不流暢」現象的紐約大學奧特教授在查證信上表示：「不流暢是指人們試圖處理（弄懂）資訊時，心中感到困難，例如遇上困難的字詞、難讀的花體字、顏色與背景相近的字詞、回想記憶模糊的事、試圖記住電話號碼等等。不需要動手操作數據，也可能感受到不流暢，有時要看你如何定義數據——聽起來你的定義很廣，所以如果你把所有的認知流程都視為『使用數據』，或許你的定義與我相近。」

㉑變成好消化的小塊、小塊資訊：奧特教授在信中提到幾份近日的研究「挑戰探討不流暢現象的文獻……我幾個朋友/同事寫了另一篇論文〔"Disfluent Fonts Don't Help People Solve Math Problems"〕證實效果需要進一步證實，很難至少重現一種效果（認知反應測試〔cognitive reflection test〕效果）」。

㉒「在對話中應用新單字」：奧特教授在查證信上更進一步表示，「不流暢不一定能讓學習效果變得更持久，但一定可以更深入。我們沒有提到太多有關於衰減率的問題（大腦能留住資訊多久），不過深入處理概念時，大概可以維持較久……愈運用資訊，愈容易記得，這是認知心理學的一般原則。如果請你記住『氣球』（balloon）這個字，你在儲存記憶時，想像天空中有紅色氣球，或是想著狒狒（baboon）拿著氣球（balloon），或是做了其他事，不只是用已經塞了很多東西的大腦記憶庫硬記，你會比較記得住。」

㉓繳信用卡帳單：大通曼哈頓銀行今日更名為摩根大通。我提供該銀行本章提到的完整事實摘要，公司代表表示：「由於第一銀行（Bank One）與摩根大通二〇〇四年合併過後，已過了十五年，難以找到正確的內部人士查證當時的事。」

㉔「開始發現線索」：弗拉德在查證信上表示，她的管理風格還有其他面向，她認為那些面向也與她能夠成功有關：「我發現催繳人員有不同的學習風格，造成他們以不同方式解釋資料，績效也因而受到正面或負面影響……高層會說我寵壞催繳人員，因為我週末幫他們煮早餐，食物總是能讓大家心情好。我是牧師，我能夠理解催繳人員的心情，我以其他經理做不到的方式協助他們。我會到醫院探視家屬，主持婚禮，帶大家祈禱。催繳人員知道我是嚴格的主管，但他們也知道我關心他們……知道如何詮釋數據並以有意義的方式解釋

十分重要，一定要讓催繳人員取得攸關他們績效的數據，然而你得指引員工，教他們運用手中的數據，讓他們知道如何達到理想績效，否則有數據也沒用。你如何把數據交給大家也很重要，每一位經理都不能忘掉數據和人有關的那一面。」

㉕做各種實驗：顧問坎德在查證信上表示：「還有一件很重要的事是弗拉德比其他經理優秀，她讓員工一起動起來，一起努力有更好的表現。她讓工作感覺像是好玩的遊戲。我認為她的催繳人員更能聆聽客戶，更能收到錢，是因為大家都很用心，這點也很重要。」

㉖「妳是強森老師啊！」：強森最初在歡喜山小學（Pleasant Hill Elementary）教書，後來進入南埃文代爾小學當教學輔導教師。

㉗廣播誰最快：「看誰最快比賽」（Hot Pencil Drill）是南埃文代爾小學的發明，並非所有參與「小學計劃」的學校都有這個活動。

㉘德黎雅．莫瑞斯（Delia Morris）：德黎雅．莫瑞斯是化名，用於保護事件發生時尚未成年的學生隱私。

㉙「工程設計流程」決策法：Yousef Haik and Tamer Shahin, *Engineering Design Process* (Independence, Ky.: Cengage Learning, 2010); Clive L. Dym et al., *Engineering Design: A Project-Based Introduction* (New York: Wiley, 2004); Atila Ertas and Jesse C. Jones, *The Engineering Design Process* (New York: Wiley, 1996); Thomas J. Howard, Stephen J. Culley, and Elies Dekoninck, "Describing the Creative Design Process by the Integration of Engineering Design and Cognitive Psychology Literature," *Design Studies* 29, no. 2 (2008): 160–80。

㉚教師手冊說："What is the Engineering Design Process?" Innovation First International, http://curriculum.vexrobotics.com/curriculum/intro-to-engineering/what-is-the-engineering-design-process。

㉛依據自己過去的經驗：Stephen J. Hoch, "Availability and Interference in Predictive Judgment," *Journal of Experimental Psychology: Learning, Memory, and Cognition* 10, no. 4 (1984): 649。

㉜要看問題怎麼問：該研究的作者史蒂芬．霍克（Stephen Hoch）在查證信上表示：「我唯一要補充說明的是舊概念會妨礙新概念，造成干擾，阻擋思考流程。克服干擾的方式，就是讓中間有空檔，讓舊概念被漸漸淡忘。」

㉝就很難改答案：Irwin P. Levin, Sandra L. Schneider, and Gary J. Gaeth, "All Frames Are Not Created Equal: A Typology and Critical

Analysis of Framing Effects," *Organizational Behavior and Human Decision Processes* 76, no. 2 (1998): 149–88; Hilary A. Llewellyn-Thomas, M. June McGreal, and Elaine C. Thiel, "Cancer Patients' Decision Making and Trial-Entry Preferences: The Effects of 'Framing' Information About Short-Term Toxicity and Long-Term Survival," *Medical Decision Making* 15, no. 1 (1995): 4–12; David E. Bell, Howard Raiffa, and Amos Tversky, *Decision Making: Descriptive, Normative, and Prescriptive Interactions* (Cambridge: Cambridge University Press, 1988); Amos Tversky and Daniel Kahneman, "Rational Choice and the Framing of Decisions," *The Journal of Business* 59, no. 4, part 2 (1986): S251–78。

㉞「更能掌控自己的思考」：強森在查證信上表示：「我們想成相關資訊的子集。」

㉟「第一代計劃」：Lekan Oguntoyinbo, "Hall Sweet Home," *Diverse Issues in Higher Education* 27, no. 25 (2011): 8; Dana Jennings, "Second Home for First Gens," *The New York Times,* July 20, 2009。

㊱兩組學生上課記筆記的方式：Pam A. Mueller and Daniel M. Oppenheimer, "The Pen Is Mightier Than the Keyboard: Advantages of Longhand over Laptop Note Taking," *Psychological Science* 25, no. 6 (2014)。

㊲逐字記下：該研究的第一作者、普林斯頓大學的潘・穆勒（Pam Mueller）在查證信上表示：「（網路上）很多人似乎以為我們並未隨機分組受試者，因此結論無效，在此澄清我們的確隨機分組。我們詢問學生平日偏好的筆記方式，然而由於符合某些條件的受試者數目不多（被分配到筆電組、平日偏好用手寫的普林斯頓大學學生），我們無法得出非常確鑿的結論。平日偏好使用紙筆的學生，用筆電時似乎比其他人更具效率（依舊記下較簡短、非逐字的筆記）。還有一點要提的是，大多數的普林斯頓學生說自己平日用筆電記筆記，大部分的洛杉磯加大學生則說自己平日用紙筆記筆記。令人振奮的是，我們第二次做的研究（在洛杉磯加大大學進行）做出和第一次（在普林斯頓大學進行）相同的結果。」

㊳上課內容：穆勒在查證信上表示：「筆電組的筆記內容遠遠較為豐富，因此我們以為筆電組有機會復習筆記的話，他們的表現會回升——筆電組的溫書資訊多出許多。然而（我們相當驚訝地發現），似乎如果他們在編碼時（上課的時候）並未處理資訊，筆記數量較多也沒有用，或至少短期學習時無用。或許如果是長時間的學習，他們將能把上課內容拼在一起，不過如此一來這種流程相當不具效率，最好是第一次就記『比較好』的筆記（用手寫、較少逐字重複）。」

國家圖書館出版品預行編目(CIP)資料

爲什麼這樣工作會快、準、好 / Charles Duhigg著；
許恬寧譯. -- 初版. -- 臺北市 : 大塊文化, 2016.05
面； 公分. -- (from ; 115)
譯自 : Smarter faster better : the secrets of being productive in life and business
ISBN 978-986-213-699-7(平裝)

1.成功法

177.2 105005689

LOCUS

LOCUS

LOCUS

LOCUS